覇権と地域協力
の国際政治学

西川吉光

INTERNATIONAL RELATIONS IN HEGEMONY AND REGIONAL COOPERATION

学文社

はじめに

　本書は，冷戦終焉後における国際政治構造の特性や潮流，それに世界各地域の政治情勢を分析した小品である。考察にあたっては，アメリカや中国，ロシア，インドといった大国が主たるプレーヤーとなり，自らの影響力や勢力圏の拡大，利権の獲得等をめざして虚々実々の駆け引きが繰り広げられる「覇権ゲーム」と，世界の各地域で域内諸国家が互いの協力・連携を深め，地域協力の機構や枠組み，さらに国家間の統合を進めようとする「(地域)協力ゲーム」という二つの相異なった政治ゲームの展開を軸に据えている。

　東西対立の一方の旗頭であったソ連が消滅して早や20年近い歳月が経過したが，冷戦後の新たな国際政治のパラダイムは未だにその姿を完全には浮かび上がらせていない。特にアジアでは未だに冷戦構造が生き続けており，新旧の枠組みが重層・混在化している状況の中でポスト冷戦の政治特性を描き切ることには困難が伴う。ただそうはいっても，グローバルな視点に立って目を凝らせば，これまでとは異なる幾つかの諸相を国際政治の各場裡から読み取れることも事実だ。本書は冷戦後の世界を，「対立と協調」，「覇権闘争と地域協力」という相異なるルールオブゲームズが併存する場と捉え，対照的な二つの政治劇が同時進行する複雑な現代世界のメカニズムを解析し，またそのようなゲームが世界の各地域でどのような展開を見せているかを具体的に取り上げている。

　まず序章においては，「イスラム」，「中国」，それに「新帝国としてのアメリカ」をキーワードに，ポスト冷戦期の国際政治特性を大胆に鳥瞰する。次いで世界をヨーロッパ，アジア・太平洋，そしてその両域の間に位置するインナーユーラシアに三分し，覇権と協力の入り混じった輻輳ゲームがそれぞれのエリアにおいて展開される現況を眺め，併せて各地域の特性や抱える問題，政治動向にも触れている。地域協力や国家統合事業といえば，その先駆は何といってもヨーロッパであるが，近年ではアジア・太平洋地域における多国間協力の進展ぶりにも目覚ましいものがある。本書ではまず統合に関する国際政治理論を序章で紹介した後，EUやNATOに代表されるヨーロッパとASEAN，APEC

が機能するアジア・太平洋を比較考察しつつ，それぞれの地域における国家間協力の有様や地域協力機構の発展・変容過程と現状，それに今後の展望・課題を概観している。

　もっとも，若い国が多いアジアでは相互協力が進む一方で，各国のナショナリズムが激しくぶつかり合うことも珍しくない。中国の大国化に伴いその軍事脅威論が浮上しており，核やミサイルによる瀬戸際外交を執拗に繰り返す北朝鮮の存在も不気味だ。そこで，アジアの中でも協力に比して覇権ゲームの色彩が濃い北東アジアの現状に触れるとともに，厳しい政治・安全保障環境の下で，最近論議が活発化している東アジア共同体構想を日本がどう受けとめ，如何に関与すべきかというテーマにも言及した。インナーユーラシアについては，これを中東，内陸ユーラシア（コーカサス～中央アジア），そして南アジアに三区分し，北東アジアと同様，やはり世界のホットスポットとなっているこれら三地域で，大国や域内各国が互いにどのような覇権・協力ゲームを演じているかを叙述している。

　本書は，主に大学で国際関係論を学ぶ学生を対象にしているが，一般社会人の方が世界情勢や地域協力の現況を要領よく理解できるようにも配慮を施した。読者諸氏が本書を通じ，冷戦後世界の展開やヨーロッパ，東アジアの地域協力の現状と課題，さらにユーラシアを舞台に繰り広げられているパワーゲームの動態について学ぶことで国際政治への理解や興味がいささかなりとも深まるならば，筆者としても幸いなことである。最後になったが，学文社の三原多津夫氏には今般も本書企画の段階から一方ならぬお世話になった。この場を借りて，厚く御礼申し上げる次第である。

　2007年3月

西川　吉光

目　次

はじめに

序章　冷戦後の世界：覇権と協力の諸相 ————————— 7

1　文明圏としてのイスラム，勢力圏としての中国，新帝国としてのアメリカ　7
2　ウェストファリアシステムの変容と地域主義の台頭　17
3　国家統合の理論と限界　20

第1部　ヨーロッパにおける協力と統合のダイナミズム

第1章　欧州統合の歩み ————————————————— 32

1　平和論としての欧州統合思想　32
2　グーデンホフ・カレルギーと汎ヨーロッパ運動　33
3　戦後欧州の疲弊と統合への動き　34
4　統合の進展とEUの創設　40
5　統合の深化と拡大　47

第2章　EU: 統合と拡大の諸課題 ——————————————— 65

1　EUの機構と政策決定システム　65
2　消えた『最後の授業』：国家ナショナリズムの超克　70
3　欧州憲法条約：欧州合衆国構想の躓き　74
4　移民・難民の流入と排外主義の台頭　78
5　非欧国家トルコの加盟問題　84
6　ムスリムとの共存　89
7　21世紀EUの展望：ヨーロッパアイデンティティを求めて　93

第3章　ヨーロッパの安全保障協力 ————————————— 104

1　NATO　104
2　安全保障機構としてのEU　115

3　OSCE　118

第2部　東アジア・太平洋における地域協力

第4章　アジア・太平洋地域協力のダイナミズム ── 129

　　　1　アジア地域協力の先駆け：東南アジア諸国連合（ASEAN）　129
　　　2　環太平洋地域協力　137
　　　3　アジアとヨーロッパを結ぶ協力枠組み　141
　　　4　南太平洋地域　143
　　　5　米州・中南米地域　144
　　　6　自由貿易協定の発展　146

第5章　アジア・太平洋の安全保障協力 ── 150

　　　1　多国間安保協力の胎動　150
　　　2　多国間安保協力の枠組み　152
　　　3　安保協力の展望：協調的安全保障論と中国脅威論　155

第6章　北東アジアの地域協力 ── 161

　　　1　緊張高まる北東アジア情勢　161
　　　2　地域協力の現状　165
　　　3　二国間対話の充実とフレキシブルイメージの醸成　168

第7章　東アジア共同体と日本の進路 ── 172

　　　1　東アジア共同体構想　172
　　　2　ASEANとの連携をめぐる日中の駆け引き　173
　　　3　東アジア共同体構想の諸問題　175
　　　4　東アジア地域協力と日本の姿勢　178
　　　5　最後に　182

第3部　紛争と協力の攻めぎあう世界

第8章　四強角逐のインナーユーラシア ── 187

1　大国ロシアの復活　187
　　2　多民族国家ロシアの民族問題：チェチェン紛争　196
　　3　中央アジアの覇権と協力：上海協力機構の政治力学　202
　　4　21世紀のグレートゲーム　208
　　5　南アジアの政情とインドを取り巻く国際環境　216

第9章　混迷の中東・アフリカ ──────────── 226

　　1　パレスチナ問題とアラブ・イスラエル紛争　226
　　2　冷戦後の中東和平　229
　　3　パレスチナ和平を阻む諸問題　237
　　4　湾岸地域：イラク復興とイラン核開発問題　240
　　5　中東の地域協力機構　246
　　6　アフリカの地域紛争　247
　　7　アフリカの地域協力機構　249

　参考文献　255

序章　冷戦後の世界：覇権と協力の諸相

1　文明圏としてのイスラム，勢力圏としての中国，新帝国としてのアメリカ

●冷戦後世界の構造と不安定要因

　1991年の末にソ連邦が崩壊し，名実ともに冷戦が終焉した直後の世界では，将来の国際政治の動向について極めて楽観的，ばら色の見通しが支配的であった。国連に対する期待が異常な程に高まり，あるいはまた，共産国家が倒れ世界中の国が民主化を実現する21世紀はイデオロギーや体制の相違をめぐる国家間対立もなくなり，平穏ながらも極めて単調な時代になるとの見通しも呈された。だが，こうした予想・憶測は悉く外れ，冷戦後の世界が，冷戦時とは様相を異にする新たな対立と抗争の時代であることが次第に明らかになってきた。ばら色のポスト冷戦論が幅を利かせていた頃，シビアな将来予測をなした人物にハーバード大学のサミュエル・ハンティントン教授がいた。彼は『文明の衝突論』(1993年)を発表し，マスメディアや学会でセンセーションを巻き起こしたが，ハンティントンによれば，冷戦時代は政治やイデオロギーによって国家間の協力関係や敵対関係が決まり，世界の国々は自由世界と共産圏，それに第3世界の三つのグループに分かれていた。しかし冷戦後，国家は主要な文明ごとに纏まり，文化・文明という要素によって国家の行動が規定される傾向が強まっていく。そして諸文明の中でも，キリスト教を母体とする西欧文明とイスラム文明，それに中国を核とする中華文明の三つが互いに激しく世界政治の覇を競い合うようになると論じた。

　また，冷戦時代におけるグローバルな力（パワー）の構造は，二つの超大国の支配する二極体制であったが，冷戦後に出現しつつある世界の力（パワー）の構造はもっと複雑なものとなる。それは「一極・多極併存体制」とも呼ぶべきもので，冷戦後唯一の超大国アメリカと，世界の特定の地域を支配するがアメリ

カ程に世界的な影響力を行使するまでには至らない幾つかの地域大国から構成されるという。ハンティントンは，冷戦時代の二極体制から，湾岸戦争に象徴される一時的なアメリカ一極体制を経て，現在は一極・多極併存体制の形成過程にあると見ている。そこでは，超大国のアメリカが自らが覇権を握る一極体制を好み，そのような体制が実在するかのように振る舞うのに対して，アメリカによる抑圧，強制を嫌う地域大国は，自分たちの利益を単独，あるいは集団で追求できる多極体制を好む。国際関係に力を及ぼす主要な大国がいずれも満足できず，両者の攻めぎあいが今後20～30年間続いた後に，世界は一極・多極併存体制から真の多極体制に移行するものと彼は予測する[1]。

冷戦後の国際システムが，アメリカの一極支配に対して，一面ではこれと協力しつつも，他面ではアメリカの世界支配を牽制，阻止しようとする中国やロシア，インド，EUといった地域大国・共同体の複雑な絡み合いから形成されていることはハンティントンの指摘通りである。その際，地域大国と超大国，さらに地域大国相互の関係は固定的ではなく，政治，経済，軍事の案件毎に協力と対立のメンバー構成が複雑に変化する点に特色がある。冷戦後，イデオロギーの呪縛から開放された各国は，従前に比してより大きな行動の自由と幅広い選択肢を手にした。そのため，敵対陣営とは政治，経済から文化まで全面的な対立・非両立が強いられた冷戦期とは異なり，21世紀の国際世界では自国の国益を極大化するため，案件やプロジェクト毎に手を組む相手，蹴落とすライバルの顔ぶれも頻繁に入れ替わる。"一面協力，一面服従"の外交関係が常態化し，敵・味方の区分が判然としない中で，繁栄と覇権のメガコンペティションが繰り広げられるのである（外交復活の時代）。このことは，外交交渉の能力・技術を高めることがポスト冷戦期を生きる国家にとって至上命題であること，敵味方を静的・固定的に考える冷戦思考が国の進路を誤らしめる危険性を持っていることを意味している。また地域大国が今後どのような発展を遂げていくか，その興隆・台頭の性格や方向性がその地域における健全な地域主義の進展や地域協力メカニズムのあり方にも大きな影響を及ぼすことになる。

では，ハンティントンの主張した文明圏闘争の時代は本当に到来するのか。ヘゲモニーゲームのプレーヤーとなるためには，そのブロックや組織に一定の凝集性や求心力が伴わねばならず，他のプレーヤーとの境界が曖昧で，し

かも権力主体を欠く"文明圏"が互いに覇権闘争の主役を演じる状況は考え難い。そもそも対立原因は文化・文明だけでなく，富（貧困，経済格差，資源等）の争奪や威信の獲得，国家間の発展段階の相違や心理，コミュニケーションの錯誤等多様である。しかし，冷戦終焉以後の展開に目をやれば，「中国」や「国家統合」というキーワードと並んで「イスラム」という一大宗教文明圏が国際政治を左右する大きなファクターとなりつつある事実も否定できない。そこでこれらのファクターと冷戦の勝者「アメリカ」の関係，さらにはやはりパワーゲームに絡んでくる各（地域）大国の思惑や動向も交えて，冷戦後世界における覇権争奪と地域協力という二つのゲームの動きを逐次眺めていきたい。

● 文明圏としてのイスラム

イスラムの過激派勢力がアメリカを中心とする西欧（西側）社会に対して公然たる挑戦的行動をとったのは，イランにおけるホメイニ革命（1979年）がその嚆矢と言える。パーレビ体制を倒し，政権を掌握したイスラム教宗教指導者ホメイニを支持するシーア派の学生ら過激派（原理主義）グループは1979年11月，テヘランにあるアメリカ大使館を占拠し，70人近い人質を1年近くにわたって拘禁した[2]。言うまでもなくそれは国際法に対する重大な違反であり，国際社会から強く糾弾・非難されるべき行為である。だが彼ら過激派はそうした非難を承知の上で，敢えてこのような国際秩序無視の暴挙に出たのである。反米意識だけでなく，その行動の深奥には，キリスト教文明が築きあげてきた国際法や国際システムへの挑戦というメッセージが込められていた。その後再び東西対立が強まったため（新冷戦），イスラム原理主義の行動もその陰に隠れ沈静化したかに見えたが，例えば「悪魔の詩」事件が示すように，イスラムの西欧文明に対する憤激の炎が消えたわけではなかった。

やがて冷戦が終焉し，自由主義と共産主義という2項対立の時代が過ぎ去るや，イスラムの雄叫びは再び表面化する。湾岸戦争がそのきっかけを提供した。この時，イスラムの聖地を抱えるサウジアラビアに異教徒であるキリスト教の米軍女性兵士が闊歩することに，多くの敬虔なムスリムが強い衝撃を受けた。オサマ・ビン・ラディンもその一人だった[3]が，冷戦の勝者アメリカが唯一の超大国，傲慢な超大国としてイスラム圏に土足で入り込んできたという心象を抱いたのは，決してラディン一人ではなかった。しかも共産圏が崩壊し自由経

済圏が一挙に拡大する中,米主導のグローバリゼーションやグローバルスタンダードを強いられる状況下で,ムスリムとしてのアイデンティティー喪失の危機感に苛まれる人々も多く,宗教的理想の実践を政治とみるイスラムの教えに従い,西欧社会への敵対意識を強め,過激な行為に出ることでアイデンティティクライシスを克服する動きがムスリムの中から出始めた。これは,ウェストファリアシステムに働く求心力拡大傾向に対するカウンターバランスとして,遠心力が増大する現象と捉えることができるが,イデオロギー対立としての冷戦の終焉で生じた内面的空白を埋めるため,原理主義というピュアな宗教への回帰が強まったと見ることもできよう。

その結果,世界は国家対国家という伝統的・対称型の戦争から,国家とテロ集団(非国家組織)との非対称型戦争の時代を迎えることになった[4]。お互いが一定の地理的空間を排他的に支配する国と国との,軍事テクノクラートが主体となる戦争とは異なり,今や国家は,領土や国民を持たぬ反面,恐ろしい破壊力を身に付けたグループが神出鬼没の行動で自らの領土,国民の中に潜りこみ,何の罪も関係も無い一般市民を殺戮の対象とする非正規戦に備えなければならなくなったのだ。そのため,国際法のルールや安全保障概念の修正,さらに軍事戦略,戦術の抜本的な見直しがいま必要となっている。またキリスト教世界に育った人々とイスラム文明に育まれた人々が同一空間を共有する状況が生まれたことからも,多くの社会問題が生じている。これは広域な政治,経済共同体を構築しつつあるヨーロッパで特に深刻だ。国境障壁をなくし,人の交流を活発化させたことで,イスラム世界からの出稼ぎ者を多数抱えるEU諸国では,職場や学校での服装や宗教教育のあり方,低所得層における職の奪い合いと排他的ナショナリズム・外国人排外運動の増殖といった社会問題に直面させられているのだ。異なる文明が異なるエリアで異なる花を咲かせるという過去の空間分離,地球住み分けの時代には起こらなかった問題である。世界のグローバル化,地域統合の進展を考え合わせれば,異文明混在の状況は益々強まっていくことが予想される中,同一空間における異文化共存の方途を如何に見出すかが大きなテーマとなっている。

● 勢力圏としての中国

近世以来の史的潮流が変化し,アジアでは「弱い中国」から「強い中国」へ

の一大変革の波が押し寄せている。これはアジアのみならず，世界全体にも極めて大きな影響を及ぼす変動要因になっている。中国は権力主義的な政治観，言い換えれば，伝統的，現実主義（リアリズム）の国際政治観を信奉する国である。そのため多元的政治観が強調する相互依存や国際協調の概念よりも軍事力や国家の安全保障が最重要課題に位置づけられ，国際機構よりも国家主権を，国際公共益よりも国益を重視する。またその地政環境から，国家の威信や栄光，面子を重んじる大陸国家型の外交スタイルをとりがちだ。海南島での米軍機領空侵犯事件やコソボ紛争の際に起きた中国大使館への米軍誤爆事件で見せた中国のヒステリックなまでの反応はそれを示す一例と言える。さらに共産党一党独裁の政治体制であるため，開放的ではなく秘密主義的で，密室でのトップダウンで政策が決定され，世論や民意が政治や外交に反映され難い。自由と開放の下に生きる周囲の民主主義国からすれば，中国の行動スタンスが読みづらいということになる。しかも長い支配と隷従の時代を乗り越え，大国への道を邁進している中国には，若いが粗野なナショナリズムに溢れている。常に先を越されてきた日本をようやく追い抜きつつあるという現況も加わり，それは排日的，あるいは日本を強く意識したナショナリズムとなりやすい。そのうえ中国共産党の支配を正当化するため，中国支配層が日本の戦争責任問題や戦前の抗日運動等を殊更重視した愛国教育を施してきたことも加わり，益々対日先鋭化しつつある。全てではないにせよ，これが最近のぎくしゃくした日中関係の大きな原因になっていることは間違いない。

　その一方，大国化しつつある状況にも拘わらず，中国および中国人の意識の中には，未だ自分たちの国が搾取され，あるいは不利益を強いられる弱い国という自己認識が残っている。こうした弱者ないし被害者意識の存在が，国際ルールを無視する甘えの姿勢（海賊版の横行等）を生むと同時に，諸外国に対する挑発的・攻撃的な行動や発言となって現れることも多い。しかも目覚ましい経済発展から，中国は膨大なエネルギー資源を海外からの輸入に依存せねばならなくなった。大国としての節度と度量ある振る舞いが未だ身につかず，あくまで弱者，挑戦者としての自己規定の下に世界各地でエネルギーや天然資源の獲得に奔走するため，国際秩序や諸外国への影響等を考慮せず，自らの国益だけを視野に入れた利己的な行動が中国には目立っている。エネルギー獲得のた

めには人権抑圧，テロ支援，核開発等が懸念される国への接近をも厭わないため，途上国の独裁体制を助長したり，民主化や健全な開発援助政策を阻害することになる。また排他独占的な需給関係の構築は他の先進国のエネルギー源へのアクセスを阻むばかりか，エネルギー価格の高騰を招く原因ともなる。こうしたなりふり構わぬ露骨な資源獲得外交や，周辺諸国とのエネルギー絡みの領土問題の悪化（例えば南沙群島や尖閣列島の領有権争い，東シナ海における海底油田開発問題等）は，諸外国に強い脅威と不信の念を植えつけてしまう[5]。

　さらに弱者意識とは一見矛盾するようだが，長期的な国家目標に中華帝国の再来をこの国が掲げているという問題がある。それがかっての華夷秩序，即ち，対等の国家間関係ではなく，中国を中心とした上下の関係から構成される縦型の国際政治の枠組み復興をめざすものだとすれば，それはEUのような平等互恵原則に基づいた地域協力の世界とは全く似ても似つかぬ支配と服従の国際秩序となってしまう。しかもこの国が共産党一党独裁システムを堅持し，それを維持し続けようとしている姿が，対中不信・不安感を一層増幅させている。非民主的覇権大国の出現が周辺諸国との関係にとどまらず，米中や中露，米露，米印の関係等々国際政治の行方に大きな影響を及ぼすことは明らかだ[6]。アジアで芽生え始めた多国間協力の枠組み作りの動きにも水を差し，それを妨げることにもなってしまう。アメリカと並ぶ力を身につけつつある中国の動向には，十分な注意と警戒を払う必要があろう。それと同時に，中国を巡る国際関係を安定させるには，まず中国自身のセルフイメージ（弱い中国）と諸外国が抱く対中イメージ（軍事脅威）のギャップを埋める必要がある。実像としての中国が正しく認識されるためには，人や情報の相互交流を深化させるとともに，自由な発受信がこの国の人々に保証されねばならず，その意味でも中国社会の開放と政治の民主化は絶対不可欠な要請となる。

●新帝国としてのアメリカ：唯一の超大国と単独行動主義

　それでは，冷戦の勝者となったアメリカは，冷戦後，唯一の超大国としてどのような外交・戦略を展開してきたのであろうか。西側勝利のうちに冷戦を終焉に導いたブッシュ・シニア（パパ・ブッシュ）政権（共和党）は，外交政策の遂行に際して終始慎重な舵取りに努めた。また同盟国のみならず，対立勢力であるソ連の面子にも配慮する等諸外国との連携や国際協調の枠組みを重視する姿

勢を見せた。冷戦構造の崩壊は世紀的な大変動であったが、世界秩序の混乱や流血の惨事とならず平和的な体制の移行が可能となったのも、そうしたパパ・ブッシュの努力と外交姿勢が深く関わっていた。同政権は湾岸危機に際しても、国連の枠組みを重視した。だが湾岸戦争に勝利し、89％という記録的な高い支持率を獲得する等外交上の成果を残したものの、国内経済の不振からパパ・ブッシュは92年の大統領選挙に敗北を喫し、再選はかなわなかった。

続くクリントン政権（民主党）は、アメリカ経済の復活を最重要課題に据えるとともに、多国間協調（multilateralism）を重視する方針を打ち出した。冷戦終結後、地域紛争への関与を求められるケースの増加が予想されたため、選挙期間中から国連の機能や平和維持活動強化の必要性を訴え、国連緊急展開軍の創設も提唱した。政権発足当初も米軍の国連軍参加に積極的な立場を示した。しかし、冷戦が幕を閉じた直後からアメリカ国内には孤立主義の風潮が強まり、ソマリアやユーゴ問題にアメリカが深く関わり、米兵が血を流すことに世論は反発した。また国連がアメリカの行動を縛る存在と認識されたため、多国間協調や国連重視の姿勢は次第に後退し、代わってアメリカの国益をより前面に押し出すようになった（積極的関与から選択的介入主義への転換）。もっとも、アメリカの指導力低下を懸念する論調が強まるや、再選を意識したクリントンは、ボスニア和平の実現や朝鮮半島危機対処（KEDO合意）等94〜95年にかけて積極的な外交を展開。さらに政権2期目にはコソボ紛争の解決やパレスチナ和平にも尽力したが、北朝鮮やイラク問題は解決に至らなかった。州知事出身のクリントンは外交経験に乏しく、外交政策に関して明確な哲学も持ちあわせていなかったこと、国内世論の動向を注意深く観察し、国民の選好に合わせる状況対応型の政策スタイルをとったこと、さらに冷戦終焉後の国際動向が読みづらかったことも加わって、同政権はよくいえば柔軟だが外交方針が場当たりで一貫せず、クリントンは新聞漫画で「喋るワッフル」（ワッフルには「優柔不断」「背骨がない」の意味がある）等と揶揄された。

2000年の大統領選挙では、父親と同名のジョージ・ブッシュが第41代の大統領に当選した。選挙中からブッシュは、クリントン政権がアメリカの国益と無関係な領域にまで対外介入を続けた結果、国内基盤の浸食と疲弊を招いたと批判し、これを縮小すべきことを主張した。そして政権発足後は国益優先の姿

勢を露にし，(1)京都議定書への反対と離脱(2)前政権が署名したCTBT（包括的核実験禁止条約）の批准拒否(3)生物兵器禁止条約検証議定書交渉での否定的態度，さらに(4)国際刑事裁判所設立条約への反対(5)ABM制限条約の廃棄(6)国連小型武器会議における取引規制（「小型軽量兵器密売取締協定」）の拒否等国際社会の規範に手足を縛られることを嫌い，国際社会のルール作りに背を向けたアメリカ一国主義（単独行動主義：unilateralism）の外交が顕著となった。元来アメリカ外交には孤立主義とともに単独主義の傾向があり，前政権においても対人地雷全面禁止条約の不調印等そうした傾向は見受けられたが，国益重視のブッシュ政権の登場でその傾向が一層強まったといえる。

そのような中，神聖不可侵と信じられてきた米本土で2001年に同時多発テロ事件が発生する。以後，ブッシュ政権はテロとの戦いを政権最大の課題に掲げ，米本土の防衛と国際テロリストの殲滅に全力をあげることになる。対テロ対策で各国から支持・協力を得るため，ブッシュ政権も事件後は幾分協調的な姿勢を見せ始めたが，他方テロ支援勢力の粉砕や大量破壊兵器（WMD）の拡散を阻止するためには，国際世論や国連の意向に抗っても軍事介入に踏み切り，先制攻撃の論理を正当化し，また中東やアフリカ，さらには中央アジア等政情不安の地域にアメリカ流の民主主義を押しつけようとする動きを見せた[7]。ブッシュ政権が軍事手段を単独行使してもWMD獲得を企図する政権を打倒したり，アメリカ的な民主主義を強引に拡大させるという，理想主義的ではあるが手段において極めて覇権的なアプローチを採る背景には，(1)冷戦後の世界においてアメリカが唯一の超大国であり，特に軍事面では圧倒的に優越した地位にあること(2)グローバリゼーションが進展するなか，テロやWNDの拡散という新たな安全保障上の脅威に対処するうえで民主国家の拡大が有利であること(3)民主主義平和理論の重視(4)ブッシュ個人およびその側近達の政治信条と使命感，さらに(5)民主的価値や伝統的倫理観を重んじる米社会の伝統，特に建国以来のキリスト教的選民意識（American Exceptionalism）の存在等が挙げられる。

2001年1月20日，氷雨降る中で行われた大統領就任式で，ブッシュは礼節や勇気，思いやりといったアメリカ社会の伝統的価値観を重視し，倫理・宗教色の強い演説を行った。これには不倫問題を抱えていたクリントンとの違い

を強調する狙いもあったが，信仰や宗教倫理に拘るブッシュの性格を示すものでもあった[8]。演説等でしばしば家族 (Family)，友人 (Friends)，それに信仰 (Faith) の3Fの重要性を語るブッシュは，敬虔なキリスト教徒である。80年代半ば，石油事業の挫折等から一時アルコール依存症に陥ったブッシュを救ったのはキリスト教であった。宗教伝道師ビリー・グレアムの教誨を受けて断酒を決意した彼は，以後禁欲的な生活を送るとともに，キリスト教への信仰と帰依を深めていく[9]。スピーチに宗教用語が多用されるのはそうした影響によるものであり，彼の政治信条にキリスト教右派の影を見てとる向きもある[10]。

いま一つ，この政権に新保守主義 (ネオ・コンサーバティブ) と呼ばれるタカ派思考の持ち主が多数参画していたことも，アメリカ的民主主義の拡大という行動選択に影響を及ぼした。勢力均衡論に立つ従来の現実的・伝統的な保守主義者がアメリカの国益を重視しつつも国際協調に配慮を怠らないのとは異なり，新保守主義者は単にアメリカ一国の国益にとどまらず，新国際秩序の形成にアメリカが主導権を発揮すべきだと主張し，アメリカ的な民主主義や道徳感を世界に普及させることを外交の主目標に据える。そのためには単独行動も辞さず，それゆえにアメリカの軍事力を非常に重視する。ネオコンは，1960年代に民主党の左傾化に反発した民主党支持者 (主として進歩派知識人) が，70～80年代にかけて対ソ強硬姿勢をとる共和党に転向する過程で形成された政治グループである。それゆえ民主党的な理想主義を基底に持ちながらも，アメリカ的世界実現のためには強硬な対外政策の遂行も躊躇すべきでない (「アメリカは民主勢力を支援する道徳的責務があり，そのためには軍事力の行使を躊躇すべきではない」) という考え方をその特徴とし，親イスラエル，親台湾派が多い[11]。

アメリカの道徳的優越性に対する過剰なまでの思い入れがあり，アメリカの価値観を世界に広めるためには他国に軍事介入するのもやむなし，むしろそうすることが民主国家のリーダーとしての責務であり，そのためには国際社会における既存ルールや規範にとらわれることなく，アメリカ単独でも行動すべきと考えるネオコンの発想を，ジョージタウン大学のジョン・アイケンベリー教授は批判的に「新帝国主義」と呼んだが[12]，この主義によれば「アメリカは世界的な基準を設定し，脅威が何であるか，武力行使を行うべきかどうかを判断し，正義が何であるかを定義するグローバルな役割を担って」おり，「アメ

リカの主権はより絶対的なものとみなされ，一方でワシントンが設定する国内的対外的行動上の基準に逆らう諸国の主権はますます制約されていく」(13)。

　9.11事件を契機に，人権や民主主義重視というリベラルな（民主党的）価値観実現のために，その手段として軍事強硬路線を重視するネオコングループが政策決定で大きな力を持つようになり，それがアフガニスタン戦争やイラク戦争へと繋がったといわれるが，アメリカ流の民主主義だけが民主主義ではない。異なる文化，異なる環境に一方的に自らのシステムやソフトを押しつけても巧く機能するわけがなく，また暴力による破壊によって敵対者を倒したとしても，復興，再建のための現実的なビジョンがネオコンに用意されていたわけでもない。それゆえアメリカ主導によるイラクの復興・再建は未だにめどがつかず，しかも大量の米兵を投入し続けねばならないアメリカの負担は増大し，ブッシュ政権への支持率も大幅に低落してしまった。ブッシュが開戦の名目とした「イラクが大量破壊兵器を持っている」という非難も，実は根拠のなかったことが戦後明らかになった。さらに「テロとの戦い」でも，ビン・ラディン容疑者は逮捕できず，アルカイダはじめ国際テロが沈静化する兆しも一向に見えない。そもそもテロ行為は特定の政治目的を達成するために行われるものであり，テロリストの行動には政治的な問題が背後に潜んでいる。従ってテロに対処するには，テロリスト自体を排除するだけではなく，その行為の裏にある政治的衝動に働きかける慎重かつ総合的な作戦が必要になるが，この面の取り組みがアメリカには決定的に不足している。独裁者は倒したものの，テロの横行と宗派対立から内乱状態に陥ったイラクの戦後復興にめどがつかない中，隣国イランでは核開発問題が表面化し，パレスチナ和平も混迷が続いている。アジアに目をやれば，北朝鮮の核問題解決の見通しも立っていない。

　冷戦を平和裡に終焉に導き，またサダム・フセインのクウェート侵略を阻止する等正義の味方然としていたアメリカがいつしか単独行動主義に走り，一方では国際のルール作りに背を向け，他方では自らの理念を他国に押しつけるという強圧・傲慢な行動に出るようになったことに対して国際社会の批判が強まり，アメリカを"新たな帝国"と断じる識者も現れるようになった(14)。だが04年秋にブッシュは大統領に再選され，翌05年1月の第2期政権の発足に際しライス国務長官は，1期目にブッシュが「悪の枢軸」と呼んだ北朝鮮，イラ

ンに加えて，ベラルーシ，ミャンマー，ジンバブエ，キューバの6か国を「圧政国家 (outpost of tyranny)」と非難し，民主化実現のための政権転覆の必要性を訴えた。ブッシュ自身も圧政から人々を解放することは米外交への招命と位置づけ，自由と民主化拡大の戦いを続ける姿勢を明らかにした。

　その腕力と先端技術に過信することなく，アメリカは多くの難解な国際問題を，他の民主主義先進諸国との協調の枠組みの下に，長期的な視点に立って辛抱強く，現実的かつ包括的な方法で解決するよう努めなければならない。中東問題やテロ対策でいえば，文明の衝突論を是認するかのようなイスラム敵視の政策は却って過激派を増殖させる結果に堕するだけである。そうではなく，ムスリム世界のなかで多数を占める穏健なイスラム勢力との融和・共生の途を探ることである(15)。この国がそうした力量と指導力を発揮してこそ，世界の民主化と平和の維持が現実化し，アメリカは唯一の超大国と呼ばれるに相応しい国となるのである。

2　ウェストファリアシステムの変容と地域主義の台頭

　冷戦後の世界においては，先に見た新たなる覇権闘争・ヘゲモニー変動の潮流とは別に，17世紀に誕生したウェストファリア（主権国家）システムの枠組みを変質・変容させる動きも強まっている(16)。

　現代の国際社会は，輸送手段や通信・情報技術の飛躍的な発達を背景に，国境を越えての経済を中心とした相互依存関係や人的・物的な交流が急速な進展を見せている。なかでもコンピュータのめざましい発達・普及は，既存の領土管轄や国境障壁を乗り越えるエレクトロニクス空間の拡大を猛烈な勢いで加速化させている。経済・社会活動の仮想現実化（ヴァーチャライゼーション）はその代表といえる。また冷戦が終焉し，資本主義メカニズムの機能するエリアがグローバルに拡散・浸透したことで，経済発展と新たな市場・ビジネスチャンスの獲得をめざし世界中の国々が激しくせり合う時代に突入した。そこでは経済的効率性の追求が貧富の拡大を招き，西側の価値観押しつけへの反発も生まれている(17)。

　こうした地球規模かつ全ての分野での相互接触・交流深化の動きに伴い，国家の枠を越えた企業活動の多様・多国籍化が進む一方，国際機関や非営利的政

治・社会団体の数が増加しその取り扱う分野も多岐にわたる等非国家アクターの国際政治における発言力は高まり，主権国家が国際政治における唯一のプレーヤーである時代は既に過去のものとなった。また相互依存やグローバリゼーションの進展は，「遠心力」と「求心力」という相反する力を主権国家システムに及ぼしている。「遠心力」とは，集権的な国家権力に逆ベクトルとして作用するエネルギーのことで，国民一人一人の価値観の多様化や個人主義の高まり，あるいは多民族国家における民族意識や分離主義，エスノナショナリズムの高揚等がこれに含まれる。国民国家 (nation state) とはいいながら，実際には強制や征服，あるいは機械的な線引きで国境が策定されたケースも多く，単一民族で構成される国は極く稀である。世界に存在する二百程の国々のうち，民族的な同質性を兼ね備えているのは10％にも満たず，その中でも民族集団が単一であるのはさらにその半分以下に過ぎない。アフリカの場合，千にも上る民族が40程度の主権国家に押し込められているのが現状だ。民族・国民 (nation) という言葉と国家 (state) という言葉はしばしば同義的に用いられるが，そこに住む全ての市民や民族の代表がその国の政治的権威を構成している国は少なく，国家と民族・国民は一つの統一体となっていない。

つまり，国民国家といえどもその大半は少数民族を内部に抱えた多民族 (multi national ないし multi ethnic) 国家なのである。冷戦時代には国家的な抑圧やイデオロギー統制によって抑えられてきたマイノリティグループ（少数民族）の民族自決や民主化要求の動きが，冷戦構造の崩壊に伴って一挙に顕在化した（エスノナショナリズム）。ユーゴスラビアの解体やチェコの国家分裂をはじめ，スリランカにおけるタミル人闘争やスペインのバスク独立運動，さらにカナダのケベック州離脱，英国ではイングランドに対するスコットランド自治運動等々少数民族による分離独立 (ethnosecessionalism) や強烈な自民族中心主義 (ethnocentrism) の動きがそれだ。中でも120以上の民族を内部に抱えていた旧ソ連邦は「民族の火薬庫」であり，CIS 発足後の現在もグルジアやチェチェン，アゼルバイジャン共和国のあるコーカサス地方では頻繁に民族間の紛争が生起している。中央アジアのイスラム系住民をはじめ非ロシア系諸民族とスラブ民族の間にはもともと連帯意識が乏しいことに加えて，過去における露骨なロシア人優越主義やロシア当局から被った圧政，弾圧の民族体験が，非ロシア系諸民族に強烈な反

露意識と独立志向を育み，この地域での共存を難しくさせている。

　他方，グローバリゼーションの進展や相互依存の高まりによる国際関係の密接・複雑化を背景に，国家には遠心力とは逆の方向からもその力を制限するエネルギーが作用している。それは国家間の位相距離を縮め，国家横断的に各々の主権行使を制限する力のベクトル（「求心力」）で，富や情報の集中，世界標準の出現に加え，国家の限界を越えてグローバルな問題にグローバルに対応する必要から，普遍的国際機構や国際機関の機能強化，役割増大をめざす動きともなって表れている。一連の国連改革論議はその代表であり，新たな地域機構作りや既存機構の拡大，加盟国の増加等も同様だ。もっとも普遍的な機構の場合，対象領域が世界規模化するため，迅速な合意形成や政策遂行の面で手間どることが多い（新ラウンド交渉に行き詰まっているWTOのケース）。それに対し文化・歴史的な連帯を基盤に人，物，サービス等あらゆる面で緊密な交流が積み重ねられてきた各地域単位での協力枠組みは，主権国家の足らざるを補完する重要な存在となり得る。

　グローバリゼーションと多様化・アイデンティティ希求の潮流が同時並行的に進む中で，「世界」と「国家」の間に位置する「地域（region）」を主要なアクターと捉え，政治・経済・安全保障・文化等様々な領域での機能発揮を期待する地域主義の台頭である。ヨーロッパにおけるEUの統合・拡大はまさにその代表であり，アメリカでは米加自由貿易圏の成立やメキシコを加えた北米自由貿易圏（NAFTA）の発効，アジアでもアジア太平洋経済協力会議（APEC）や東アジア経済会議（EAEC）等環太平洋を対象とする広域経済圏の樹立や東アジア共同体構築の構想等が挙げられる。ロバート・スカラピーノが自然経済圏と呼ぶ，例えば中国南部から台湾，香港にまたがった国境を越えた経済テリトリー成立の動きもこれに含まれよう。この新たな地域主義は開放性を基とする。1920年代末期の大恐慌を機に世界をブロック経済へと走らせた閉鎖・排他的な地域枠組みの再来であってはならず，そもそも相互依存の著しい現代世界にあって，そのような内向的システムが機能を全うできるものでもない。

　経済に留まらず，政治や安全保障の分野でも地域機構はその権能を強めている。EUは独自の軍隊を編成し，固有の安全保障政策を打ち出しており，ASEANでは政治安全保障共同体の構築をめざしている。コソボ，クルド人問

題をめぐってNATO, EU, OSCE等が人権擁護に積極的に関与する等主権国家固有の領域とされ、従前であれば内政干渉との非難を浴びた人権等の分野にも地域機構はその影響力を拡げつつある。アルビン・トフラーは、従来の工業化社会から抜け出した地域は多様で独自の道筋を辿った発展を遂げていくだろうと予測するが、インド、ブラジル等BRICsと呼ばれる地域大国の動向も、将来における地域協力の進展を左右する大きなファクターとなろう[18]。

遠心力と求心力という180度指向の異なる二つのベクトルは、主権国家の枠組みを引き裂き、揺さぶるだけではない。一方のベクトルの増大は他のベクトルの増大を引き起こし、互いが影響を及ぼしあう相互連鎖の反応は反復拡大を続けていく。グローバリゼーションが強まれば強まる程、それに比例して拡大空間の中での自身の位置喪失を防ごうと視座確立を求める個人・集団の動きが活発化するのはそのためだ。アイデンティティを求める動きは、文化平準化に対する反発のベクトルでもある。グローバルスタンダードの受容領域拡大に伴いエスノナショナリズムが刺激され、あるいは原理主義が勢いを得るのも同様だ。これまでの近代社会は国民国家の枠組みにおいて政治・経済的な単位と文化共同体の範囲は重なり合うべきものであったが、相互依存やグローバリゼーションの進展に伴い政治・経済単位が膨脹し、それと同時に文化共同体の範囲がシュリンクすることで両者の亀裂は拡大しつつある。この歪みからマイノリティやエスニックをめぐる民族紛争が火を吹き、それがさらなる殺戮やテロの温床ともなるのだ。新たな政経単位となりつつある地域機構や域内諸国による真摯な地域協力の取り組みに、そうした問題解決の大きな役割と機能が求められているのである。

③ 国家統合の理論と限界

地域協力の必要性が高まりを見せる中、その最先端を走っているのが欧州連合(EU)を擁するヨーロッパである。この地域では国家間協力からさらに歩を進め、既に協力機構が国家権能の一部を吸い上げて自ら執行しており、さらには国家の統合をも視野に入れている。従来より、国際政治における主権国家併立システム、言い換えれば力の構造における多元性・分散性が戦争の主原因であるとの認識に立ち、国家の統合を促進することによって国際紛争の防

止と世界の平和を達成しようとする考え方がある。それが統合理論 (theory of integration) である。つまり国家統合とは平和への希求から生み出された発想であり，平和論と根を同じくする概念といえる。統合理論は，「連邦主義的アプローチ」，「相互作用アプローチ」，それに「機能主義的アプローチ」の三つに大別できる。

● 連邦主義的アプローチ

連邦主義的アプローチ (federalist approach) とは，超国家的な国際機構あるいは連邦制度のシステムを構築することにより，地域の政治・経済的な統合を図ろうとするものである[19]。この立場は最も古くから存在し，14世紀のピエール・デュボアや17世紀のエメリック・クリュセ，それにエマニュエル・カントらがこれに属し，最近ではエチオーネがこの代表に挙げられる[20]。だが，このアプローチはどのようにして超国家機構を作り上げていけばよいかの説明に欠けている。また単に機構や組織を築いただけで統合が達成されるわけでもない（制度への過度の信仰）。スイスの場合，各カントン（州）は13世紀から19世紀初頭に至るまで，それぞれ独自に軍事力を保有し続けていたにも拘らず統一は進んだ。アメリカの場合は，独立達成以来1798年まで軍務省 (War Department) を持たず，また軍務省発足時でさえも保有する連邦陸軍の総兵力はわずか700人に過ぎなかった[21]。こうした例からも窺えるように，統一的な政治・軍事機構作りが統合を促進し，あるいは統合の結果として生まれることはあっても，統合を生み出す必要不可欠な要因とは言い難い。

● 相互作用アプローチ

相互作用（コミュニケーションあるいは交流主義）アプローチ (transnationalist approach) は，国家，国民間の接触や交流，コミュニケーション量の増大（電信・電話の使用頻度，通商貿易額，交通輸送量等）を国家統合のメルクマールに据え，そうした国家社会間の相互交流の増大が政治統合へと繋がるとする立場である。この派の代表には『政治共同体と北大西洋地域』（1957年）等を著したカール・ドイッチェがいる。

「諸国家は，相互のコミュニケーションと相互作用の量及び頻度が増せば，相互の関係を重要なものと考え，互いの行動や利益について認識を深めるようになる。またこれらの交流が当該国家により利益として認識される度合いに比

例して，相互の関係は信頼，確信に基盤を置く密接なものとなっていく。そしてこのことが，互いのコミュニケーションと相互作用の，より一層の拡大を生み出すことになる。このようにして統合の過程はやがて離陸し，堅固なものとなっていくのである」(22)。

　ドイッチェはこのように説明するが，A，B二国間でコミュニケーションの量と範囲が増大し，またレベルとその頻度が高まるにつれて政治や文化の価値観や共同体としての結束率も高まる。政治共同体としての結束率が増大すれば政治統合も進展するというのがドイッチェの仮説のポイントであり，このアプローチは制度変更よりも社会的・心理的意識の共有性に重点を置いている。そして彼は国家間統合の最終の形態―それは国家が相互に戦争を意図しなくなる統合(integration)の形態を意味する―を「安全保障共同体(Security Community)」と呼び，さらにそれを「合一的安全保障共同体(Amalgamated Security Community)」と「多元的安全保障共同体(Pluralistic Security Community)」の二つに分類している。「合一的共同体」とは二つまたはそれ以上の独立した政治単位が，共通の政治権力構造を有するより大きな単位を創設するために統合するもの(＝国家主権を乗り越えた統合)で，イタリア半島の小国家間の統合によるイタリア統一国家の形成，13植民地を土台とするアメリカ合衆国の生成，さらにスコットランド，ウェールズ，アイルランドの合体による連合王国(英国)の成立等がこれにあたる。これに対し「複合的共同体」は，現在のアメリカとカナダ，ノルウェーとスウェーデンの関係に見られるように，政治制度や権力が未だ統合されていない(＝国家主権の枠組みが存続する)共同体をいう。両者とも安全保障共同体としての特色は共有しており，独立または統合している政治単位の関係が平和的で，対立が武力よりも妥協・回避，裁定によって解決される地域であることには相違がない。

　ドイッチェは，(1)平和の維持(2)より一層の多目的能力(multipurpose capabilities)の獲得(3)特定の任務達成(4)新たな自己イメージとアイデンティティの獲得，の四つを統合の目的に挙げ，もし統合の中心目的が平和の維持に置かれるならば多元的安全保障共同体の完成で十分であり，そのための背景的条件として，(1)主要な政治的価値の一致(2)政府及び政策決定者に，相手からのメッセージに対しての素早い，時宜を得た，しかも暴力に訴えることのない

対応能力(3)相手の政治的,経済的,社会的行動の相互予測性を挙げる[23]。そして平和の維持に留まらず,他の三目的をも狙いとする統合であるには合一的安全保障共同体の樹立が不可欠とし,価値観や生活様式の一致,経済成長率向上の可能性等12条件が必要だという[24]。だがこうした相互作用的アプローチに対しては,コミュニケーションと政治統合との因果関係に関する実証性に疑念が呈されており,さらに

1 コミュニケーション量の増大は,統合を促進する要因というよりは,むしろその結果に過ぎないのではないか

2 コミュニケーションの量のみに注目し,フローの中身を問わないのは粗雑に過ぎるといった批判が提起されている[25]。

● 機能主義的アプローチ

表序-1 安全保障共同体の類型

	非合一	合一
統合	多元的安全保障共同体 現代のノルウェーとスウェーデン	合一的安全保障共同体 現代のアメリカ
非統合	非合一的非安全保障共同体 冷戦期の米ソ	合一的非安全保障共同体 ハプスブルク帝国,1860年代のアメリカ (1971年までの)パキスタン

出典:Karl W.Deutsch, Sidney A. Burrell, et al, *Political Community and the North Atlantic Area* (Princeton, Princeton Univ. Press, 1968)

　機能主義的アプローチ (functionalist approach) は,非政治的な経済・社会の各個別分野での国家間協力・連帯の絆を太くし,そうした機能ごとの各国際機構が政治共同体に発展すると説く立場である。機能主義も,統合に向かうメンバーの範囲をどう捉まえるかによって,ミトラニーに代表される古い機能主義[26]と,ハース,ナイ,リンドバークらの新機能主義に分かれる。前者は統合の普遍性を強調し,機能的諸機構が世界政府へ発展することを考えるもので,『実働平和システム論』(1943年) を著したディビッド・ミトラニーは,郵便,電気通信,貿易,運輸等の分野での国際制度化の動きを捉え,非論争的なこうした分野での協力が増大することによって諸国家は相互依存の網の目に組み込まれ,やがて国境横断的な機能別国際機関が確立し,さらには世界共同体が創

設されると説いた。これに対し後者は統合の地域性,すなわち地域統合をモデルに描く(27)。どのような国家も領土的,政治的な主権の制限については非常に硬直的で実現が難しいが,富や福祉の増進をめざす経済的相互作用にあっては国境の非浸透性はさほど高くはない。そこで,経済を中心とした機能的国家間協力の推進による主権制限の累増・拡大を通じて政治的統合を達成しようというのが機能主義の狙いだが,この考え方が妥当するためには,経済的分野の統合と政治分野の統合が一体連続化するものでなければならない。

この点に関しエルンスト・ハースは,特定分野の協力,統合からの出発という点では機能主義と同じだが,新たに「波及(スピルオーバ：spill over)効果」仮説という概念を提唱し,経済的統合と政治的統合は連続体であり,経済統合が達成されれば政治統合も自動(跳躍)的に達成されると主張した。これをECの統合過程にあてはめれば,石炭と鉄鋼の経済統合から他の分野に波及して経済共同体が達成され,遂には政治統合に至るという図式になる。しかし石炭鉄鋼共同体が成立しても欧州防衛共同体(EDC)は不成立に終わったし,ECやEUの軌跡をみても,経済分野の統合は進展を見せているが政治統合の域には未だ至っていない。国家にとって政治・戦略的重要性の低い分野での協調・協力の姿勢が,重要性の高い分野へと直線的に「波及」するという仮説には疑問が残る。

例えば,ECを超国家機構に発展させようとする動きにド・ゴールが反対した際,戦略的重要性の高い政策争点については閣僚理事会で拒否権を行使できるとする「ルクセンブルクの合意」が成立したことで危機が解消された史例を想起する必要がある。国家にとって,経済的利益は政治的利益に従属すべきものである。政治的影響力を大きく左右しない経済問題であればともかく,それが国防や国家の安全保障に影響を及ぼす場合には,経済統合を政治統合に連動させることは至難の術となる(28)。

● 総 括

以上,三とおりの統合理論を見たが,1970～80年代における欧州統合の進捗度に対する評価を見ても,ドイッチェ,エディンガーらは,1950年代半ばより低下し,57,8年以降統合は停滞(plateau)状態に陥ったと主張した(29)。これに対しイングルハートらは,統合はその後も進んでいると結論付け,リン

ドバーグやハースもスローテンポながら統合は進んでいると述べる等異なった判断と評価が導き出された[30]。これは，統合理論自身が未だ統合されておらず，セオリーの完成度や統合評価の精緻さも未熟な段階に留まっていることを示すものであった。その一方，統合学説の混迷と沈滞を尻目に，80年代後半以降，欧州における現実の統合プロセスは机上の理論を凌ぐ進展ぶりを呈した。

結局，各統合理論はそれぞれ一長一短を有し，今後も相互補完的な論理発展をめざしていく必要があろう。プカラが言うように，人類の長い歴史を見ても，国家間の統一はそのほとんどがこれまで帝国による他国支配のプロセスの中で生じており，平和的な相互の同意による国家統合の例は希有といってよい。欧州統合は学説どおりの軌跡を辿らず，国家を廃止するのではなくて国家連邦あるいは国家連合的な動きを見せている。しかも，欧州において妥当する統合促進の条件が，文化や発展段階，人種，歴史等環境の異なる他の地域でそのまま妥当するという理論的裏づけもない。さらにいえば，仮に地域統合が世界の各地域で達成されたとしても，それが即国際システムの多中心性の解消に繋がるわけではないから，統合促進は国際紛争を一挙に解決する万能薬とはなり得ない。こうした統合理論の限界や現実を冷静に踏まえたうえで，次章では現実の欧州統合の歩みを眺めてみよう[31]。

■注 釈

(1) 文明の衝突論については，Samuel P. Huntington, "The Clash of Civilization?", *Foreign Affairs*, Summer 1993, Samuel P. Huntington, *The Clash of Civilization and The Remaking of World Order* (New York, Simon & Schuster, 1996)，サミュエル・ハンチントン『文明の衝突と21世紀の日本』鈴木主税訳（集英社，2000年）。ハンチントンは，文明間の衝突を避けるには他文明圏への（内政）干渉を控え，価値観を相対化させることだと論じている。イランのハタミ大統領は文明の衝突論に対抗して，「文明との対話」を提唱したが，04年2月の総選挙での保守派の政権奪還及び05年夏のアフマディネジャド大統領の登場によって，イランの対話路線は頓挫する。モハンマド・ハタミ『文明との対話』平野次郎訳（共同通信社，2001年）。

(2) 原理主義（Fundamentalism）は，(1)教義や聖典を絶対視し，その無謬性を信じ，(2)他の宗教や理論を一切認めようとしない絶対的な排他性を帯びている。さらに自らの教義を実践するうえで(3)戦闘（暴力）性を容認する傾向も強い。原理主義は全体主義に転じる危険性を持っている。

(3) ビン・ラディンは，アメリカの六つの政策を反イスラム的行為と糾弾する。①パレ

スチナ人を虐げるイスラエルを支持していること②アラビア半島にアメリカはじめ西側諸国が軍隊を駐留させていること③米国がアフガニスタンとイラクを占領していること④イスラム反政府武装勢力を抑圧する露中印を支持していること⑤アラブ産油国に原油価格を低く維持するよう圧力をかけていること⑥背教的で腐敗したイスラム独裁政権を支持していること。マイケル・ショワー『帝国の傲慢（下）』松波俊郎訳（日経BP社，2005年）203ページ。

(4) トマス・バーネットは，現在の国際社会をグローバリゼーションの潮流を受入れ，それに自国の経済を統合させるとともに民主主義や法治主義，自由市場のメカニズムが機能している国・地域（ファンクショニングコアと呼び，北米や新旧欧州，日本，ロシア等）と，反対にグローバリゼーションを拒絶し，民主主義や自由市場の論理が機能しない独裁的政治体制が支配する国・地域（ノン・インテグレーティング・ギャップと呼び，カリブ海周辺から南米のアンデス地方，バルカン～アフリカ全土～コーカサス・中央アジア～中東～東南アジア全域に至る世界地図の真ん中を横に覆うエリア）に二分し，ギャップが国際テロの温床となり，コアとの間で非対称戦争が行われていると捉える。トマス・バーネット『戦争はなぜ必要か』新崎京助訳（講談社インターナショナル，2004年）第3章。

(5) 「ネックになるのは中国観の"内外格差"だ。……中国人は自分たちの国を『世界で最も信用できる国』の一つとみるが，外国人は『最も信頼できない国』の一つに位置づける。英外交政策研究センターの調査でも，中国人が『親しみやすい』『頼りにできる』という自己認識をもっているのに対して，外国人は『近寄りがたい』『粗悪な輸入品の元凶』と評価した。……中国人が自国を世界で最も信頼できる国と思っていて，世界の国々がその正反対も考えているとすれば，もっと深刻な衝突が長期間続く可能性が高い。」『ニューズウィーク』2006年9月27日号，21～22ページ。

(6) 米中衝突の可能性について，リベラル派は中国を世界経済に組み込むことによって衝突は回避できるとの見解が強い。一方現実主義に立つ国際政治学者の中では，衝突不可避と見る立場（例えばミアシャイマー）と回避可能と考えるグループ（ブレジンスキー等）に分かれる。Zbigniew Brezinski, John J. Mearsheimer, Clash of the Titans, http://foreignpolicy.com/story.cms.php?story_id=2740&print=1.

(7) バーネットは，コアの中ではカント的な調和的平和感に基づいたルールが適用できるが，ホッブズ的世界であるギャップとの関わりに際しては，唯一の軍事超大国として世界秩序維持の責務を帯びるアメリカとしては対テロ先制攻撃や殲滅作戦等別のルールを適用する必要があり，他のコアグループもこれを受け入れるべきだと主張する。トマス・バーネット，前掲書，149ページ。

(8) 自叙伝 *A Charge To Keep* の冒頭でも，ブッシュはこれまでの人生で牧師の説教や礼拝から多くの感動を受けてきたことを述べている。ジョージ・W・ブッシュ『ジョージ・ブッシュ　私はアメリカを変える』藤井厳喜訳（扶桑社，2000年）20～23ページ。

(9) 1986年にケネバンクポートの浜辺を歩きながら，グレアムはジュニアに尋ねた。「あなたは神とともに正しいところにいますか？」ジュニアは，この5年間，自分たち家族は毎週ミッドランドのメソディスト教会に礼拝に出ているし，ときには日曜学校で教え

たこともあると答えた。グレアムは足を止めるとジュニアの肩に手を置き、厳しい口調で言った。「あなたは私の問いに答えていない。主イエス・キリストを通じてのみ得られる、神との平安、理解が、あなたの心にはありますか？」ブッシュは項垂れ、子供時代から教会に通ってきたが、自分は「常に正しい道を歩いておらず」、自分の人生には何かが欠けているという感覚にいつも悩まされてきたと告白した。……グレアムが新しい弟子に与えた影響は「ひと粒のからしの種を植えたようなものだった。それはゆっくりと時間をかけて成長していき、私は変わり始めた」とジュニアは後に語っている。J・H・ハットフィールド『幸運なる二世　ジョージ・ブッシュの真実』二宮寿子他訳（青山出版社、2001年）112〜4ページ。

(10)　2000年の大統領選挙の際、ブッシュの総投票数に占めるキリスト教右派票の割合は14％だったが、04年の再選時には31％を記録し、キリスト教右派がイラク・対テロ政策を支持していること、また同政権への影響力を高めたことが窺える。仲井武『現代世界を動かすもの』（岩波書店、2006年）22ページ。もっとも、ブッシュ政権が支持団体の一つとして福音派等キリスト教右派に近いことは事実だが、ブッシュ個人はメソジスト教会に通う等プロテスタント主流派に位置し、キリスト教右派には属していない。河野博子『アメリカの原理主義』（集英社、2006年）209ページ。

(11)　1997年に設立された保守系シンクタンク「アメリカ新世紀プロジェクト（PNAC: Project for the New American Century）」がネオコンの拠点。設立者は"ネオコンサーバティブの父"と呼ばれたアービング・クリストルの息子で、保守系雑誌「ウイークリースタンダード」の編集長をしているウイリアム・クリストルとロバート・ケーガン。PNACの発想は、強いアメリカは世界平和にとって好ましく、アメリカは国際問題に対して軍事、外交、そして道徳原則それぞれの面で強いリーダーシップを発揮すべしというもので、早くからイラク攻撃や国防費の増額、ミサイル防衛推進を主張していた。PNAC設立にはチェイニー副大統領やラムズフェルド国防長官らも名を連ねており、ブッシュ政権内部で影響力を持つネオコンの代表としては、国防長官の諮問機関国防政策委員会の議長でイラク戦争の最中に辞任したリチャード・パール委員長（2003年3月末辞任）やウォルフォウィッツ国防副長官らの名前が挙げられている。ネオコンについては Robert Kagan, *Of Paradise and Power* (New York, Alfred A. Knopf, 2003) ［邦訳『ネオコンの論理』］、Irving Kristol, *Neo Conservatism* (Chicago, Ivan R. Dee, 1999)、フォーリン・アフェアーズ・ジャパン編・監訳『ネオコンとアメリカ帝国の幻想』（朝日新聞社、2003年）、松尾文夫「ブッシュ政権と新帝国主義者」『国際問題』2003年2月号。ネオコン形成の潮流については Stefan Halper & Jonathan Clarke, *America Alone* (Cambridge, Cambridge Univ. Press, 2004)、菅原出『日本人が知らないホワイトハウスの内戦』（ビジネス社、2003年）第1、5章等参照。ネオコンの立場からブッシュ政権の採るべき外交政策を論じたものに David Frum, Richard Perle, *An End to Evil* (New York, Random House, 2003)。なお、イスラエル（ユダヤ）の強国化によってキリストの再臨が実現すると信じるキリスト教右派（福音急進派、原理主義者）もイスラエル支持者であり、ネオコンと宗教右派が結びつくことになる。

(12)　アイケンベリー論文は、『論座』2002年11月号「新帝国主義というアメリカの野望」。

(13)「テロを支援している体制を民主的な政府と交代させることだ。……この戦略は，他国の内政には基本的に関与しないという従来の外交アプローチからの大胆な転換である。民主諸国の政策決定者にとっては，ほぼ一貫して，非民主的体制がその支配下にある人々の人権を尊重しているか否かよりも，その体制の支配者が『我々の敵か味方か』の方が重要だった。だが，この新しい戦略は，他国の内政に目をつむるのではなく，テロを育む土壌は圧政であり，開かれた社会を築くことがその沼地の水はけをよくする最善の方法だという考えに基づいて組み立てられていた。」ナタン・シャランスキー『なぜ，民主主義を世界に広げるのか』藤井清美他訳（ダイヤモンド社，2005年）44ページ。

(14) アメリカ帝国論の一部を紹介すると，多国間秩序を重視したクリントン政権からブッシュ・ジュニア政権に代わり，自由と民主主義の拡大を根拠に単独主義，国際機構や国際世論の軽視，自らの軍事力への過度な依存と行使に傾斜するアメリカを自覚なき帝国として批判的に把握するものに Clyde Prestowitz, *Rogue Nation* (New York, Basic Books, 2003)［邦訳『ならずもの国家アメリカ』］，貿易収支の赤字や外国資本の流入等世界に依存している米経済の実態や国内の社会問題等を根拠に，帝国然としたアメリカは実は崩壊の運命にあると説くのはエマニュエル・トッド『帝国以後』石崎晴己訳（藤原書店，2003年）。これに対しヴァラダンは，21世紀のアメリカを市場主義・グローバリゼーション・情報化の三つの柱からなる世界規模の"民主主義帝国"あるいは"自由の帝国"と定義し，地球全体の利益を実現していくグローバルな存在として極めて肯定楽観的に捉えている。アルフレード・ヴァラダン『自由の帝国』伊藤剛他訳（NTT出版，2000年）。

(15)「イスラム原理主義は本質的に反動的であり，そのことは短期的には魅力的となり，長期的には弱点となる。それはイスラム世界の最も孤立した未開の部分で最も力を発揮する。ソ連に蹂躙されたアフガニスタンや，サウジアラビアのワッハーブ派の本拠地がいい例だ。しかし，イスラムの若い世代が，外敵に対して憤慨し，内なる支配者の偽善に対して怒りを覚えたとしても，テレビや映画の魅力に影響されないはずはない。近代社会からの絶縁は，ごく限られた少数の狂信者しか惹きつけないだろう。近代化がもたらす恩恵を失うことを望まない多くの者にとっては，原理主義は長期的選択肢にはなり得ない。……確かに原理主義は反西洋の外国人嫌いの感情を糧とし，それを政治的な活力の源泉にしてきた。だが注目すべきなのは，シーア派のイランとイスラエル占領下の南レバノンという極めて特殊な条件を別にすれば，強い反西欧の反動主義的原理主義者が権力を握ったのは，わずかにソ連の侵攻を受けたアフガニスタンとスーダンの南部一帯だけである。もしもアメリカが注意を怠れば，イラクの一部でも同様のことが起こる可能性はある。」ズビグニュー・ブレジンスキー『孤独な帝国アメリカ』堀内一郎訳（朝日新聞社，2005年）80〜1ページ。

(16) アメリカという特定の領域国家の覇権大国化とは別に，グローバリゼーションが世界を一つの帝国システムに変化させていると主張する。アントニオ・ネグリ，マイケル・ハート『帝国』水嶋一憲他訳（以文社，2003年）。

(17) 世界の急速なグローバル化は，文化・民族の多様性を画一化させ，あるいは富の偏在や多国籍企業の横暴を招くなど多くの弊害・問題点が指摘される一方，これを肯定す

る論者も多い。例えばトーマス・フリードマンは，世界各地に分散居住する人々がグローバル化によって共同作業・業務分担を営むことで雇用の創出や競争力の獲得が可能となり，貧困からの脱出は地域紛争の回避縮小をもたらすと述べている。ジェフリー・サックスも，グローバリゼーションはインドの極貧人口を2億人，中国では3億人減らし，多国籍企業に搾取されるどころか発展途上国に急速な経済成長をもたらしたと主張している。トーマス・フリードマン『フラット化する世界（上・下）』伏見威蕃訳（日本経済新聞社，2006年），ジェフリー・サックス『貧困の終焉』鈴木主税他訳（早川書房，2006年）。

(18) アルビン・トフラー他『富の未来（上・下）』山岡洋一訳（講談社，2006年）。民主開放路線をめざすのか，あるいは覇権大国への途を志向するのか等BRICs自身の発展の姿だけでなく，それら諸国と先進民主主義諸国（日米欧等）との関係のあり方も新たな地域主義の行方を強く規定することになろう。

(19) 連邦主義については，Carl J.Friedrich, *Trends of Federalism in Theory and Practice* (New York, Praeger, 1968), Chapter1, 2.

(20) Amitai Etzioni, "The Dialectics of Supranational Unification," *American Political Science Review*, Vol. LⅥ, No.4, December 1962.

(21) Karl W. Deutsch, Sidney A. Burrell, et al., *Political Community and the North Atlantic Area: International Organization in the Light of Historical Experience* (New Jersey, Princeton Uiv. Press, 1957), pp.25-6.

(22) Karl W. Deutsch, "Communication Theory and Political Integration", Philip E. Jacob and James V. Toscano, eds., *The Integration of political Communities* (Philadelphia, Lipponcott, 1964), pp.46-74.

(23) Karl W. Deutsch, *The Analysis of International Relations* 2nd (New Jersey, Printice Hall, 1978), p.239.

(24) ドイッチェは，両タイプの安全保障共同体にとって有用ではあるが必須でない条件として，①外部からの軍事的脅威，②強い経済的統合，③人種・言語の同質性，④同胞どうしの戦争に対する抵抗，の四つを挙げる。

(25) 鴨武彦『国際統合理論の研究』（早稲田大学出版部，1985年）85ページ。

(26) David Mitrany, *A Working Peace System: An Argument for the Functional Development of International Organization* (London, Oxford Univ. Press, 1943).

(27) Ernst Hass, *The Uniting of Europe: Political, Social and Economic Forces 1950～1957* (Stanford, Stanford Univ. Press, 1958).

(28) スタンレー・ホフマンも，1960年代における欧州統合の停滞原因をローポリティクスとハイポリティクスとの分離・分断が行われたためだとする。Stanley Hoffmann, "Obstinate or Obsolate: The fate of the Nation State and the case of Western Europe", *Daedels*, p.882. ハース自身も1975年に『地域統合理論の敗退（The Obsolence of Regional Integration Theory）』を著し，欧州統合を説明する理論としての新機能主義の限界を認め，それと決別している。

(29) Karl W. Deutsch. Lewis J. Edinger, et al., *France, Germany and the Western*

Alliance: A Study of Elite Attitudes on European Integration and World Politics (New York, Charles Scribner's Sons, 1987), Chapter 13.

(30) R. Inglehart, "An End to European Integration?", *American Political Science Review*, No.61 (1967), Leon N. Lindberg, "The European Community as a Political System", *Journal of Common Market Studies*, No.5 (1967).

(31) EUとは異なり、二国間の国家的統合としては1958年2月のアラブ連合やアラブ連邦、あるいは80年のリビア・シリア統合等がある。アラブ連合は、ヨーロッパ統合運動に刺激されたシリアのミシェル・アブラクがアラブの統合をめざし、消極的であったエジプトのナセル大統領を説得してエジプト・シリア両国を合併させたものである。そしてこのアラブ連合成立に危機感を抱いたヨルダンとイラクが作りあげたのがアラブ連邦だった。だがともに二国間の利害対立が表面化、アラブ連合は3年7か月、アラブ連邦はわずか5か月で崩壊している。またカダフィ大佐の提案によるリビア、シリアの統合も実現には至らなかった。

第 1 部　ヨーロッパにおける協力と統合のダイナミズム

第1章　欧州統合の歩み

1　平和論としての欧州統合思想

　一つの欧州世界であるにも拘らず，その歴史は，戦争と流血の歴史であった。それは，欧州内部が一つの世界とはいいながらも多数の民族や国家に分かれていたためである。それゆえ，国家間連合からなる世界機構を設けることで国際社会の平和と安全の維持を図ろうとの考えは古くから存在した。欧州統合の考えは，平和論として立ち上がったのである。まず仏国王フィリップの法律顧問であったピエール・デュボアは『聖地回復論』(1305年) を著し，トルコと対抗するとともに，欧州域内での戦争を防止するため，各君主や都市が国家連合型のキリスト教共和国の結成を提案した。やはり仏人でボヘミア王ポティブラットの大臣を努めたアントワーヌ・マリニも，キリスト教国連合の設立とその最高機関として常設の国際議会を設けることを提議した (1461年)。

　近世に入ると，17世紀初めフランスのシュリーが，30年戦争の勃発直前に『大計画 (Grand Dessein)』という欧州の平和計画を立案した。同計画はトルコ撃退と世界平和のため教皇を最高調停官とし，当時ヨーロッパに存在していた6つの世襲王国，6つの選挙王国および3つの連邦共和国の15か国全ての連合によるキリスト教共和国を編成しようとするもので，この連合共和国には連合会議 (各国4人の代表からなる60人の合議体) を設け，国際軍を組織し各国の利害調停と紛争仲裁に当たらせるという構想だった。彼の『大計画』が発表されたのは作成よりかなり後 (1634年) で既にアンリ4世に採用されており (1603年)，「アンリ4世の大計画」という名が付けられるようになった。しかしこの計画もアンリ4世暗殺 (1610年) によって実行に移されることなく，立ち消えに終わった。やはり17世紀前半に活躍したフランスの著述家でカソリック修道士のエメリック・クリュセは『新キネアス論 (Le Nouveau Cyneé)』(1638年，キネアスは紀元前3世紀のピュルス王の助言者) の中で，国際紛争仲裁機関の設立を提唱し

た。国際紛争仲裁のためキリスト教国のみならずオスマントルコ，インド，蒙古も含めた国家連合を作り，国王あるいはその特命全権大使の会議をベネチアに設け，国際間に発生する諸問題の処理に当たらせるというものであった。

17世紀後半に入ると，英国のウイリアム・ペンが平和主義者として登場する。ペンはペンシルバニアの創設者であり，クェーカーの指導者としても有名だ。彼は『欧州の現在および将来の平和のための論説 (Essay towards the Present & Future Peace of Europe)』(1693年)を発表し，平和維持を目的とする欧州連合を提唱した。平等主義を尊重する議事堂にトルコもロシアも含めた列強会議を招集すれば，2世代で平和が実現するという楽観的，理想主義的な平和案であった。18世紀には，後世の平和思想に大きな影響を及ぼしたフランスのサンピエール，ルソー，そしてドイツのカント，英国のベンサム等が輩出した。まずサンピエールだが，ユトレヒト会議の随員に選ばれた彼が同地で著した『永久平和に対する計画 (Un projet pour rendre la paix perpétuelle en Europe)』(第1・2巻は1713年，第3巻は1717年)が有名である。それは，(1)主権国家を集めて連盟を作る(2)国際間の紛争を仲裁するための規定を設ける(3)連盟の協約に違反した国に対しては軍事制裁加える(4)国際軍を編成し，これによって世界平和を維持するという構想で，まずヨーロッパのキリスト教国が永久平和連盟を作り，これにイスラム諸国も加え，その代表機関としてユトレヒトに常設国際評議会議を置き，すべての国際紛争をその仲裁裁判で調停するというものだった。この連盟は加盟国がその規約に違反しない限り各国の内政には干渉せず，他方各国は6千名以上の常備軍を有してはならず，一切の領土変更も認めないものとした。また平和論者カントはその晩年に『永遠平和のために』を著し，自由，代議政治，権力分立を特色とする共和国家の連盟ないし国家連合の設立を提唱した。ジェレミー・ベンサムは『国際法の原理』を著し，国際法を制定し，自由な共和国の世界連邦結成をめざすことを説く等ヨーロッパでは多くの識者が平和的統合の思想を展開したが，いずれも構想の域に留まった。

2 グーデンホフ・カレルギーと汎ヨーロッパ運動

やがて第1次世界大戦が勃発，欧州全域が戦争の惨禍を蒙ることになった。大戦後，シュペングラーの『西欧の没落』に代表されるように，ヨーロッパで

は自らの将来について悲観論が流布したが、オーストリアの貴族リヒャルト・グーデンホフ・カレルギーは『パン・ヨーロッパ』(1923年)という書物を著し、欧州没落の危機を救い、共産主義の脅威に対抗するには欧州諸国の統合が必要であることを強調した[1]。カレルギーの欧州統合構想は、第1段階：欧州各国政府が欧州会議を開いて軍縮、関税、通貨等で共通の利益を検討する委員会の創設⇨第2段階：欧州仲裁判所の設立と相互安全保障条約の締結⇨第3段階：欧州全体を対象とする関税同盟と通貨同盟を結成し、単一経済圏の構築を経て、最終段階で欧州合衆国を生み出そうというものであった。彼の描く欧州合衆国は、対外的には単一の国家となるが、内部ではそれぞれの国が最大限の自由を保有するというものであった。

またカレルギーは統合を進める上で、ドイツとフランスの協力関係構築を重視した。彼は理念としての統合論の提唱にとどまらず、自ら「汎ヨーロッパ(Pan European)運動」を展開し汎ヨーロッパ連合を立ち上げ、各国にも汎ヨーロッパ協会が設けられた。1926年には第1回汎ヨーロッパ会議がウィーンで開かれた。カレルギーの運動に共鳴したブリアン仏首相は国際連盟総会で欧州連合を提案[2]、やはり汎ヨーロッパ運動に理解を示したドイツのシュトレーゼマン外相も独仏協調政策を推進した。しかしヒトラーの台頭で彼の運動は挫折、カレルギー自身もアメリカへの亡命を余儀なくされた[3]。

3 戦後欧州の疲弊と統合への動き

●シューマンプランとECSC

第2次世界大戦の発生は、欧州諸国の人々に国家間統合の必要性を一層強く認識させ、戦後、欧州統合に向けた動きが本格化するが、その口火を切ったのは英国のチャーチルだった。チャーチルは1946年9月、スイスのチューリッヒで「欧州合衆国(United States of Europe)」創設を提唱した。世界が米ソの二大陣営によって支配され、ヨーロッパがそれに埋没することを強く危惧したチャーチルは「もしヨーロッパの諸民族が団結できるならば、ヨーロッパ人は共通の幸福感を抱き、無限の名誉を感じるだろう。我々は米合衆国に似たものを建設し、育てねばならない。この緊急の使命を達成するためには、まずドイツとフランスが手を結ぶことが必要である」と語り、独仏の和解こそが欧州復

興に必要なことを強調し、分裂した国家中心主義 (state centricism) に深い反省を求めた。大恐慌の体験や二度の世界大戦等を通して帝国主義的なナショナリズムの担い手であった国民国家への信頼感が揺らいでいた中で、チャーチルのこの提唱は欧州各国に大きな反響を呼び起こし、カレルギーの汎ヨーロピアン運動を蘇生させたほか、シューマンやスパークら統合論者にも刺激を与えた。48年5月には、欧州統一運動国際委員会主催の下、オランダのハーグに欧州会議 (Congress of Europe) が開催され、多くの統合推進主義者が結集した。この会議では超国家的な統合については合意できなかったが、49年5月には欧州評議会 (Council of Europe: CE) の設立規約が調印され、政府間協力の推進がうたわれた (49年8月発足)。その活動の成果として欧州人権条約が調印され (50年)、これに基づいて欧州人権裁判所が設置された。現在46か国が加盟する欧州評議会は、特に人権問題の分野で一定の役割を果たしている[4]。

そして仏外相ロベール・シューマンは1950年5月、ベネルクス関税同盟を母体として、仏独両国の石炭・鉄鋼生産の全てを管理する超国家機構の創設を提案した (シューマン宣言)。このシューマン・プランは、1940年にジャン・モネが唱えた仏英政治連合構想を基礎とし、基幹産業の国際協力を通して欧州地域に不戦共同体を形成しようとするものであった[5]。同プランは各国から好意的に受け止められ、デ・ガスペリやアデナウアー、モネらの強い支持の下、1951年4月18日、欧州石炭鉄鋼共同体設立条約 (パリ条約) が調印され、翌52年、仏、西独、伊、ベネルクス3国の6か国より構成される「欧州石炭鉄鋼共同体 (ECSC: European Coal and Steel Community)」が活動を開始した。超国家機関の創設で国家主権が束縛されることを恐れた英国は、参加を見合わせた。ECSCの設立により石炭と鉄鋼の共同市場が発足、石炭・鉄鋼の生産・販売は加盟国政府の手を離れ、アルザス・ロレーヌ、ルール地方の帰属をめぐる長年の独仏対立は解消へ向かう。ECSCの誕生は、欧州統合の第一歩とも呼べる出来事であった[6]。

● EDCの挫折

ECSC創設と並行して、経済にとどまらず、政治・安全保障分野における国家間協力の制度化をめざす動きも生まれた。それが欧州防衛共同体 (EDC) あるいは欧州政治共同体 (EPC) の構想であった。このうち欧州防衛共同体 (EDC:

European Defense Community) は仏外相プレバンの提案によるもので，冷戦の激化に伴う西独再軍備の必要性と，ドイツの脅威再来を警戒する欧州諸国民の不安を解消するという相反する要請に応えようとするものであった。プレバンプランの内容は，超国家的な欧州連合体である EDC を創設し，その中に再軍備した西独軍を取り込み，その国軍性を払拭したうえで西側防衛に参加せしめるという構想で，EDC は仏伊西独，ベネルクス 3 国の 6 か国の軍隊から形成され，総兵力 125 万人，師団数 43（仏 14，西独 12，イタリア 12，ベネルクス 5），航空機 5300 機からなる欧州防衛軍を擁するものとされた。

　プレバンプランは NATO 諸国でも検討，支持され，52 年 5 月，パリで上記 6 か国によって欧州防衛共同体（EDC）創設条約が調印された。ところが各国が条約の批准を終えたにも拘らず，ドイツ再軍備を警戒するフランスでは議会の批准が難航，そして 54 年 8 月，仏国民議会は 319 票対 264 票で EDC 条約の批准を否決してしまった。超国家的指揮の下に共通の制服を纏うという欧州防衛軍の構想は，それを生み出した国の手で葬り去られてしまった。国家主権の中枢に関わる軍隊の管理権を国際機構に委ねることへの反発や対独警戒心の強さが，その実現を阻んだ原因であった。EDC 挫折後，西独再軍備問題に道筋を付けるため，ブラッセル条約に独伊を加えた形で WEU（Western European Union: 西欧同盟）が組織された。WEU では超国家性は排除され，西独の主権と国軍復活を認めたうえで NATO と WEU に西独軍を加盟させることとされた。西独の NATO，WEU 加盟に対抗して，ソ連はワルシャワ条約機構を立ち上げ，後に東独を加えた。なお統合論議の高まりを受けて 53 年 3 月，ECSC 特別総会は欧州政治共同体（EPC: European Political Comminity）創設の条約草案を採択した。これは ECSC と EDC を統合し，さらに関税同盟や共通外交政策等を盛り込む内容であったが，これもその野心さのゆえに廃案に追い込まれてしまった[7]。

● ローマ条約と EEC・EURATOM の創設

　政治・安全保障分野での統合がフランスの抵抗で流産し，以後，統合は経済分野を中心に進められるようになる。1955 年 6 月，イタリアのメッシナで開かれた ECSC 外相会議では，「より着実に経済分野での欧州諸国間の協力関係を強化すること」とされ，共同市場と原子力共同体の設立をめざすメッシナ決

議が採択された。この決議を受けてスパーク委員会が設置され、その報告を基に起草された「欧州経済共同体設立条約（ローマ条約）」及び「欧州原子力共同体設立条約」が1957年3月、ECSC加盟6か国によって調印された。翌年1月両条約が発効し、欧州経済共同体（EEC: European Economic Community）及び欧州原子力共同体（EURATOM: European Atomic Energy Community）が発足した。この時、同時に欧州委員会や閣僚理事会、欧州議会、欧州裁判所等の諸機関も整備されている。

EECは、加盟6か国間の関税障壁を無くし欧州に一大経済圏を築き上げることを、またEURATOMは各国共同施設による原子力の平和利用促進をめざすものであったが、経済協力の中核となったのはEECであった[8]。EEC創設の基本目的の一つは、工業製品についての関税同盟の形成にあった。即ち、域内であらゆる工業製品の自由な移動を確保するとともに、域外に対しては共通の対外関税を設定するもので、この事業は比較的順調に進み、当初の予定より1年6か月早い1968年7月、域内関税の撤廃と域外に対する共通対外関税の実施が実現、ここに工業製品に関する関税同盟が完成を見た。

● 共通農業政策（CAP）

またEECの第2の目的に、各種の共通政策が掲げられた。共通農業政策、共通競争政策、共通社会政策等々である。全ての共通政策は共同市場を創出するための政策であり、同時に、資本と労働の自由移動を可能にすべく、財の自由移動を妨げている非関税障壁を撤廃するための措置も取られるようになった。ところで、共通政策の中で最も紛糾したのは共通農業政策（CAP: Common Agricultural Policy）であった。CAPに関してローマ条約は、農業生産性の向上、農民の生活水準の向上、市場の安定、食糧供給の保証、適正な消費者価格という五つの目標を掲げ、その達成のために市場の統一性、共同体優先、財政共同責任という三原則が採択された。市場の統一性とは、農産物の自由市場を確立すること、つまり関税及び非関税障壁を撤廃し、行政手続きと動植物病疫規則を調和化し、共通の競争政策、そして共通価格を実現することを意味した。共同体優先とは、共同体の農民を外部からの低価格農産物の輸入に対して共同体の外囲国境での関税措置によって保護することを意味する。財政共同責任とは、共同体の農業政策関連の支出、収入は全て共同体予算を通じて処理されるとい

う意味である。

　共同市場は経済のあらゆる分野を含むゆえ，農業だけを除外するわけにはいかない。しかしローマ条約が成立した1957年当時，創立6か国には互いに異なった農業政策が存在し，異なったこれら複数の政策を新たな別の一つの政策に纏めあげることは至難の業であった。だが努力の結果進展が見られ，域内に農産物の共同市場を作り，自由な流通を図り，理事会が個々の農産物の共通価格を設定するとともに，域外の農産物については課徴金を課して流入を制限するという措置が68年7月から実施された（農業共同市場の完成）。もっとも，CAPについては余剰農産物の扱いや農産品価格支持のための各国の分担金問題をめぐる利害対立がその後も続くことになる。世界市場価格を上回る公定価格を共同体が設定したり，それと同時に，目標価格以下に価格が下落するのを防止するための支持買い上げを行うことによって膨大な余剰農産物が生まれた。またEECやEC予算中に占めるCAP割り当て分は相当なもので，そのために他の共通政策が犠牲となってしまう。それが機構の予算危機を生み出し，CAPの利益をさほど享受しない加盟諸国，特に英国の強い不満を招いた[9]。さらにCAPはその保護主義的傾向のゆえに，共同体の外部からも激しく攻撃されることになる。農家は過剰生産を続け農業の構造改革が進まず，一方で共同体の財政負担が膨張するという悪循環を断ち切るため，90年代に入ると，支持価格の水準を引き下げるとともに，農家所得を直接補償することで構造改革を促すという政策転換が図られている。

● ド・ゴールの抵抗

　大陸における地域協力進展の動きに対して，終始英国は懐疑的であった。超国家的な統合に反対の英国は57年，OEEC加盟国による自由貿易地域案を提唱するが実現には至らなかった。そこで，超国家的統合をめざすEECに対抗する格好で，あくまで政府間協力の枠組みを維持しつつ，工業製品のみを対象とする自由貿易地域形成をめざし，EEC周辺6か国（ノルウェー，スウェーデン，デンマーク，スイス，オーストリア，ポルトガル）との経済協力機構を立ち上げた[10]。1960年のストックホルム協定で発足した欧州自由貿易連合（EFTA: European Free Trade Area）がそれである。だがEECの発展に比べて，EFTAは思うような成果を挙げられず，早くも61年には英国はじめアイルランド，

デンマークが，翌62年にはノルウェーもEECへの加盟を申請する[11]。しかし英国を「アメリカのトロイの木馬だ」と非難するフランスのド・ゴール大統領は英国の加盟に強く反対し，拒否権を行使してこれを阻止した(1963年)。ド・ゴールは67年にも英国の加盟を阻止し，他のEFTA諸国の加盟も実現しなかった。

　もっとも，ド・ゴール自身も英国と同様，超国家的な統合には否定的で，62年には政府間協力を軸とする政治連合案(フーシェ案)をEECに提出し，仏主導の統合再編を試みようとした。同案は小国の反対で頓挫したが[12]，62年からスタートした共通農業政策に関しても，その促進をめぐり65～66年にかけてフランスと他の5か国が激しく対立し，EEC崩壊の危機にまで事態は悪化した。そして1965年，EECのさらなる発展をめざしたハルシュタインプラン(共通農業政策具体化に必要な独自財源を共同体に設け，同時に欧州議会に予算の審議権を付与するというもの)に反対するド・ゴールは，欧州裁判所を除くすべての共同体機関から仏代表を引き上げさせる強硬措置に踏み切った[13]。この事件は66年1月の「ルクセンブルクの合意(妥協)」(「一か国以上の非常に重要な国益が危機に曝される時には，全会一致を達成すべくあらゆる努力を払う」という内容)によって，全会一致制を残すことでひとまず収拾されたが，これ以降，事実上EECの重要議題はすべて全会一致で決定することが慣行となり，重要な決定は何も下せなくなってしまう。アングロサクソン勢力の介入を嫌い，あくまでフランスを主役に，しかも主権国家という国家属性を軸とする欧州再編をめざすド・ゴールの動きによって，1960年代，欧州統合の動きは質的にも空間的にも停滞を強いられたのである。

● 拡大EC

　かように1960年代は欧州統合にとって試練の十年であったが，67年7月には併合条約が発効し，ECSC，EEC，EURATOMの3共同体は単一の欧州共同体(EC: European Communities)として統一された。それまでEEC，ユーラトム，ECSCの3機関は，それぞれ別個の総会や閣僚理事会，司法機関等を重複する格好で持っていた。本部もECSCがルクセンブルク，EECとユーラトムがブラッセルとばらばらであった。そこで相互の政策調整を推進させるため，3機関の組織的統合が果たされたのである。また69年にはローマ条約が単一

の共同市場を形成する過渡期間として描いていた最初の12年が終了するため，ド・ゴール失脚後の同年12月の首脳会議（ハーグ）では，欧州統合の再出発をうたうとともに，69年末をもってEECが過渡期間を終了し新たな段階へと移行すること，そして70年代の目標として「完成（共通農業政策の完成）」，「拡大（新規加盟国の参加）」，それに「強化（関税同盟から経済・通貨同盟への移行）」の3本柱が設定された。

これを受け70年6月，英国，アイルランド，デンマーク，ノルウェーとの第2次加盟交渉が開始された。ド・ゴールからポンピドーに代わり，フランスの反対姿勢が変化したこともあり，従来の6か国に英国，デンマーク，アイルランド3か国の新規加盟が認められ，1973年にECは9か国からなる「拡大EC」へ発展した（ノルウェーは国民投票の結果，加盟反対が過半数を占めたため加盟を断念）。72年10月の首脳会議（パリ）では，1980年末までに政治同盟（欧州同盟）を形成すること，経済通貨同盟（EMU: Economic and Monetary Union）の実現をめざすことで合意が成立，さらに74年12月のパリ首脳会議では独仏の提案で首脳会議が制度化され，年3回定期的に開催されることになり，以後首脳会議（欧州理事会）が政策決定の大きな力を持つようになる。斯くて60年代後半〜70年代前半は，ECにとって飛躍の十年となった。

４ 統合の進展とEUの創設

●停滞の70〜80年代：単一市場の形成へ

しかし，関税同盟が完成した後も非関税障壁の撤廃は遅々として進まず，また国際通貨危機や石油ショックに伴う景気低迷で政治・経済統合に向けた試みは実現しなかった。さらに欧州各国における経済成長率の鈍化やインフレ，先端技術面での日米に対する遅れ等が重なり，1970年代後半から80年代にかけて，欧州統合は再び足踏み状態に陥った（ユーロペシミズム）。その後，統合に向けた動きが再び活発化する大きな契機となったのが，1985年1月，フランスの前蔵相ジャック・ドロールのEC委員会委員長への就任であった[14]。元来ドロールは社会主義者だったが，統一欧州実現に強い情熱を持ち，欧州復権のためには他地域の先進工業国に対抗できる産業競争力を回復させねばならず，そのためにはヒト，モノ，カネが加盟国の国境に束縛されず自由に域内移動で

きるような国境なき共同市場を作りあげ，規模の経済を追求すべきであると考えた。こうした市場統合（共同市場化）の発想は58年のEEC発足からローマ条約に明記はされていたが，四半世紀を経てもなおECはこの目的を達成できないでいたのだ。

ドロールのイニシアティブの下，副委員長のコーフィールドが中心になって，市場統合実現のため国境障壁の除去をうたう「域内市場白書」が作成された。85年6月のミラノでのEC首脳会議（＝欧州理事会）でこの白書が採択され，翌年2月，「域内市場白書」を条文化した「単一欧州議定書 (Single European Act: SEA)」が各国によって調印され，87年7月に発効した。単一欧州議定書は3共同体の設立（ローマ）条約を抜本的に改正し，市場統合に向けた法的基盤を作るとともに，市場統合を妨げる物理的，技術的，それに税制障壁約280項目を撤廃し，92年末までの市場統合完成を目標に掲げた。物理的障壁とは各国間のモノやヒトの移動の際に国境で生じる各種規制を，技術的障壁とは商品の仕様や環境，安全，衛生，消費者保護等の各種基準が国ごとに異なりバラバラである状況を指している。また円滑な市場統合を実現するには迅速な意思決定が不可欠となるため，ルクセンブルク合意により全会一致が慣行となっていたEC閣僚理事会での政策決定の多くの部分（共通関税の税率や資本移動の自由化等の個別事項とともに，域内市場完成のために理事会がとるべき措置全般）に加重特定多数決制を導入した。

さらに単一欧州議定書はそれまではEC委員会の政策決定に対して諮問委員会的な権限しか持たなかった欧州議会の権限を強化したほか，ローマ条約の枠外で70年代から開始された外交政策の協調作業（欧州政治協力：EPC: European Political Cooperation）を明文化し，政治面の統合体制強化にも乗り出した。政治協力はEDCの挫折以来タブーとされてきたが，議定書では「EPCに関する単一欧州議定書の条文」を採択し，EPCに法的根拠を付与し，「ECとEPCの目的は，ヨーロッパの団結に向けた具体的な進展を達成するよう一致して貢献することにある」と位置づけたのである。そして目標通り93年1月1日，EUは域内でのモノの移動，金・サービスの移動，人の移動を自由化する単一市場を達成，西ヨーロッパには12か国，3億4500万人，国内総生産（GDP）6兆3000億ドルという世界最大の単一市場が登場した。

● 市場統合から通貨統合へ：マーストリヒト条約

　市場統合に向けた動きが軌道に乗るや，ドロールはすぐさま経済・通貨統合（＝単一通貨の導入）に着手した[15]。単一市場が生まれても域内各国の通貨の交換が従前のままでは経済効果もそがれてしまう[16]。加盟各国の貿易に占める域内貿易の比率は6割強と高いから，通貨を統合し単一の通貨を流通させれば域内における通貨交換のコストも通貨変動のリスクもなくなり，域内貿易は活性化し単一市場の効果は一段と高まる。また，通貨統合とは単に通貨を共通化するだけではない。それは加盟国が自国の通貨主権を放棄し，金融政策を欧州中央銀行の手に委ねることをも意味するから，各国が個別に景気刺激のために金利を変動させる余地がなくなる一方，欧州全域でインフレ抑制やデフレ対策が統一歩調で採られるため，安定した金融市場が形成でき，通貨の安定にも繋がるのだ。ヨーロッパにおける通貨統合の試みは既に1970年のウェルナー報告でその構想が示され，79年には西独のヘルムート・シュミット，フランスのジスカール・デスタン両首脳が共通通貨単位ECU（European Currency Unit）の創設等を内容とする欧州通貨制度（EMS: European Monetary System）を立ち上げていた。EMSは安定通貨圏の形成を目的とする為替相場同盟であったが十分な成果を上げられず，11の通貨の存在は単一市場完成を阻む要因だった。

　1988年6月の首脳会議（ハノーバー）で，ドロールは通貨統合を検討する委員会の設置に成功，3段階を経て経済通貨同盟（EMU）を立ち上げ，単一の通貨が各国通貨にとって代わるという通貨統合案が「ドロール報告書」として翌年4月に提出された。経済通貨同盟（EMU）は各国国家主権への重大な挑戦であった。なぜならEMUが定めているのは，固定為替レートの採用，共同体の共通通貨政策を決定する欧州中央銀行の設置，各国財政政策の共通目標の設定，各国通貨に代わる共通欧州通貨の採択を意味したからである。89年6月の首脳会議（マドリード）はドロール報告書を受けて，1990年1月から通貨統合の第1段階である資本の自由化開始を決定，90年12月の首脳会議（ローマ）は，経済通貨同盟（EMU）と政治同盟（Political Union）を検討する2つの政府間会議の招集を正式に決定した。しかし，英国やアイルランド，デンマークは国家主権維持の観点から通貨統合に強く反対。特にサッチャー英首相は通貨統合は主権侵害にあたるとして，ドロールがめざすEC統合の進化に懸念を表明した（89年

9月，ブリュージュのヨーロッパ大学での演説)。結局，単一通貨を採用しないこともあり得るという例外条項を設けることで英国との妥協が図られ，91年12月，マーストリヒト（オランダ）で開かれた首脳会議で最終合意が成立，翌92年2月，共同体の政策領域を大幅に修正・拡大するとともに（11 ⇨ 20項目）[17]，通貨統合と政治統合を盛り込んだヨーロッパ連合条約（マーストリヒト条約）が調印された。

　マーストリヒト条約の発効で，それまで経済分野に絞って統合を進めてきた欧州共同体（EC）に代わり，政治と経済・通貨両面の統合に拡大するための政治的枠組みとして欧州連合（EU: European Union）が創設された。EUは欧州共同体（EC: European Communities）と共通外交・安全保障政策（CFSP），それに司法・内務協力（CJHA）の3本柱から構成される。第1の柱である欧州共同体（EC）にはECSC，EURATOM，それにEC（European Community）が含まれ，EMUもこの中に含まれる。ここでは加盟国の主権が制限され，超国家的な制度が構築されている（特定多数決の適用範囲拡大や欧州議会の権限強化等），また加盟国によっては適用除外を認めるオプトアウトの措置も取られた。第2の柱は共通外交・安全保障政策（CFSP: Common Foreign and Security Policy），3本目の柱が司法・内務協力（CJHA: Common Justice and Home Affairs）で，共通査証，国境を越えたテロ・麻薬等の犯罪捜査，組織犯罪への捜査・司法協力，難民に対する庇護政策，移民対策等で加盟国間の協力関係を推進させること（共通化）を目標に掲げている。域内における人の自由移動を実現するとともに，派生する問題への共通対処をめざす分野である（人の移動の自由を促す先行施策としては，独仏ベネルクス三国が85年に締結したシェンゲン協定がある）。CFSPとCJHAはECとは異なり，政府間協力が基本原則となっている。またマーストリヒト条約では欧州市民権という新たな概念も導入された[18]。

　マーストリヒト条約は93年1月の発効を予定していたが，92年6月，デンマークが国民投票でマーストリヒト条約批准を否決するという事態が起きた。そのためECは臨時の理事会をバーミンガムで開き，デンマークにはEMU第3段階への移行及び共通防衛政策策定への参加を強要しないこと等同条約の適用除外（オプトアウト）を認めたため，二度目の国民投票（93年5月）でデンマーク国民の承認が得られた。こうして93年11月1日，ようやくマーストリヒ

```
欧州連合 ─┬─ 欧州共同体 ───────────┬─ 欧州共同体
(EU)     │   (EC: European Communities)  │   (EC: European Community: 旧EEC)
         │                                ├─ 欧州原子力共同体
         │                                │   (EURATOM)
         │                                └─ 欧州石炭鉄鋼共同体
         │                                    (ECSC)
         ├─ 共通外交・安全保障政策
         │   (CFSP)
         └─ 司法・内務領域協力
             (CJHA)
```

図 1-1 欧州連合（EU）の構造

ト条約が発効し，ここに EU が発足した。同条約では先のドロール報告書を踏まえ，3 段階のプロセスで EMU の実現をめざすこととされた。第 1 段階は 90 年 7 月からで，域内での資本移動の自由化，単一市場の完成，EU 全通貨の ERM（Exchange Rate Mechanism: 為替相場メカニズム）への同一条件での参加等を定めた。94 年 1 月から第 2 段階に入り，欧州中央銀行（ECB: European Central Bank）の設立，そして第 3 段階が 99 年 1 月からのユーロ（Euro）導入であった（ユーロの導入及び ECB による統一金融政策の実施）。

誕生するユーロは，2001 年 12 月 31 日までの 3 年間は移行期間とし，小切手，企業間の決済手段，起債の手段等としてのみ使用できるだけで，現実のユーロ紙幣やコインが市中に流通するのは 02 年 1 月 1 日からとされた。その後，02 年 6 月 30 日までの半年間は過渡期としてユーロと既存の各国通貨が併存するが，7 月 1 日以降は各国通貨の流通が禁止され，名実ともにユーロだけが単一の法定通貨として域内で流通することになる。98 年 5 月，ブラッセルでの特別首脳会議でユーロを 99 年 1 月から導入する国が独伊等 11 か国に決まり，ここに単一通貨ユーロの導入が正式に決定された。関税同盟の完成（1968 年 7 月），市場統合の達成（1992 年末）を経て，いよいよ欧州は単一通貨を共有する一大経済圏へと飛躍する時期を迎えたのである。なお，95 年 1 月にはオーストリア，フィンランド，スウェーデンの 3 国が EU に加盟している（第 4 次拡大）。

● **政治統合への途**

マーストリヒト条約の発効により，EU は欧州共同体（EC），共通外交・安全保障政策（CFSP），司法・内務協力（CJHA）の 3 本柱から構成されることになったが，第 2 の共通外交安全保障政策（CFSP）は，70 年代から始まった外交政策

での協力関係を発展させ，加盟国が共通の立場で統一した対外，安全保障政策をめざすことを目標としている。欧州共同体はその誕生から，政治的な協力のあり方が一つの焦点であった[19]。1970年には西独のブラント首相とフランスのポンピドー大統領の共同提案によって欧州政治協力（EPC）が生まれ，各国外務大臣と外務官僚の定期的な協議の場を設けることで各国間の政治・外交政策の調整が図られてきた。しかしEPCはローマ条約等の枠外で，法的拘束力の乏しい協議機関に留まっていた。

　マーストリヒト条約はこうした共同体の政治協力を条約内に取り込み，加盟国は共通の外交・安全保障政策（共通防衛政策も含む）を発展させ，統一行動を目ざすことになった。マーストリヒト条約はその第J条で「共通外交・安全保障政策がここに創設される」と宣言しており，共通政策の目的として(1)EU共通の価値，基本的利益，独立性の擁護(2)EU及び加盟国の安全保障強化(3)国連憲章等に従い，平和の維持と国際社会の安全保障強化(4)国際協力の推進(5)民主主義，法の支配，人権・基本的自由の発展と強化等が列記された。そして，これら目的を受けて実施する措置は「協調行動」と「共同行動」に分かれる。「協調行動」は，これまでのように各国それぞれがEUの共通関心事項に対して協調して行動することを意味し，あくまで各国の主体的な外交活動を第一義としている。これに対し「共同行動」は，欧州理事会の方針に基づきEU閣僚理事会が「共通の立場」を定義し，各加盟国が自国の政策をこの「共通の立場」に適合させねばならない。この場合はEUとしての行動が，個別国の外交よりも優先されることになる。「共同行動」の対象には(1)欧州安定化条約による国境と少数民族問題の解決(2)中東和平交渉への支援(3)旧ユーゴ紛争の解決(4)南アフリカの民主化支援(5)ロシアの民主化支援等があげられた。CFSPで重要なのは，EPCの時代は政策決定手続きの規定が無く全会一致が慣行だったが，マーストリヒト条約下では，制限付きながら加重特定多数決制が導入され，迅速かつ実行性のある政策決定が可能になった点である。15か国中10か国以上と62票以上の賛成が得られれば，加盟国は共同行動についても拘束を受けることになる。

　もう一つ重要なのは，マーストリヒト条約が「共通・外交安全保障政策は，究極的な共通防衛政策の策定を含む欧州連合の安全保障に関わるすべての問題

を含む」(J・4条第1項)と明記して，CFSPが共同防衛に至る共通防衛政策を最終的には形成することを視野に置きながら，EUの安全保障に関連するすべての問題を議題とすることができると定めている点だ。ドイツとフランスは防衛協力推進の視点から，1992年5月のコール・ミッテラン首脳会談で，既存の両国合同旅団を強化し，95年にはこの軍団を中核とした合同欧州軍を配備することを決めた (95年10月，実戦配備)[20]。また同条約は「欧州連合はWEU (西欧同盟)に対し，防衛問題に関連する連合の決定について，準備と遂行を要請する」(J・4条第2項)と定め，EU加盟国の安全保障政策はWEUを通じて行うこととし，長年その形骸化が指摘されていたWEUを欧州防衛の中核機構に据える方針も明確化された。これは，ヨーロッパの安全保障問題にはヨーロッパ自らが独自性を発揮すべきだという欧州諸国の自覚 (ESDI: European Security and Defense Identity)の高まりを示すものであるが，その背景には冷戦の終結によりソ連の軍事的脅威が低下し，安保・防衛面での対米依存の度合いが低下したこと，また逆に，アメリカが欧州防衛のコミットメントを縮小する可能性に対処する必要が生じたことがある。

EU諸国はESDI実現のため，冷戦時にはNATOの陰に隠れて休眠状態にあったWEUを欧州独自の防衛機構として発展させることとし，WEUに「人道支援・救難，平和維持活動，危機管理の際の平和創造を含む戦闘部隊任務」という新たな任務 (ペータースブルグ任務と呼ばれる)を追加 (1992年)したほか，平和維持活動を念頭に置いた演習も定期的に実施するようになった (1992年以降，年1回のペースで演習を実施，95年以降は危機管理に焦点をあてた演習も実施)。但しNATOとWEUの関係については，欧州諸国が欧州防衛のイニシアティブを握るべきだとする仏独 (=WEU重視論)に対し，あくまでNATOが第一義だと考える英国の立場が対立し，英国の主張を容れて「EUの安保・防衛政策はNATOと矛盾しないこと」が併せ確認された[21]。

ところで，EUの超国家機構化や中央集権化を警戒するのは英国だけではなかった。そこでマーストリヒト条約では，「補完性の原理」をEUの一般原則として導入することが明記された。補完性の原理 (the principle of subsidiarity)とは，EUの専属的管轄に属する分野を除いて，EUが行った方がその規模と効率からして効果的だと考えられる政策のみをEUが行い，それ以外の分野は

国家が行うという論理である(第3b条)。この原理は,EUがその権限を無制限に拡張していくことに対する自己抑制原理と説明されているが,基準としての曖昧さは否めない。

●アムステルダム条約

マーストリヒト条約は,EMUへの道筋を付けるとともに,3つの柱の確立等欧州統合を新たな次元へと高めたが,欧州諸国民の理解を得るための討議と準備の期間は必ずしも十分ではなかった。また統合が進めば進む程各国の既存の権限との軋轢も強まった。デンマークは国民投票で同条約を否決,92年9月のフランスの国民投票は,賛成派が上回ったとはいえ僅差の勝利であった。そこでEUは,統合に対する理解と支持を高めるとともに東方拡大に備えたEUの機構改革を目的に,マーストリヒト条約の見直し規定を根拠に同条約の改正に着手し,97年6月の首脳会議(アムステルダム)で条約改正の基本合意が成立。同合意は同年10月,アムステルダム条約(新欧州連合条約)として調印された(99年5月発効)。

EUの"憲法"にあたるのが1958年に発効した欧州共同体設立条約(ローマ条約)であり,93年発効の欧州連合条約(マーストリヒト条約)は設立条約に通貨統合の規定を大幅に加え,共通外交・安保政策,司法内務協力という新たな活動領域を定めたもの,さらに99年発効のアムステルダム条約及び01年のニース条約はこれら二つの基本条約を改正する条約で,経済分野に関わる共同体事項,共通外交・安保政策(CFSP),司法・内務協力(CJHA)というマーストリヒト条約で規定されたEU3本柱の強化・拡大に伴う機構改革をめざすもの,という関係になる。アムステルダム条約における改正の特色は,多段階統合方式を認め柔軟性の原理を取り入れた点やEUと市民の関係を密にした点(雇用確保等)等にあった。

5 統合の深化と拡大

●通貨統合の完成:ユーロの市中流通

21世紀初頭におけるEUの課題は,統合の質的深化と東方への拡大である。質的深化の具体例としては,経済統合の総仕上げとしての「共通通貨ユーロの流通」や,地域紛争等の危機処理にあたるEU独自の「緊急対応部隊の創設」

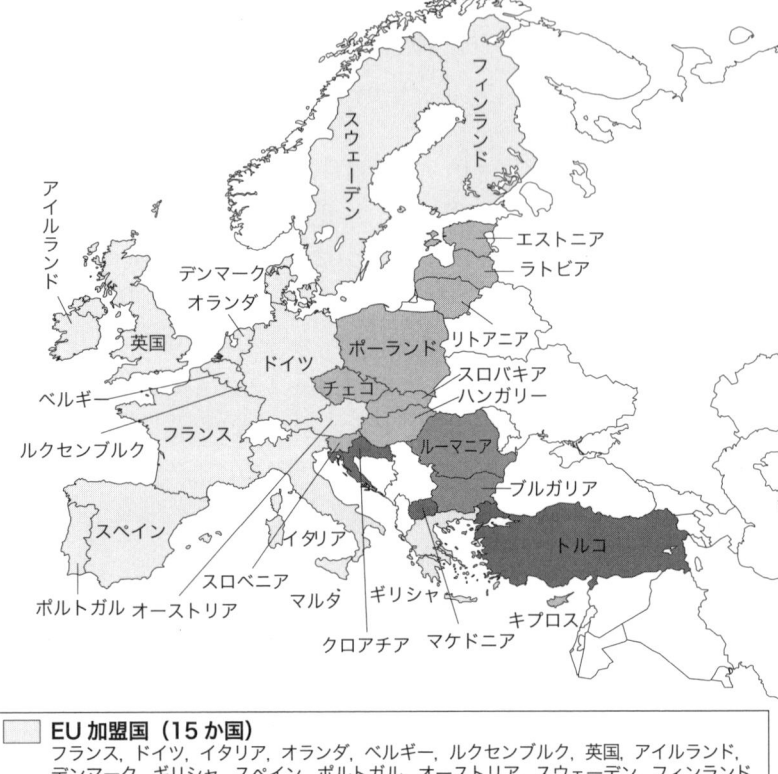

第1部　ヨーロッパにおける協力と統合のダイナミズム

```
EU加盟国（15か国）
フランス、ドイツ、イタリア、オランダ、ベルギー、ルクセンブルク、英国、アイルランド、
デンマーク、ギリシャ、スペイン、ポルトガル、オーストリア、スウェーデン、フィンランド

2004年5月1日加盟国（10か国）
エストニア、ポーランド、チェコ、スロベニア、ハンガリー、キプロス、ラトビア、
リトアニア、スロバキア、マルタ

2007年1月1日加盟国（2か国）        加盟候補国（3か国）
ブルガリア、ルーマニア              クロアチア、トルコ、マケドニア
```

クロアチア、トルコは2005年10月に加盟交渉開始。マケドニアは2005年12月に加盟候補国となる。

EU加盟に関するコペンハーゲン基準
①政治的基準：民主主義、法の支配、人権、少数者の尊重と保護を保証する安定した制度を有すること
②経済的基準：市場経済が機能していること
③EUの法体系を受容すること

	人口（2004年）	GDP（2004年）
EU25か国	4億5,530万人	12兆6,946億ドル
日本	1億2,776万人	4兆6,684億ドル
米国	2億9,351万人	11兆7,335億ドル

出典：『外交青書2006』（外務省、2006年）87ページ

図1-2　EU拡大の現状と今後

第1章　欧州統合の歩み　49

図1-3　EUの深化と拡大

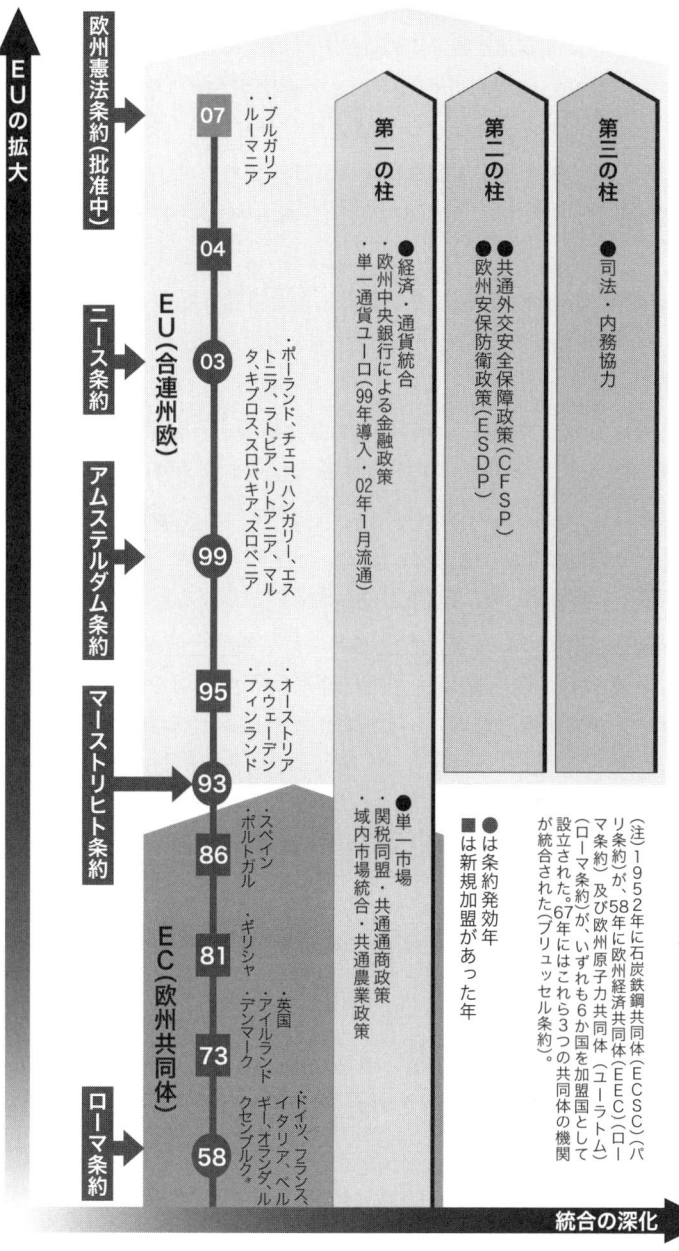

出典：図1-2に同じ

EUの拡大 ↑

- 欧州憲法条約（批准中）
- ニース条約
- アムステルダム条約
- マーストリヒト条約
- ローマ条約

EU（合連州欧）
- 07　・ブルガリア　・ルーマニア
- 04
- 03　・ポーランド、チェコ、ハンガリー、エストニア、ラトビア、リトアニア、キプロス、スロバキア、スロベニア、マルタ
- 99
- 95　・オーストリア　・スウェーデン　・フィンランド
- 93

EC（欧州共同体）
- 86　・スペイン　・ポルトガル
- 81　・ギリシャ
- 73　・英国　・アイルランド　・デンマーク
- 58　・ドイツ、フランス、イタリア、ベルギー、オランダ、ルクセンブルク

第一の柱
- ●経済・通貨統合
- ●欧州中央銀行による金融政策
- ●単一通貨ユーロ（99年導入・02年1月流通）
- ●単一市場
- ●関税同盟・共通通商政策
- ●域内市場統合・共通農業政策

第二の柱
- ●●共通外交安全保障政策（CFSP）
- ●欧州安保防衛政策（ESDP）

第三の柱
- ●司法・内務協力

●は条約発効年
■は新規加盟があった年

統合の深化 →

（注）1952年に石炭鉄鋼共同体（ECSC）（パリ条約）が、58年に欧州経済共同体（EEC）（ローマ条約）、及び欧州原子力共同体（ユーラトム）（ローマ条約）が、いずれも6か国を加盟国として設立された。67年にはこれら3つの共同体の機関が統合された（ブリュッセル条約）。

を挙げることができる。一方 EU の拡大については，拡大 EU としての意思決定システムの見直し作業が行われ，それと並行して中・東欧・バルトの 10 か国に地中海の島国であるマルタ，キプロスを合わせた 12 か国との加盟交渉が進められた。スイスも EU 加盟を視野に入れつつある[22]。

　まず質的深化としてのユーロの流通化であるが，02 年 1 月 1 日午前零時を期して，ユーロ導入を決めた EU15 か国のうち 12 か国でユーロ（7 種類の紙幣と 8 種類の硬貨）が市中に出回った。銀行の現金自動支払機も一斉にユーロに切り替えられた（但し大半の国は 2 月末まで旧通貨とユーロ双方の使用を認めた）。ユーロが流通するユーロランドの人口は 3 億人を越えている。国は 12，言葉は 11 に分かれていても，貨幣は一つに統一されたのである。東欧諸国等 12 か国が将来加盟を果たせば，5 億の人口を擁する大ユーロ流通圏の誕生も遠くはない。そもそも通貨統合のメリットとは何か。先述のように，通貨統合で為替相場変動のリスクを負うことがなくなる。またユーロ表示に統一されれば同一商品の国家間価格差は縮まり，市場競争が促されることになる。マルク，フラン等が各国個別経済に制約されてきたのとは異なり，ユーロは 12 か国の経済全体を背景とする強みがある。EU15 か国の経済規模は名目 GDP（国内総生産），人口ともほぼアメリカ並みとなり，いずれ英国等のユーロ不参加国もユーロを採用するであろうから，ユーロはアメリカより一回り大きい規模の経済圏を抱えることになる。

　こうした巨大経済圏をバックとするユーロには，戦後一貫して続いてきた米ドル本位制に修正を迫る効果も期待されている。アメリカはこれまで唯一の国際機軸通貨として，自国の構造的な経常収支赤字のツケをドル払いで済ませることができた。しかしユーロが同等の機軸通貨として普及すると，ドルの垂れ流しができなくなる。その結果，アメリカも経常収支改善のための経済の構造対策に踏み切ることになろう。またアメリカに集中し過ぎて安定を欠いている国際金融市場のマネーの流れも，ドル，ユーロの二本立てとなることで安定を取り戻すことが期待されている。その反面，経済調節手段としての為替レート喪失（例えば国内景気低迷時における通貨安による輸出促進効果や輸入抑制効果等）やユーロ運営をめぐる各国利害対立の場面も予想され，今後それをどう克服していくかがユーロ成否の鍵となる。

● ニース条約：EU 東方拡大に向けた機構改革

　2000 年 12 月にニースで開かれた首脳会議は，中・東欧諸国[23]の EU 加入を踏まえ，EU 拡大に向けた意思決定システムの見直し問題に取り組んだ。EU は独立国家の集まりだが，加盟国が主権の一部を放棄，棚上して共通政策に従うことが求められている。しかし，共通政策を決定するのに 30 か国近い国々の間で全会一致の原則を貫けば何も決まらなくなってしまう。そこで加盟国が増加しても EU の意思決定が滞らないよう，EU の運営ルールを改める試みがなされたのである。

　まずこれまで全会一致が必要だった事項の一部（社会保障や関連機関人事等約 30 項目）を特定多数決方式（Qualified MajorityVote: QMV）に改め，多数決制度導入分野の拡大を図った。同方式は各国 1 票ずつの単純多数決とは違い，各国の人口比率等に応じて持ち票を配分するシステム。そして加盟国の持ち票数に人口比をより正確に反映させ，大国の重みが増す意思決定システムに修正した。従来各国の持ち票は人口の多寡を正しく反映しておらず，例えば 1 票あたりの人口は，ドイツの約 8 百万人に対しルクセンブルクは 20 万人と結果的に小国が優遇されていた。加盟候補国の多くは人口 1 千万人に満たないため，このままでは 1 票の格差がさらに広がる危険があった。そこで 2 ～ 10 票の国別割り当て（15 か国で合計 87 票）を，独仏英伊の各 29 票から最小はルクセンブルクの 4 票までに改定（同 237 票，新規加盟国分を含めると 345 票）することとされた。持ち票の多寡だけでなく，賛成国の合計人口が全体の 62％に達しなければ成立しないルールも新設された（二重特定多数決）。その結果，持ち票では英仏伊と同じでも，EU 人口の 22％を占めるドイツの比重が高まることになった。

　さらに，統合促進に意欲的な国が EU の政策を先取りできるための改正も行われた。従前 EU では全構成国が同じペースで統合を推進することを前提としてきた。しかし，これでは最も統合に不熱心な国に歩調を揃える最小公倍数的な政策に留まることが多く，統合に積極的な国には不満の種であった。アムステルダム条約では，全構成国が同じペースで統合を推進することを理想とはしながらも，一部参加できない構成国がある場合も，過半数以上の国が参加することによって統合を進められるようにした。この考え方は「柔軟性の原理（the principle of flexibility）」と呼ばれる。ただアムステルダム条約の規定では，過半

数の加盟国が申請し，かつ全会一致で非参加国が同意しなければならず，共通政策の先取りは事実上不可能であった。そこでニース条約では初めて「先行統合」のルール（ニース条約第44条で「強化された協力（enhanced cooperation）」と明文化）を設け，8か国以上の申請があり，多数決で承認されれば，それらの国だけで安保・外交政策（但し軍事防衛を除く）を含む共通政策を実施できるように改められた。これまでの欧州統合は，全会一致の原則が象徴するように各国がほぼ横一線で進んできたが，将来は統合の先頭集団と英国やデンマークのようにそれに乗り遅れている国，さらに新規加盟の後発グループの間に大きな格差が生じる可能性がある。

また，加盟国増大に伴ってEUの閣僚にあたる欧州委員が増加することも効率的な意思決定の確保という点で問題が生じる。今までのように全加盟国に委員を割り振る方式を続けていけば，EU拡大とともに委員も増加し，各委員が担当する分野はどんどん狭くなり纏まりが無くなってしまう。そこで，5大国各2人と10か国各1人の現行20人を，新任期が始まる05年からは各国一律1人と改めるとともに，加盟国の数が27か国になった時点で委員を26人以下に上限設定することとされた。このほか，会議ではEUが守るべき権利を定めた「EU基本権憲章」が調印された。翌01年2月，加盟15か国によってこの理事会での合意を盛り込んだニース条約が調印された。

● 新規加盟交渉

マーストリヒト条約最終規定O条は，「欧州のすべての国は欧州連合構成国となるよう申請することができる」旨定めているが，1990年にはキプロスとマルタがEUへの加盟を正式に申請した。第4次拡大が実現した以降，中・東欧諸国の加盟申請が相次ぎ，94年にはハンガリー（3月），ポーランド（4月）が，95年はルーマニアとスロバキア（6月），ラトビア（10月），エストニア（11月），さらにリトアニアとブルガリア（12月）が，96年に入るとチェコ（1月）とスロベニア（6月）がそれぞれ正式に加盟申請した。

中・東欧諸国が加盟を急いだのは，経済的な理由が大きかった。EUに加盟すれば共通農業政策からの補助金や，地域の社会資本整備や雇用促進を目的とする「構造基金」の適用を受け多額の援助を期待できる。国際的信用も向上し，ひいては投資対象としての価値も高まろう。またロシアの脅威を緩和する

という政治・安全保障上の理由もあった。他方 EU にとっても，中・東欧地域は経済市場として魅力的だ。候補 10 か国の約 7 千万人が加われば，EU 域内単一市場の人口は約 4 億 5 千万人に膨らむ。加盟候補国の 2001 年の実質経済成長率は大半が 3％ を上回っており，成長が続けば投資先としての魅力も高まる。それに留まらず，この地域の安定はヨーロッパの政治にとって重要な意味を持っている。加盟候補国の多くは，体制変革を経てようやく自由を取り戻したところだ。民族対立や社会の混乱が尾を引いている国もある。EU がそうした地域に根を広げ，安定をもたらす意義は大きい。中・東欧における民族紛争の激化は西欧諸国への難民の流入を招くばかりか，これら地域における投資資産の減少，資源輸送ルートの途絶等の危険性を孕んでいるからだ。さらに，当面その脅威は顕在化しないとはいえ，東方の軍事大国ロシアとの間に緩衝地帯を設けることも必要だ。

　こうしたことから，01 年 12 月の EU 首脳会議（ブラッセル）では，中・東欧の加盟候補国のうち最大 10 か国を 02 年末までに承認し，04 年に加盟を実現させる方針を決めた。また EU の将来像を提言するための諮問委員会創設を盛り込んだ「ラーケン宣言」を採択した。02 年 2 月に発足した諮問委員会「コンベンション」は加盟国政府と議会，欧州議会，欧州理事会の代表者らで構成され，EU と加盟国の権限区分や機構の簡素化，制度改革等について検討し，拡大後も民主的機能的な意思決定が下せる EU のあり方を構想するものである[24]。さてキプロス，ハンガリー，ポーランド，エストニア，チェコ，スロベニアの 6 か国（加盟申請第 1 陣）との加盟交渉が 98 年 3 月から外相レベルで開始され，99 年 12 月の首脳会議（ヘルシンキ）では，ルーマニア，ブルガリア，スロバキア，リトアニア，ラトビア，マルタの 6 か国（加盟申請第 2 陣）について 2000 年からの加盟交渉開始を決定した（2000 年 2 月から交渉開始）。さらにこうした拡大に備え，99 年 3 月のベルリン特別欧州理事会では，拡大に伴う支出増大を踏まえた 06 年までの財政枠組み等を定めた文書「アジェンダ 2000」が合意されている[25]。

● コペンハーゲン基準

　もっとも，EU への加盟が認められるには，候補国が以下の基本条件を踏まえ，31 の項目をクリアーする必要がある。

(1) 政治基準：制度に裏づけられた安定した民主体制と，法治主義，基本的人権が根づき，少数民族を尊重，保護していること
(2) 経済基準：市場経済が現実に機能し，EU域内の競争圧力に耐えられること
(3) 統合成果の受入れ：政治，経済・通貨統合の目的を達成する意欲と，加盟国としての義務を全うする能力があること

　これは93年6月のコペンハーゲン首脳会議で整備されたもので，「コペンハーゲン基準（クライテリア）」と呼ばれる。(3)は，これまでEUが築き上げてきた政治，経済，社会の枠組みを支える法体系（アキ・コミュノテール：acquis communautaire）と見合った国内法制度を，新規加盟国が短期間に整備する作業を求めるものである。だが，経済改革の遅れや景気低迷による失業者の増加，あるいは政治の民主化等で問題を抱えている国も多く，加盟交渉が本格化するにつれて中・東欧諸国の加盟に多くの困難が伴う実態が表面化した。

　加盟第一陣の最有力候補と目されたポーランド，ハンガリー，チェコでもこうした変化が窺えた。これら三国の世論調査ではかつてEU加盟支持が70～80％に達していたが，その後のデータではハンガリー65％，ポーランド55％，チェコでは45％に低下した。EU加盟を果たすには既存の政治経済システムの抜本的見直しが不可避であり，それには多大の犠牲が伴うことを国民が認識し始めたからである。EUに加盟すれば，域内共通の法令基準に従わねばならない。工業製品と農産物は共同市場で先進西欧諸国と同一の条件での競争を強いられ，環境保護や労働条件，会社法等法制や税制面もEUの統一基準に合わせる義務がある。資本の自由移動と企業の買収・合併を認めなければならないのだ。キプロス，マルタ等資本主義諸国にとっては，EUの法令・基準の受入れにさほど重大な支障はない。しかし，長きにわたって共産主義経済に慣れ親しみ，いまなお社会主義時代の負の遺産を清算できていない中・東欧，バルト諸国にとっては，整備された経済社会システムと高度技術を持つ西欧諸国と対等の条件で競いつつ，しかも環境保護等で同一レベルの義務を担うことは容易なことではない。そのうえ交渉の過程で，新規EU加盟国に配分される農業補助金等の予算額が候補国の期待を裏切って大幅に縮小されることが明らかになった。欧州委員会が02年1月末に公表した資金配分計画では，EU拡大が実現する04年から3年間の新規加盟国への資金配分額は402億ユーロ（約4兆

7千億円)。このうち激しい反発を呼んだのが，生産制限等の見返りに導入される農家への直接支払額であった。膨大な農業人口を抱える中・東欧諸国は，現加盟国並みの支援をあてにしていたところ，現行の25％という低水準からのスタートを余儀なくされることになったためだ。

新規加盟国への補助金を当初は現加盟国の25％とし，加盟後10年かけて現加盟国並みに引き上げる方針をEUが打ち出したのは，急激な農業予算の増大には耐えられないとの判断が当局に働いたためだ。ハンガリーのオルバン首相は「EUの中に1等国と2等国の差を作るのか」と息巻き，新規加盟国中最大の農村人口を抱えるポーランドの交渉担当者も「EUの全メンバーに同じルールが適用されるべきだ」と強く反発した[26]。農業補助金だけでなく，予算総額の少なさも批判を呼んだ。EUの中期的な予算見通しは99年に決まったが，当時加盟交渉を進めていたたのは6か国だけだった。加盟候補がその後10か国に増えたにも拘らず，02年1月末に発表された予算額は当時の予想額をさらに下回ったものになっていた。欧州委員会が予算を出し渋った背景には，EUの複雑な内部事情が反映していた。EUが新メンバーへの配分を増やせば，取り分のカットを懸念してスペインやイタリア，ポルトガル等農業補助や地域格差是正の支援を受けている現加盟国が猛反発することが避けられないからだ。

つまり，EU拡大に伴う課題は既存加盟国の側にも多々存在するということだ。例えばEUは域内の労働力の自由移動を認めているが，ドイツやオーストリアに中・東欧から多数の労働者が流入すると失業問題をさらに深刻化させ，外国人排斥運動が勢いづくことが懸念された。96年のEU世論調査によれば，現在のEUメンバー諸国の国民のうち，新しい国を加盟させることに賛成する人々は全体の17％に留まり，他方EU内部の関係を強化すべきと考える者は53％，これに現状維持派15％を加えるとほぼ70％の人々はこれ以上EUが拡大することに消極的な態度を示した[27]。その背景には拡大が雇用不安を引き起こすことへの警戒心が働いている。労働者の大量流入や不法移民の増加への対処，異文化との共存等々は次章で取り上げるが，数多い解決困難な問題の中でも財政問題は一際厄介な案件である。

例えば，それまでEU統合推進の両輪を自認してきた独仏両国も，財政，特に農業補助金の問題を巡って対立が表面化するようになった。ドイツはEU財

政全体の1/4を拠出しているが、受け取る農業補助金は少なく、負担を減らす農業政策改革を進めたい立場にある。それゆえEUの牽引役ではあるが、拡大に伴う財政負担の増加に反対し、EUへの拠出金の対GNP比上限を設定した。逆にフランスは、補助金の最大受益国として現制度の維持を求める立場にある。農家への補助金を中心とするEUの共通農業政策は、EU財政の半分を占めている。04年の拡大でポーランド等10か国が加われば、当時約400億ユーロ（約4兆8500億円）の補助金は急増が避けられない。独財務省の試算によれば2013年までにさらに400億ユーロが必要となり、いまのままだとその多くをドイツが負担しなければならないことになる。だがフランス等受益国は性急な改革に消極的で、これがドイツの苛立ちを引き起こす。受益国と負担国の妥協点発見は容易な作業ではないのだ。

● 拡大EU：27か国体制

そのため、共通農業政策の最大受益国フランスと、EUへの最大拠出国であり、負担増大を懸念し拡大に伴う04年からの予算抑制を主張するドイツが正面から衝突、ジスカール・シュミット、ミッテラン・コールの独仏枢軸時代に比べ、統合の機関車役を担うべきシラク、シュレーダーのコンビには軋みが目立った。一時は02年内を目標とする加盟交渉妥結に支障が出ることも懸念される程事態は深刻な様相を帯びたが、02年10月のシュレーダー、シラクの首脳会談で、EUの農業予算を中期財政計画（00〜06年）終了後の07年から抑制することを条件に、新規加盟国への農業補助金支払いを04年から開始することで辛くも妥協が成立、これでEU拡大に大きく道が開かれた。

この独仏合意を受け、EUは02年12月12〜13日、コペンハーゲンで首脳会議を開催し、ルーマニアとブルガリアを除く中・東欧10か国の新規加盟を04年5月に認めることで正式に合意した。新たに加盟が認められたのは旧ソ運のエストニア、ラトビア、リトアニアの3か国をはじめ、ポーランド、ハンガリー、チェコ、スロバキア、スロベニア、さらに南欧のマルタ、キプロスの10か国。かつて東西の分断に苦しんだヨーロッパは、中・東欧諸国のEU加盟承認によって冷戦構造を最終的に解消することになった。候補国の一つポーランドはEUの財政支援に最後まで難色を示したものの、農業補助金の上乗せ等を盛り込んだEU側の最終案を受け容れた。

さらにこの首脳会議では，ルーマニア，ブルガリアについては07年を加盟目標とすることを確認すると共に，トルコの加盟問題については04年12月の首脳会議でトルコの人権状況等改善が進展している（＝コペンハーゲンクライテリアと呼ばれる政治基準を満たしている）旨決定されれば「遅滞なく加盟交渉を開始すること」で合意した。この背後には，対イラク攻撃の足場としてトルコの協力を必要とする米英及びこれを梃子にEU加盟を果たしたいトルコに対し，アメリカの干渉を嫌い「05年7月加盟交渉開始」を考える独仏の対立があったが，2年先伸ばしの妥協で収拾が図られたのである。だが非キリスト教国であるトルコの加盟に対しては，今後も強い反対論が予想される[28]。最後に首脳会議は「一つのヨーロッパ実現」をうたい，ヨーロッパに再び分断を許さぬ決意を宣言する議長総括を採択して閉幕した。

● さらなる拡大に向けて

加盟を承認された10か国は03年4月，アテネで加盟条約に調印した後，批准のための国民投票をそれぞれに実施し，04年5月1日，念願の加盟を果たした。25か国に拡大したEUは，人口約4億6千万人，経済規模12兆ドル超の"大欧州"になった。この第5次拡大で，冷戦によって東西に分断された欧州はいま再び一つのヨーロッパとして合体を果たした。その意味でこの拡大は，ヨーロッパが文字通りヤルタ体制を克服したことを意味するものと言える。フランスのシラク大統領は4月末，「東西分断でもっとも辛酸をなめた国々を迎え入れ，ヨーロッパの平和は一層深く根を下ろす」と述べ，「決断し行動のできる強いヨーロッパ」に期待感を示した。しかし，拡大に伴う問題はむしろこれからが本番だ。

25か国体制を実現させたEUの次の政策課題は，まず中・東欧新規加盟10か国へのユーロ導入である。導入の目標時期は07〜2010年と国によって異なるが，財政赤字の抑制や物価の安定等いずれの国においてもマクロ経済での改善努力が求められている。またペースに濃淡はあっても，加盟国の増加は今後も続くことになる。07年1月にはブルガリアとルーマニアが加盟し27か国体制となり，さらにトルコ，クロアチアも候補に上っている。そのほかにも，マケドニア，コソボ，ボスニア・ヘルチェゴビナ，セルビア，モンテネグロ，アルバニアが加盟を望んでおり，さらにウクライナ，モルドバ，グルジアといっ

たCIS諸国もEU入りの機会を窺っている。加盟を望む側は大胆な国内構造改革に迫られ，原加盟国の側では，移民や労働者の大量流入に対する抜本的な対応策の構築が必要になろう。ちなみに04年以前のEU加盟国は国民一人当たりGDPが1万ドルを超える高所得国だが，04年の新規加盟国の場合は5千〜1万ドル以下の中所得国，現在加盟準備交渉中の4か国は2500〜5000ドル以下と構成国の格差は開く一方である。メンバーの多様化と格差が増大するなかで，如何にして一体的なEUの運営を確保していくかは，EUが直面する最大の課題である。

■注　釈

(1) カレルギーの人と思想については，金丸輝男編『ヨーロッパ統合の政治史』（有斐閣，1996年）序章参照。カレルギーの母グーデンホフ・ミツコは日本人女性青山光子で，欧州社交界の華として名を馳せ，またゲランの香水ミツコにもその名を残している。木村毅『クーデンホフ光子伝』（鹿島出版会，1986年），堀口進『黎明期の国際ロマンス　クーデンホフ・光子の生涯』（宝塚出版，2003年）等参照。
(2) ブリアンの欧州連合案等が挫折した背景については，嬉野満洲雄『現代ヨーロッパ』（岩波書店，1962年）37〜47ページ。
(3) カレルギーと妻で当時3大女優の一人と謳われたイダ・ローランは，ナチスに併合されたウィーンを追われ，苦難の末にスイスに逃れた。さらにドイツの攻勢が強まった1940年にはアメリカへの亡命を余儀なくされたが，彼らの逃避行は映画「カサブランカ」のモデルといわれる。
(4) 欧州審議会，欧州会議と訳されることもある。欧州評議会の目的は，①人権，民主主義と法の支配の保護②欧州の文化的一体性及び多様性に対する認識の向上発展③欧州社会が直面する諸問題（エイズ，少数民族，麻薬等）への取り組み④改革を通じた欧州における民主主義の安定強化促進にある。事務局，閣僚委員会，議員会議（定数315議席），欧州人権裁判所等から構成され，所在地はストラスブール。
(5) こうした背景から窺えるように，欧州統合は通貨統合等経済だけを目的としたものではなく，①欧州平和秩序の創出②民主主義の発展③社会的安定等の基本的な目標が当初から伴っていた。これがEFTAやNAFTA等他の地域協力機構とは決定的に異なる点である。経済以外の政治目的がビルトインされていたからこそ，それが下支えとなって，幾度も経済的な危機に直面しながらも現在のような強靭な機構へと発展することが可能になったといえる。永岑三千輝他『ヨーロッパ統合の社会史』（日本経済評論社，2004年）54ページ。モネ，シューマンの人物像やECSC，EDCについては細谷千博他編『テキストブック　ヨーロッパ統合』（有信堂，2000年）第2章参照。なお，シューマン・プランの公表された5月9日が「ヨーロッパの日」となった。
(6) ECSC発足の意義は，第1に欧州最大の不安定要因であった独仏間の戦争を不可能

とし，不戦共同体を築くことに成功した点にある。第2に最高機関，特別理事会，共同総会，司法裁判所等からなるその機構は，EEC，EUの制度的な枠組みの基礎を提供した。第3に英国のアトリー労働党政権はフランスからの招待にも拘らず，超国家的機構を嫌って参加しなかった。そのため，以後欧州統合は大陸6か国を中心に進められていった。ところで，統合初期の段階では，めざすべき共同体がどのような政治的形態を取るべきかが論議された。理論的に可能と考えられたのは，一体型（unitary），国際型（international），それに超国家型（supranational）ないし連邦型（federative）の三形態だった。一体型の場合は，伝統的な主権国家の権限を完全に排除し消滅させる。国際型は参加諸国の主権を完全に温存し，共同体機構での決定は全会一致とする。第3の超国家ないし連邦型にあっては，加盟諸国が主権の一部を共同体機構に拠出し，共通機構の権限の下に置く。但し共通機構の中での決定的な発言権は加盟諸国自身が保持している。欧州共同体の創設者達はこの最後の形態（諸国家連邦）を選んだ。「欧州共同体の制度的構造の背景をなす論理は，連邦国家の論理とよく似た点があります。……『いま一つ新しい形態の社会が発見せられたのである。その社会においては，数個の国民が一つの国民に結合せられるのであって，そこでは，加盟国の共通の利益の問題については同一の国であるように動き，そのほかの問題については，加盟国はお互いに独立しているのであるか，少なくとも同盟形態をとるにすぎないのである』とトックヴィールはいっております。」W・A・ハルシュタイン『ヨーロッパ合衆国』中島正信訳（ダイヤモンド社，1963年）45～46ページ。なお02年7月，50年の歴史を終えてECSCはその幕を閉じた。

(7) EDC構想の顛末は，吉村健蔵「欧州の軍事的統合」日本国際政治学会編『欧州統合の研究』（有斐閣，1964年）参照。

(8) EEC加盟6か国は，①加盟国間の貨物の輸入及び輸出に関する関税及び数量制限並びにこれらと同等の効果を有する他のすべての措置の撤廃②第三国に対する共通関税及び共通通商政策の設定③加盟国間の人，役務及び資本の自由移動に対する障害の除去④農業分野における共通政策の樹立⑤運輸分野における共通政策の樹立⑥共同市場内において競争が歪められないことを確保する制度の確立⑦加盟国の経済政策を調整し，かつ国際収支の不均衡を是正するための手続きの実施⑧共同市場の運営に必要な限度における各国の国内法の接近⑨労働者の雇用機会を増大し，かつその生活水準向上に貢献するための欧州社会基金の設立⑩新たな財源の創設により共同体の経済的拡大を容易にするための欧州投資銀行の設立⑪貿易を拡大し，かつ経済的及び社会的発展のための努力を共同で推進することを目的とする海外の国及び領域との連合，を行うものとされた（EEC条約第3条）。

(9) 「英国は伝統的にECのどの加盟国よりも，域外からの輸入，特に食料の輸入が飛び抜けて多かった。このことは，関税のかたちで，英国はほかの加盟国よりも多くをEC予算に払い込んでいたことを意味する。これと対照的に，ECの支出予算では共通農業政策（CAP）を通じた農民に対する支援が大きな比重を占めている。我々が政権に就いた時点で，実際に予算の70％以上はそのように使われていた。CAPは当時もいまも，無駄の多いやり方で運営されている。余剰農産物がEC域外の市場にダンピングされれ

ば，世界の食料品市場を歪め，主要経済国間の自由貿易を危機にさらす。英国経済はほかのEC加盟国に比べれば農業への依存度が低く，農業経営もフランスやドイツより効率的である。したがって，英国が受け取る補助金はこれらの諸国よりも少ないということになる。英国は非農業分野の諸制度のもとでは，伝統的により公平な分け前にあずかっていた（地域基金，社会基金等）。しかし，ヨーロッパの農業団体の圧力と国際経済の不振によって，こうした制度の拡大は限られたものに抑えられている。……そこで，私の方針は最初から，CAPによる被害と歪みをできるだけ小さくし，ECの資金の使い方に，経済の現実を反映させようというものだった。」マーガレット・サッチャー『サッチャー回顧録（上）』石塚雅彦訳（日本経済新聞社，1993年）84～85ページ。

(10) 英国がEECのような関税同盟ではなく，自由貿易圏構想を提唱した背景には，①域外諸国に対する共通関税を避け大英帝国（the Commonwealth）の緊密な関係を維持すること（特に農産物についてはEFTAから除外することで，大英帝国からの安い農産物の輸入を続けることができる）②自国の工業製品については西独をはじめEECの域内関税引き下げの恩恵を享受したいこと③欧州統合のイニシアティブをフランスから取り戻すこと等の思惑があった。小川有美他『EU諸国』（自由国民社，1999年）82～83ページ。

(11) EFTA加盟国のうち，1973年に英国とデンマークが離脱してECに加盟したため，残りの諸国はECとの自由貿易協定を締結し，工業製品についての自由貿易地域をめざした。この目標は1977年までに達成され，残りの品目についても84年までに輸入制限が撤廃された。しかし95年にEFTA諸国のオーストリア，フィンランド，スエーデンが相次いでEUに加盟（第4次拡大）した結果，現在のEFTA構成国は，アイスランド，EU加盟を国民投票で拒否したノルウェー，スイス，リヒテンシュタインの4か国となってしまった。

(12) フーシェ案は，加盟国の国家元首と政府首班による年3回の定期会議とその間に行われる外相会議からなり，全会一致方式を採る政府間機構であったが，EEC内での独仏大国主義の横行と超国家性の後退を懸念したベルギーやオランダの反対に遭った。

(13) 1965年3月，初代EEC委員長ハルシュタインは閣僚理事会にいわゆる「ハルシュタインプラン」を提出し，それまで加盟国の分担金で賄われていたEEC予算の財源を，農産物の輸入課徴金と工業製品の共通関税に切り替えてEEC財源の自立を図るとともに，農産物の価格支持，輸出補助金等の全支出を賄う責任もEECに委ねるよう提案。さらに，欧州議会に一定の予算監督権を与える等同議会の権限の強化も併せ提唱した。EECの財政的自立，EECへの農業財政権限の付与，欧州議会の権限強化を主張する同案がEECの超国家的性格を強めることを，ド・ゴールは警戒したのだ。また66年以降ローマ条約に基づいて閣僚理事会の表決における特定多数決の適用範囲が拡大されることになっていたが，フランスの国益に関わる問題がフランスの意向を無視して決定されるとして，これにもド・ゴールは反発した。石川謙次郎『ヨーロッパ連合への道』（日本放送出版協会，1994年）44ページ。

(14) ドロールの人となり・功績については，チャールズ・グラント『EUをつくった男：ドロール時代十年の秘録』伴野文夫訳（日本放送出版協会，1995年），横山三四郎『二十

の EC 物語』(文藝春秋社, 1992 年) 第 10 章等参照.
(15) 経済統合は以下の諸段階に区分できる.
①自由貿易圏 (Free Trade Area)：域内関税や制限的通商規則 (非関税障壁) が除去される. 但し第三国に対する関税 (域外関税) については加盟国が個別に決定するため, 域内の通商に対しても原産地証明が必要となる. FTA の例としては EFTA や NAFTA がある.
②関税同盟 (Customs Unions)：対内的な関税や制限的通商規則の除去に加え, 域外の第三国に対して共通関税を設定する段階. この例には, ドイツ関税同盟 (1834 年) やベネルクス関税同盟 (1923 年) 等がある.
③共同市場 (Common Market)：人 (労働力), 物 (商品), カネ (資本), サービスの自由移動が行われる段階. それぞれの自由移動を実現するためには, 経済政策にとどまらず多くの政策領域で調整が必要となる. 例えば労働力の自由移動のためには, 資格・学位の相互承認や社会政策の互換性等.
④経済通貨同盟 (Economic and Monetary Union)：為替リスク回避のため, 為替相場の固定化や単一通貨の発効を行う段階. 各国中央銀行が単一の中央銀行に統合され, マネーサプライの操作による金融政策を各国単位で行うことは不可能となる.
⑤全面的経済統合 (Economic Integration)：単一通貨に加えて, 財政政策も統合することにより, 経済政策が全面的に共同化される段階. 連邦国家の中でも, この段階まで統合されていないものが存在する. 小川有美他, 前掲書, 93 ページ.
(16) 1991 年初め, ベルギーの消費者団体のメンバーが 4 万ベルギーフラン (約 14 万円) を持ち, EC 加盟 12 か国 (当時) のうちアイルランドとルクセンブルクを除く 10 か国を歴訪し, 各国通貨に次々に両替してベルギーに戻るという実験を試みたところ, 手元には 2 万 1300 ベルギーフランしか残らず, 一銭も使わないのに両替手数料だけで所持金の 47％を失ったという. 五島昭『大国ドイツの進路』(中央公論社, 1995 年) 120 ページ.
(17) マーストリヒト条約は EC (旧 EEC) 条約の第 3 条を改正し, 新たに「環境政策」や「社会政策」,「教育・訓練・文化」,「エネルギー市民保護, 観光」,「発展途上国援助」等を共同体の政策領域に加え 20 項目に拡大した. 注 JJ 参照.
(18) 欧州市民権の内容については, 細谷千博他編, 前掲書, 62～64 ページ, 安江則子『ヨーロッパ市民権の誕生』(丸善, 1992 年) 第 7 章参照.
(19) 1961 年にフランスは, EC に共通対外政策, 共同防衛政策, 共同文化政策の導入をめざす「フーシェプラン」を提示したが, 仏主導が目立つことに加え, NATO との関係や英国の不加盟等を理由に各国がその採択を躊躇し, 翌年には破棄された. 69 年 12 月にはハーグでの首脳会議で政治同盟問題が取り上げられ, 翌年には「ダビニョンレポート」が発表されたが, これも不採用に終わった. その後, 76 年にはベルギー首相による「チンデマンス報告」が提出されたが, 内容が急進的だとして理事会で棚上げにされている. 安江則子, 前掲書, 135～6 ページ.
(20) 独仏合同旅団は, 独仏友好協力条約締結から 25 周年を迎えた 1988 年 1 月にコール首相とミッテラン大統領の間で設置が合意され, 90 年 10 月に発足した. INF 全廃条約の締結を契機に米ソ間の緊張緩和が進む中, 西欧諸国のイニシアティブによる防衛力再構築に向けた動きの第一歩となった. 同旅団の規模は 4200 人, ドイツ南西部 5 か所の

基地に配備され、ドイツからは砲兵大隊、工兵、対戦車の各中隊、フランスからは補給、情報、教育各中隊と砲撃・軽車両の各連隊が参加、両国の混成で編成されているのは参謀本部と補給大隊だけで、戦闘部隊は両国別々の編成だが、有事に備えて互いに相手国の兵器の使用法を習得している。混成編成の参謀本部では、スタッフ60人が独仏両国の軍人半数ずつで構成され、参謀長は両国軍人が1年交代で就任、使用する言葉も独仏両国語が1週間毎に交代される仕組みとなっている。新たに設置された欧州合同軍の規模は3万5千、合同旅団に両国から各1個師団を加えた編成で、司令部はストラスブールに置かれた。合同軍は原則としてNATO、西欧同盟（WEU）の枠内で行動するが、NATO域外での平和維持活動や人道援助、環境保護にも従事することになっている。五島昭、前掲書、108～112ページ。

(21) NATO軍事機構から脱退していたフランスは1984年以来、WEUの再活性化を図っていた。マーストリヒト条約とその付属宣言は、WEUにEUとNATOの間を取り持つ「架橋的な機能」を認めるとともに、ESDIの構築を求めているが、これは、WEUを欧州防衛の軸に育てようとするフランスと、あくまでNATOの枠組みを維持したい英国の主張の折衷であった。機構間の情報交換を容易にするため、それまでロンドンにあったWEU事務局は93年1月、NATOやEC委員会の本部があるブラッセルに移転している。

(22) 02年、スイス政府はEUとの間で、EU域内での国境自由通過を定めたシェンゲン協定及び共通難民政策を定めたダブリン協定への加盟交渉を開始した。いずれもEU共通政策の重要な柱である。「シェンゲン協定」は95年に発効し、英国とアイルランドを除くEU諸国が加盟している。人の往来で加盟国間の国境審査を廃止する一方、犯罪者などの情報を共有できる。また「ダブリン協定」は97年に発効。難民認定にあたり、最初に認定申請した国の受け入れ是非の判断が全加盟国で適用される。シェンゲン／ダブリン協定にはEU非加盟のノルウェーやアイスランドも調印しており、スイスだけが孤立した状態にあった。また手続きの簡素化や犯罪者情報の迅速な入手等の利点からもスイス政府は両協定への早期加盟を目指したのである。その結果05年6月の国民投票で加盟が決定、また同年9月の国民投票では、EU新規加盟10か国への人の移動の自由に関する制度の適用も承認された。スイス政府は92年にEU加盟を申請したが、同年の国民投票で、EUとの経済統合を目指すために署名した欧州経済地域（EEA）協定への参加が否決された。このため政府はEU加盟申請を凍結。加盟を長期目標に留め、短中期的にEUとの諸協定積み上げにより関係を強化する方針に切り替えた経緯がある。1999年に第1次協定交渉が終了し、陸上交通や農産物貿易等7協定が03年6月に発効。02年7月から加工農産物貿易、サービス流通自由化、環境規格統一など10分野を対象にした第2次協定交渉が順次、分野ごとに始まった。シェンゲン／ダブリン協定加盟問題はその一分野で最重要事項の一つ。第2交渉の中でEUは、EUが新たに導入を目指す貯蓄への課税強化策や密輸取締り対策の分野でスイスに同調を求めているが、スイスは「銀行の秘密保持性は譲れない」と反対し交渉は難航している。永世中立の国是を守りつつ、02年9月の国連加盟で名実ともに国際社会への参画を果たしたスイス外交にとって、今後はEUとの関係が大きな焦点になろう。02年3月の国民投票で国連加盟

は承認されたが，EU 加盟には国民の中でなお否定的な声が根強い。国際条約への加盟は国民投票での承認が義務づけられているため，政府にとっては国民の説得が大きな課題だ。

(23) 94年10月，EU はポーランド，チェコ，スロバキア，ハンガリー，ルーマニア，ブルガリア6か国の呼称をそれまでの「中・東欧」から「中欧」に統一することを決め，以後，「東欧」は，CIS のうち西側地域に位置する国々を指す呼称とされた。東欧概念が消え，かつての「中欧」概念が復活したことは，冷戦によってヨーロッパが西欧と東欧に分断された時代（ヤルタ体制）の終焉を受けたものである。従来中欧と呼ばれたのは，一般的に，東西はロシアとフランスの間，南北は北海・バルト海とアドリア海の間に広がる地域を指し，バルト三国やウクライナの一部も含まれていた。また，かってのハプスブルク帝国の領地を意味する場合もある（狭義の中欧）。さらに，ポーランド，チェコ，スロバキア，ハンガリーを中欧とし，ルーマニア，ブルガリア，旧ユーゴ，アルバニアをバルカンと区分けする立場もある。

(24) 諮問委員会の構成は，加盟15か国の代表各3人（計45人）のほか，欧州議会16人，欧州委員会2人，さらに13の加盟候補国の代表各3人（計39人）が参加する。加盟国，同候補国の代表3人のうち2人はそれぞれの国の議会から選ばれる。議長はジスカール・デスタン元大統領。副議長はデハーネ前ベルギー首相，アマート元伊首相の2人。取り上げられる論点としては，①基本原則に関するもの（EU 憲法の制定，EU と加盟国との権限分配，食品安全など市民の関心への対応等）②閣僚理事会に関するもの（半年毎の議長国の隣番制の廃止，約20ある理事会の削減等）③欧州委員会に関するもの（委員長の公選制導入，農業補助金等適正な予算規模等）等が挙げられている。『朝日新聞』2002年2月27日及び3月22日等。

(25) 1999年3月24～25日，ベルリンで開催された特別欧州理事会（EU 首脳会議）で，EU の財政面での改革プログラムである「アジェンダ2000」が合意された。アジェンダ2000は，将来の EU 拡大による支出増大の可能性を睨み，97年7月16日に欧州委員会が提案した戦略文書で，共通農業政策や構造政策の改革を進め，EU 予算の増加を抑えるとともに自国の分担金負担の低減も図ろうとする純支払国（独，オランダ，オーストリア等，EU 分担金の支払額が EU 予算からの受取額を上回る諸国）と，共通農業政策や構造政策の既得予算維持を図る純受取国（仏，スペイン，イタリア，ポルトガル等）との妥協の末に成立した。加盟申請している中・東欧諸国等への加盟前支援措置，EU 予算の大半（99年予算で約83%）を占める共通農業政策及び構造政策（格差是正基金及び構造基金）の改革，2000年～2006年の EU 予算の枠組み等を含んでいる。

(26) 『朝日新聞』2002年2月13日，10月24日。ポーランドは10候補国の先頭に立ち，「補助金差別」に強く反対してきたが，加盟交渉期限が迫ってきた02年10月，旧共産党系の「民主左翼連合」主導の連立政権は一転，EU 案の原則受け入れを表明した。加盟に乗り遅れないための妥協であった。しかし，ポーランド農業の最大の難関は人減らしだ。EU15か国の農民約7百万人に対し，ポーランド農民は2百万人。小規模で生産性が低く，政府も3分の2以上の離農は避けられないと見る。失業率も17%と高い。国内にはこれに反発する右派や民族主義勢力が台頭し，過激な街頭行動で知られる民族主義政党「自

衛」は，農民の不安を煽り，政府攻撃を続けている。
(27) 羽場久梶子『拡大するヨーロッパ』（岩波書店，1998年）41ページ。
(28) 「トルコの即時加盟を求める声は全く聞かれない。加盟が実現するまでには，軽く十年はかかるだろう。人権問題での検証に時間が必要なためではない。その背後にあるのは，ヨーロッパのアイデンティティの危機だ。皮肉なことに，拡大を続けるEUがヨーロッパというものの定義の曖昧さに悩んでいる。バレリー・ジスカールデスタン元仏大統領は11月初め，イスラム教国のトルコがEUに加盟すれば，『ヨーロッパの終わりだ』と発言した。キリスト教国の仲良しクラブを貫くのか，それとも文化的に多様なヨーロッパになる道を選ぶのか。EUは遅かれ早かれ決断を迫られる」『ニューズウィーク』2002年12月4日号，43ページ。

第2章　EU: 統合と拡大の諸課題

1 EUの機構と政策決定システム

●EUの主要機関

EUの最高意思決定機関は，欧州理事会（European Council）である。このほか閣僚理事会（Council of Ministers），欧州委員会（European Commission），欧州議会（European Parliament），欧州司法裁判所（European Court of Justice）の五つが主要機関である。

＊欧州理事会（European Council）　EUサミット（首脳会議）ともよばれ，各閣僚理事会で調整した政策案件を最終決定する場。EU全体に関わる重要課題に政治的決定（方針）を下す最高の意思決定機関である。加盟国の首脳（元首，外相）と欧州委員会委員長が出席，現在は年4回開催されるのが通例。以前は首脳会談（会議）の形で開かれていたが，1974年に常設化され公式の機関となった。

＊閣僚理事会（Council of Ministers）　EUの「立法機関」。欧州委員会が提案する各種の政策案を審議，決定するほか，委員会に対して提案をするよう要請もできる。加盟各国の閣僚級代表により構成され，テーマによって，外相理事会，蔵相理事会等と呼ばれる。所在地はブラッセル。各国はブラッセルに大使ら常駐使節を送り込み，予め委員会の提案を各国の国益に照らし精査，検討する。また各国の常駐代表は理事会の下部機関として常駐代表委員会（コルペール）を構成し，理事会での審議を準備する。閣僚理事会の決定は全会一致を原則とするが，適用対象を縮小化させる方向にあり（組織・機構に関わる問題，国家主権に関わる問題等），加重特定多数決が用いられるケースが増えており，単純多数決の場合もある。このうち加重特定多数決の適用が明記されている場合は，国別の持票と加盟国の人口比を考慮した決定方式が採られている。加盟国の持票総数は321票で，通常は賛成する国の数が過半数，持票が232票を超え，かつ，賛成国の人口比がEU全体の人口の62%を越えることが可決の条件（特別

の場合は，国の数が2/3, 持票が232票，かつ人口比は62%を越えること）とされている。

＊欧州委員会（European Commission）　EUの政策立案を担う「政府」。EU全体の方針や共通政策は，欧州委員会が提案する。各加盟国から1人ずつの委員で構成され，委員長を含めて25人（東方拡大以前は，大国から2名，それ以外が1名の合計20名だった）。委員は国家の閣僚に該たり，それぞれ所管分野を担当，任期は5年で各国政府が任命する。委員会は各種法案の提案，発議権を持つほか，政策に関わる規則，指令，決定，勧告等の原案を作成して閣僚理事会に提案する。委員会自らが理事会の委任の範囲内で法律を作成することもできる。また閣僚理事会の決定した規定を執行する。委員会と称するが実態は各国の官庁に近く，委員を支える行政スタッフを含めれば総数2万人近い欧州官僚（ユーロクラット）からなる巨大組織である。国家の中央省庁にあたる総局（対外関係総局，農業総局，貿易総局等）が委員を支え，政策を遂行する核をなす。所在地はブラッセル。

＊欧州議会（European Parliament）　各国での直接選挙で選ばれる欧州議員（任期5年）により構成され，EUの活動に民主的コントロールを行うための機関である。79年6月の直接選挙導入以前は，構成国の議会が欧州議会議員を各国の手続きに従って任命していたため，国内議員が欧州議会議員を兼ねる二重議席であった。人口比に応じて国別に議席数が割り当てられており，選挙も国別に実施されるが，選出された議員は国家の枠を越えてEUレベルでの活動が求められる点で超国家的な性格を持っている。選挙区は各国が一選挙区で，議席の総数は732。加盟国を横断する党派として，欧州人民・民主党グループ（キリスト教民主勢力）と欧州社会主義グループ（社会民主勢力）が左右の二大勢力をなしている。その他にも環境問題を重視する緑の党やリベラルな欧州自由民主党等もある。一般の国の議会とは異なり直接の立法権限は持っておらず，主な役割はEUの政府である委員会に対する諮問，監督機関的存在と位置づけられていたが，欧州統合の進展に伴い権限の強化が図られている。所在地はストラスブール。

＊欧州司法裁判所（European Court of Justice）　EUの憲法であるローマ条約やマーストリヒト条約等の基本条約及び基本条約に基づいて制定されるEU法（派生法）等の共同体法体系の解釈や適用について判断を下す。加盟国が相互同

意した25名の裁判官と，それを補佐する8人の法務官で構成される。欧州司法裁判所は加盟各国の裁判所の上位に立つものではないが，共同体法規に関しては，加盟国の裁判所は判決を下す前に欧州司法裁判所に判断を仰ぐことができ，また最終審の場合は欧州司法裁判所への付託が義務づけられている（先決裁定）。所在地はルクセンブルク。このほか，会計検査院やフランクフルトに所在する欧州通貨機関及び欧州中央銀行等が存在する[1]。

● EUの活動

予算　EUの予算は，03年度で約925億ユーロ（約12兆250億円）。主な財源は，農業・砂糖課徴金，共通関税（EU域外からの輸入品に賦課される関税），付加価値税（加盟国の付加価値税の一部はEUの固有財源に充当される）及びGNP比に基づく分担金である。予算案は欧州委員会によって作成され，理事会が確定したものを欧州議会が承認する。EUは毎年，歳入，歳出を定めた単年度の予算を編成するが，そうした単年度予算の指針となるのが中期財政計画である。2000～06年にかけての中期計画（「アジェンダ2000」）に続き，07年からの7年間を対象とする新たな中期計画が06年4月に最終合意を見ている。

経済政策　一国の経済・財政政策のあり様は，直接・間接に他の加盟国の経済に影響を及ぼす。そのため，アムステルダム条約では「加盟国は自らの経済政策を共通の関心事項とみなし，理事会において調整する」旨規定し，具体的な調整の枠組みとして，EU及び各加盟国の経済政策の方向や取り組むべき事項を定める包括的経済政策指針，各国の経済政策や財政運営を相互に監視する経済政策監視手続き，加盟国が財政赤字に陥らないよう事前に警告を行う早期警告手続き等が規定されている。金融政策については，欧州中央銀行と各国の中央銀行からなる欧州中央銀行制度を通じて単一の政策が執られている。また経済・社会の構造改革については，欧州理事会が2000年3月，2000～2010年までのEUの経済・社会政策の指針としていわゆる「リスボン戦略」を策定した。これは欧州経済を2010年までに「世界で最も競争力のある経済」にすることを目標に掲げ，そのためには十分な雇用と社会的連帯の確保が必要で，持続的な発展が可能な知識経済社会を構築する必要があるとしている。

対外政策　EUは共通外交・安全保障政策（CFSP）をEU活動の第二の柱と位置づけている。欧州委員会に権限委譲が進んでいる経済，貿易政策とは異な

り、CFSPでは加盟国のコンセンサスによる意思決定方式が原則とされている。そのため、迅速な意思決定を行う必要から、毎月開かれる対外関係理事会（外相会議）をはじめ、3か月に一度開かれる欧州理事会（首脳会議）から日常的に開かれる担当者レベルの政策調整会議に至るまで、加盟国、理事会事務局、欧州委員会相互で緊密な協議調整が図られている。国際問題との関わりでは、パレスチナ和平の促進や地域紛争解決、核不拡散に向けた努力を行うとともに、ロシアに対しては市場経済移行と民主化を支援する一方、EUのエネルギー供給源でもあることから、資源、環境等も含む幅広い経済協力関係を築いている。イラク戦争では、米英による軍事行動の是非をめぐりアメリカとEU加盟国で立場の違いが表面化したが、現在は温度差はあるものの、イラク復興支援の必要性ではアメリカと基本認識の一致をみており、支援強化に取り組んでいる。またイランの核開発問題では、英仏独三国がCFSPの一環としてイニシアチブを発揮している。

司法・内務 これはマーストリヒト条約でEUの枠組みに取り込まれた比較的新しい分野で、警察・刑事司法協力、移民・難民・国境管理及び民事司法協力を含む。95年にシェンゲン協定が実施され域内国境管理が撤廃された結果、EUでは犯罪のボーダーレス化が進んだ。また同時多発テロ事件や統合地域の拡大に伴い、欧州各国では移民の内政問題化が顕著となった。それゆえこの分野は政治的に高い優先順位が与えられており、政策統合も急ピッチで進められつつある。具体的には、警察・刑事司法協力の分野ではユーロポール（欧州警察機構：94年設置）やユーロジャスト（検察、裁判、警察当局間の協力機関：02年設置）といったEU機関の創設や刑事手続法の整備（欧州共通逮捕状の導入）、刑事実体法（テロの犯罪化や罰則の共通化）の整備等が進められている。ユーロポールは自ら捜査は行わないが、国境を越えての麻薬取引や人身売買、不正移民ネットワーク、テロ対策等に関する情報分析や捜査官の研修等を担当、ユーロジャストは個別事件に絡む各国間の具体的な捜査協力を実施する。移民・難民・国境管理では、意思決定手続きを迅速化（全会一致から特定多数決へ）させると共に、不法移民対策（移民の入国・居住許可手続きの一本化、欧州域外国境管理庁の創設）や難民対策（難民認定手続きの再定評順の策定）の共通化が図られている。

● 日本とEUの関係

　日本とEUの間は，91年7月にオランダで採択された「日EC共同宣言」が定めた定期首脳協議（年1回）をはじめ，外相協議（年2回），閣僚協議，ハイレベル協議等の場が設けられている。2000年1月に訪欧した河野外相は，01年からの十年間を「日欧協力の10年」と銘打ち，日欧関係の深化と戦略的パートナーシップ関係の構築を提唱した。その後01年12月の第10回日・EU定期首脳協議では，(1)平和と安全の促進(2)経済・貿易パートナーシップの強化(3)地球規模問題及び社会的課題への挑戦(4)人的・文化的交流の促進の四つを重点目標とし，全21政策領域での協力措置を打ち出した「日・EU協力のための行動計画」が採択され，「日欧協力の10年」の具体化が図られた。併せてこの首脳協議では国際テロ問題に関する共同宣言を発表，日本とEUが同時多発テロを「国際社会に対する直接の挑戦」として強く非難し，国際テロとの闘いにおいて米国を支持する決意を明確にしたほか，アフガニスタンにおける和平実現と平和復興での協力を約束した。中間年にあたる05年は「日・EU市民交流年」として，各分野での相互交流が実施された。同じ05年の5月に開かれた第14回首脳協議（ルクセンブルク）では小泉首相とバローゾ委員長が出席，戦略的パートナーとしての日・EU関係の発展がうたわれたほか，東アジアの安全保障環境等について共通の認識を醸成するための戦略的対話の強化でも一致した。06年4月には東京で第15回首脳協議が開かれ，日本が(1)目に見える協力(2)戦略的対話の強化(3)人の交流の3点が重要と指摘し，EUの賛成を得た。

　日・EUの経済関係は，70年代～90年代前半にかけては，日本からの電気製品輸出等を巡る貿易摩擦が繰り返されたが（「貿易紛争の時代」），日本企業の欧州への直接進出が進んだ90年代後半以降は安定化し，対等なパートナーとしての「対話と協力の時代」に入った。EUの貿易全体に占める日本の割合は，対日輸出が全体の4％，輸入が7％で，貿易関係は日本の大幅黒字が続いている。一方政治分野の懸案事項として，対中国武器禁輸解除問題がある。第14回首脳協議でも日本側がこの問題を出し，禁輸措置解除の動きに懸念を表明，独仏は解除に前向きだったが，日本の反対や国際世論を受け，05年6月に予定していた解除は見送られた。06年には共同ステートメントで対中武器禁輸の解除反対が明記された。

ところで25か国体制を実現したEUだが，質的空間的拡大を続ける中で，現在どのような問題に直面し，また如何にしてそれを克服しようと努めているのだろうか。以下では，それらについて眺めてみたい。

② 消えた『最後の授業』：国家ナショナリズムの超克
●最後の授業

フランスの作家アルフォンス・ドーデ（1840〜97年）は，普仏戦争でドイツ領となったアルザス・ロレーヌ地方の学校を舞台に，戦争によって一つの言葉が使えなくなる悲劇を訴えた。それが有名な短編『最後の授業』（1872年）である。普仏戦争の敗北でこの地がプロシャに編入され，それまでの仏語教育の打ち切りを余儀なくされるという話だ。もっとも，戦前〜戦後の長い期間，我が国の教科書で皇国主義や愛国心教育の教材として取り上げられてきたこの作品も，現在では学校教育の場で使用されることは完全になくなった。小説の前提がアルザス・ロレーヌ地方の実態と異なっていることが明らかになったためだが，その結果，昨今はこの小説の名を初めて聞く学生が増えている。ここでは，欧州統合とナショナリズムの問題，特に国家（ブルジョワ）ナショナリズムと冷戦後に注目を集めているエスノナショナリズム，あるいはローカル（コミュニティ）アイデンティの視点からこの小説を取り上げてみたい。

1872年，普仏戦争の結果フランスが破れ，それまでフランスの領土であったアルザス・ロレーヌ地方がプロシャに割譲された時の話である。その朝，フランツ少年は学校に遅刻しそうになるが，ようやく教室へ滑り込む。ところが学校の雰囲気はいつもと違い重々しい空気が漂っていた。普段厳しいアメル先生だが，この日ばかりはやさしい口調で着席するようフランツに命じた。

「皆さん，私が授業をするのは，これが最後になりました。アルザスとロレーヌの学校では，ドイツ語しか教えてはいけないという命令が，ベルリンからきたのです。新しい先生が，明日お見えになります。今日は仏語の最後の授業です。……」

アメル先生がこう述べたので，フランツはびっくりする。そして，いままで真剣に母国語の仏語の勉強をしてこなかったことを大いに悔いる。

やがて教会の時計が12時を打つ。続いて訓練から戻るプロシャの兵隊のラッパが窓の外から響いてきました。アメル先生は，すっと教壇に上がられました。「皆さん」と，先生は言いました。

「皆さん……私は……私は……」

しかし何かが先生の息を詰まらせ，もう言葉を言い続けることができませんでした。そこで先生は，黒板の方を向かれました。チョークを一本手にとると，ありったけの力で，しっかりと，できるだけ大きな字で書かれました。

フランス万歳！

そして，頭を壁にあてたまま，じいっとそこに立っていらっしゃいましたが，暫くしてから，手で合図をなさいました。

「もうおしまいです。さあ，お帰りなさい」[2]。

● 係争の地：アルザス・ロレーヌ

舞台となったアルザス・ロレーヌ（エルザス・ロートリンゲン）地方は仏独国境に跨り，戦争のたびに独領となったり仏領になった歴史を持つ。第2次大戦後は，仏領である[3]。アルザス・ロレーヌは国境地帯に位置するという軍事戦略上の問題だけでなく，鉄鉱石，石炭，カリウム等天然資源を豊富に産し，経済的な理由からもその帰属は仏独両国に大きな意味を持ち合わせていた。もう少し歴史を繙くと，17世紀中頃以降アルザス・ロレーヌ地方は仏領だったが，普仏戦争終結時のフランクフルト条約でドイツ（プロシャ）に割譲された。これに伴い16万人のアルザス・ロレーヌ住民がフランスやアルジェリアに移住した。この地に残った住民はドイツ国内での自治を要求するが，駐留するドイツ軍に阻まれ住民とドイツ軍の間に衝突が絶えなかった[4]。

第1次大戦後の1919年，ベルサイユ条約でこの地方は再び仏領に復帰するが，第2次大戦でまたもドイツが併合し，ドイツへの同化を住民に強制した。その後，ドイツの敗戦で再び仏領に戻り今日に至っている。アルザス・ロレーヌの中心ストラスブールの北60キロにシャイベンハルト村がある。村の中を独仏国境が走り，ロタール川という小川を挟んで両国にシャイベンハルトという共に5百人規模の同名の村が広がっている。独仏対立の縮図だったこの地方も，時代は下りいまでは両国友好のシンボルとなっている。

● 言語ナショナリズム

　ドーデは『最後の授業』を，フランスがプロシャに敗北した1871年から始まって73年まで毎月曜日，パリの新聞に連載した。この作品でドーデが訴えたかったのは，仏語という言語を通しての愛国心（言語ナショナリズム）であった。ドーデは普仏戦争で疲れ切った仏国民の精神を鼓舞しようと，愛国的な立場からこの作品を書いたのである。仏革命以降，国家や国旗，それに統一言語といったものは民族国家の凝集力を高めるための重要な素材であり，"使用言語への拘り"は国民国家に対するナショナリズム（愛国心）の高揚と密接不可分であった。仏革命は人類普遍の理念を標榜して止まなかったが，その中核には強固な民族国家主義が息づいていた。しかも当時の言語政策は，各地方の言語を尊重する発想ではなく，革命政府は"民衆の言葉"を上から指図するのは至極当然のことと考える方向に進んでいった。つまり仏革命は理念としては人間解放という積極面を打ち出したが，言語政策について見れば，それは画一的な"上からの統制"という側面を持っていたのだ(5)。

　歴史的事実に即して言えば，アルザス・ロレーヌは神聖ローマ帝国（ハプスブルク）の所領となって以来，長きにわたって独領であった。30年戦争後，ウェストファリア条約でフランスの支配に移ったものの，フランスとの関係が薄い時代が続いたためゲルマン的色彩が色濃く残っている。しかも現地の日常会話では独語や仏語ではなく，俗にアルザス語と呼ばれる独語方言が幅を利かせている。この地方に独語や仏語が伝播するよりも古くから，アルザス語が用いられていたからだ(6)。だが国家ナショナリズムの発意高揚を求めるドーデの作品では，こうした現地語の存在は無視され，国としてのフランス，そしてドイツへの対抗心の鼓舞が主題とされたのである。

● 異なる実態

　『最後の授業』では，（仏領の一部である）アルザス・ロレーヌ地方の住民は当然の如く仏語を話していることが話の前提となっている。それがドイツとの戦争に破れた結果，母国語の授業ができなくなった，そうした国家としての悲劇と不幸を描き，母国語の大切さをアピールするとともに，使用言語の共通性という観点から国民としてのナショナリズムの発揚を訴えたものである。日本でもこの作品の理解・解説にあたっては，「仏語がアメル先生の自慢するような

優れた言葉になったのも，国民一人一人が言葉を大切にする気持ちをいつも忘れなかったお陰といってもいいのです。その大事な仏語を禁じられたのですから，アメル先生やフランツ君たちの悔しさはどんなだったでしょう」[7]，あるいは「ドイツはフランスに勝ち，アルザスとロレーヌ県はドイツに譲り渡されました。ドイツのものになりました。だが，そこに住んでいるのは，仏人です。たとえ土地は敵に取られても，人の心，人の言葉を奪うことはできません。」[8]といった解釈，理解が流布することになった。もともと普仏戦争直後のパリの読み手のために愛国的心情を描いた作品が，日本ではアルザス民衆達の『国語愛』の物語として読み継がれてきたのだ。

しかるに，アルザス・ロレーヌで実際に流布している言語は，仏語ではなく独語（方言）である。『アルザスの言語戦争』の著者ストラスブール大学のユジェーヌ・フィリップ教授も，「『最後の授業』が完全な作り話であり，普仏戦争に破れたフランスの愛国心を鼓舞する立場からドーデが書いた作品」と断言する。最近，欧州各国では歴史に関する共通（教科）書作成の作業が活発化している[9]。互いの国が自国中心の歴史感に凝り固まったり，あるいは偏狭な国家中心主義（ジンゴイズム）は欧州統合の妨げになるとの理由からであり，欧州人としての共通の歴史感を育成しようとする試みである。かような潮流に鑑みれば，言語としての仏語の優秀性を強調する等他国との比較の中で自国中心主義をアピールするドーデの『最後の授業』は，もはや時代の遺物的な作品になったといえようか。

● アルザス万歳

仏語が話されていたが，それを強制的にドイツ語に変えさせられ，地元民の反発を買ったというのは歴史的な事実と大きく食い違っていた。それゆえ，史実にそぐわないという点から『最後の授業』は日本の国語教科書への使用が見合わされ，1986年3月を最後に完全に姿を消した。一国のナショナリズムを強調するよりも，それを乗り越えた国際協力を重視する最近の傾向からも，この作品は不向きとなった。国家に作用する"遠心力"の問題，つまりローカルコミュニティやアイデンティティ，エスノナショナリズムを重視する現代感覚からいうならば，アメル先生が黒板に書き記すべきだったのは，「フランス（語）万歳」ではなく，「アルザス（語）万歳」ということにもなろう[10]。

現在仏領であるアルザス・ロレーヌ地方では，母国語として仏語が教えられている。そして外国語として標準独語が学校で教えられている[(11)]。「第2次大戦中とは逆に，戦後は学校でアルザス語（独語）を使うと処罰されたものだ。実は，つい先日も仏語を使わなかったと問題になったものだ」と，シャイバンハルトの村長で地元学校の教師でもあるフランシス・ユルガー氏は述べている。この地方でドーデの『最後の授業』が読まれていることはほとんどなく，この作品を知っている人も皆無に近いという。日本のみならず地元でさえも，完全に忘れ去られているのだ。

　戦後，仏領に復帰した後は，仏語の教育が徹底された。そのため，戦争直後には90％以上の子供達が独方言であるアルザス語を使っていたが，いまではその比率は30％程に低下した。しかし，ローカルアイデンティティの高まりに伴い，パリを基準とした共通言語の使用強制（パリ中心主義）には反発が強まっている。フランスの女優アネモンヌがテレビでアルザス人のことを「（ドイツ人に対する蔑称である）ボッシュ」と呼んだため，これに怒った地元の政治家が彼女を名誉毀損で訴える事件も起きている。愛国主義（ナショナリズム）の象徴であった言語，しかし地域統合の進むヨーロッパにあって，地方方言を無視した政策には反省が生まれている。欧州統合によるグローバリゼーションの高まりに連れ，共通通貨ユーロの導入等共通・標準の重要性が指摘される一方で，反対に地域の文化や伝統を重視する姿勢が強まりを見せているからだ。「仏語万歳」ではなく「アルザス語万歳」と叫ぶべきだ，という指摘もその一例だ。フランスかドイツかという国家中心思考が唯一の基準であった時代は確実に過ぎ去り，統合と地域の多様化という新たな政治文脈の中で，母国語や言語の位置づけにも新たな解釈が求められている。

③ 欧州憲法条約：欧州合衆国構想の躓き

●制定の背景

　冷戦終焉後，東方への拡大を概ね順調に達成してきたEUは，同時に質的な統合の強化を目的に，欧州憲法条約（欧州連合憲法）の制定を目指すようになった。EUにおいては，EEC設立のために調印されたローマ条約が法的な基本となるが，これに域内市場統合を定めた単一欧州議定書やユーロ導入を決めた

マーストリヒト条約，さらにアムステルダム条約やニース条約等が付加され，条約体系が膨大かつ複雑化している。また今後も拡大による加盟国の増加が予定されており，これまでの意思決定システムでは決定の遅延化が懸念され，あるいはEU各機関における加盟国間の権限配分も見直す必要が生じてくる。そこでEUの法体系を整理・簡素化するとともに，ニース条約での取り組みをさらに進め，拡大に伴う機能不全を防ぎ政策決定の民主・効率化を図ることを狙いとして，憲法条約の制定が検討の俎上に上ることになった。

まず2001年12月のEU首脳会議で，EUの将来についてのラーケン宣言が採択され，憲法条約を作るかどうかを検討する諮問委員会「コンベンション」の設置が決められた。02年2月，ジスカール・デスタン元フランス大統領を議長とし，各国の政府，議会，欧州議会の代表から構成されるコンベンションが発足し，条約草案の策定作業に着手された。コンベンションは03年夏に草案を発表，これを基に各国が協議調整を重ね，04年6月の首脳会議で，25か国に拡大した大欧州の基本法になる欧州憲法条約案を全会一致で採択し，同年10月末にはローマでその調印式が行われた[12]。

● 憲法条約の内容

欧州憲法条約は前文と本文4部，付属文書で構成され，条文数は448にも及ぶ。その大部分はローマ条約など過去50年の諸条約を纏めたもので，第1部はEUの枠組みと基本原則，第2部は基本権憲章，第3部は各政策とその運営方式，第4部は既存条約の整理などを定めた一般規定となっている。憲法条約では，人間の尊厳，自由と民主主義，平等，法の支配と少数者の権利擁護をEUの基本的価値とし，これら価値や平和，諸民族の幸福促進をEUの目的とした。EUは従来法人格を持たなかったが，これを認めるとともに，マーストリヒト条約で定めたEC，CFSP，CJHAの3本柱を廃し，全ての領域をEUが担当することとした。EUの国歌はベートーベンの第九交響曲「歓喜の歌」，国旗は青地に12個の金色の星を円状に配した図案を正式に認定している。EUと加盟各国との権限分配については，

(1) EUの決定が各国よりも優先する独占的管轄権の領域

　　共通安全保障・外交政策，関税同盟，ユーロ圏の通貨政策，共通通商政策等

(2) 加盟国との共有権限の領域

　　域内市場統合や社会，環境政策等
(3) EUが支援，調整，補完する領域

　　文化や旅行，各国固有の教育等

の3分野に整理されている。

　また憲法条約では政策決定機能を強化する試みもなされており，その代表例が欧州理事会常任議長やEU外相ポストの新設である。前者はEU大統領とも呼ばれ，現在は半年毎の輪番制となっている欧州理事会（首脳会議）の議長職を常任化し，任期2年半の理事会常任議長（President）を置くものである。理事会で選ばれる常任議長は，会の招集や運営等をその職務とする。常任議長はEUの顔として加盟国全体を代表するが，国家元首としての大統領程の権限は付与されていない。一方EU外相は任期が5年，欧州理事会が委員会委員長の同意を得て特定多数決で任命する。EU外相は外相理事会の常任議長となり，共通外交安保政策の強化がその重要な任務とされる。閣僚理事会の政策決定に関しては，現行の国別持ち票方式を過渡期間経過後は廃止し，賛成国比率と人口比率の二つを要件とする二重特定多数決方式を基本とする。即ち，通常の決定においては「賛成国数は加盟国の55％（現行は過半数），かつEU総人口の65％以上（現行は62％）の賛成」が必要となる（特別の場合は，賛成国数は72％，かつ人口比率65％）[13]。このほか欧州委員会の委員長権限を強めるとともに，委員定数を将来削減し政策決定を迅速効率化することや，欧州議会の権限強化等も盛り込まれた。このうち，大統領や外相ポストの創設は一見華やかで，日本のマスコミも盛んに取り上げたが，これらのポストに政策決定の実質権限はなく，皮肉れば加盟国政府が合意した内容の代弁者に過ぎない。それは統合強化のシンボル的色彩が強く，それ以外の施策の方がより実質的な内容を伴っているといえる。

● 批准の躓き

　この憲法をEUが目標とする09年に発効させるには，国民投票や議会の決議を経て，全加盟国が遅くとも06年末までに批准する必要があった。まずリトアニア，ハンガリー，スロベニア等が批准を済ませ，年が明けた05年1月には欧州議会が賛成500，反対137の圧倒的大差で欧州憲法条約を承認し順調

な滑り出しを見せた。しかし，2月にスペインで行われた国民投票では，賛成票が77%に達したものの，10人中6人が棄権し，憲法問題への関心の低さが露呈した。5月に実施されたフランスの国民投票では，反対55%，賛成45%という予想以上の大差で同条約の批准が拒否された。旗振り役のフランスで憲法条約が拒否された衝撃は大きかった。これで欧州統合に強いブレーキがかかり，6月に行われたオランダの国民投票でも反対が62%に達し，やはり批准は拒否された。フランスとオランダはECSC以来の原加盟国で，欧州統合の推進役を果たしてきた。その両国が相次いで欧州憲法条約を否定した事実は，条約の先行きに暗い影を投げることになった。

　仏国民が批准を拒否した最大の理由は，国内経済情勢の悪化にあった。フランスの失業率は10%前後とEUの平均を上回っており，中でも若年労働者の失業率の高さは深刻だ。その中で条約が発効しさらに統合が進めば，東欧諸国からの移民労働者が大量に入り込み，失業率は一層跳ね上がるのではないかという不安が強まったのである。「グローバル化によって失業と賃金削減の圧力に直接曝されている労働者層と，さらなる自由化を恐れ現状維持を強く望む下級公務員が"政府に反抗"した結果だ」とエマニュエル・トッドは総括するが，これは全ての西欧諸国が共通に抱える事情でもある。「雇用への悪影響」を反対理由に挙げたフランスに対し，オランダでは「憲法条約に関する情報の不足」が最も多かった。憲法条約が如何なる意義を持ち，それが日常生活にどのように関わってくるのか。そうした基本的な部分の理解と認識が十分に浸透しないままにオランダ国民は批准の是非を問われたのであり，この事情もまた各国に等しいものである。

　1999年までEUの欧州委員長を務めたサンテールは「97年時点の我々のEU拡大戦略は，ステップ・バイ・ステップを言葉に，まず最も経済力のある東欧5か国を加盟させ，その後，徐々に次の候補国を探していく」段階的漸進的なアプローチであったと述懐するが，彼の辞任後，EUは東欧等10か国を一挙に加盟させて25か国に膨れ上がり，さらにトルコとの加盟交渉も開始した。加盟国の急増や国境の消滅等ピッチを上げた欧州統合の加速に一般市民がついていけない，というのがヨーロッパの生の声である。オランダのバルケネンデ首相も「欧州統合の速度が速すぎた」ことを認めざるを得なかったが，

EU官僚はともかく一般市民にはわかりにくい拡大の意義，相次ぐ拡大・統合から来る精神的疲労等「市民不在」で進む統合事業への反発，加えて，ユーロ高による不景気感や物価高，社会的格差の放置・拡大等国民利益を犠牲にする統合への不満が批准拒否の原動力になったといえる。

経済や理解不足だけでなく，統合の自己目的化は種々のアイデンティティ危機を招き，さらには国家機能の低下に対する不安も生み出した。憲法条約は加盟各国に変わってEUだけが権限を行使できる独占的管轄権を認めているが，自らの憲法を必要とする程の巨大な中央集権機構にEUがなるべきか，それとも加盟各国の主権を尊重し，これまで同様の穏やかな連合体に留まるべきかという選択肢に対して，EUからの離脱を唱えている英国独立党等強硬な欧州懐疑派は，憲法制定で国家主権が喪失すると訴え，大陸諸国の一部でもこれに同調する動きが見られた。こうした根本問題について思考を巡らすための準備，助走の期間も必要ではなかったか？　仏蘭で憲法条約が拒否されたことから，英国は予定していた国民投票の実施を凍結，デンマーク，アイルランド，ポルトガル，チェコ等も批准手続きを延期した。欧州各国で反対論が勢いを増し，「否決の連鎖」を恐れたEUは，6月にブリュッセルで開かれた首脳会議で，当初06年11月としていた発効の目標時期を先送りし，07年半ば以降に無期限延期することを決めた。その後，キプロス，マルタが承認，ルクセンブルクも批准し賛成国は過半数の13か国に達したが，欧州憲法条約が発効に漕ぎ着けられるか否かについては，なお予断を許さぬ状況が続いている。

④ 移民・難民の流入と排外主義の台頭
● 深刻化する移民問題

西欧諸国は，戦後初期においては経済復興，その後，少子化の進行に応じて労働力を確保するため，移民労働者を受け容れてきた。国連の推計によれば，EU諸国は1990～98年の間，年平均85万人の移民を受け容れている。その結果，EU主要9か国における定住外国人の数は10年近くで400万人以上増え，2000年には1900万人に達した。それはEU15か国（当時）の総人口の約6％に当たっている[14]。また冷戦の末期～終焉にかけて，ソ連・東欧における社会主義体制の崩壊や民族紛争の激化に伴いヨーロッパに流入する難民も増加し

た。1999年の時点で，欧州全体で260万人の難民が存在した。難民の出身国は，旧ユーゴスラビアやアフガニスタン，ソマリア，イラク等内戦や民族対立を抱える諸国である。難民問題の根源が，民族紛争とマイノリティに対する迫害の横行にあることは言うまでもない。国連難民高等弁務官事務所 (UNHCR) の調べによると，EU15か国の難民申請者は，1991～2001年までの10年間で375万人を超えている(15)。そのうち難民と認められたのは約2割に留まるが，難民でないとされた人々の相当数が欧州諸国で不法滞在を続けている。さらにEUの拡大や統合の進展によって，新規加盟を果たした中・東欧の国々から多くの労働者が職を求めて西欧諸国に流入し始めている。

　一方，EU域内での人の移動は，障壁を低くする努力が重ねられてきた。英国，アイルランドを除くEU諸国は，域内諸国間の国境を越えて人が自由に移動できるシェンゲン協定を結んでいる。1985年，独仏とベネルクス三国は国境審査を撤廃し，原則として国内扱いで互いの国を往来できる取り決めを締結した。これを基に95年，ルクセンブルクのシェンゲンにおいて，出入国手続きの簡素化を定める協定として発足したのがシェンゲン協定である。05年6月にはスイスも国民投票によって同協定への参加を決めており，新規加盟の中・東欧10か国も参加する方向にある。国境通過手続きが簡素化されると，一旦EUの域内に入ってしまえば国家間流入者の実態把握は困難だ。そのため，大量の流入者を抱え込む原加盟国では，宗教や生活慣習が異なる外国人の居住地が国内に多数出現し，地元民との摩擦が危惧される。また安い賃金で働く外国人労働者は，自国民労働者の職場を奪う外者として排斥や人種差別の対象となり，テロや排他的民族主義運動の高まりは排外主義を掲げる極右勢力伸張の要因ともなる。外国人排除の動きが進めば，技術や資格の有無に関係なく滞在が合法化されてきた難民にも攻撃の矛先が向くであろう。それまで難民申請者と呼ばれ，保護されるべき候補として慎重に扱われてきた人達が，一転して「不法移民」に置き換えられ迫害の対象になるという人権・人道上の危機に瀕しているのだ。

　旧ユーゴ解体に伴う民族紛争の過程で，バルカン半島で発生した多くの難民はドイツに向かった。ドイツに集中したのは，東西ヨーロッパの接点という地理的条件に加え，ドイツが亡命者の受け容れに寛大であったからだ。さらにこ

の国には,トルコ等から多くの労働者を受け容れてきた実績もあった。その結果,1990年における西ヨーロッパ15か国における亡命申請者は42万人余り,うち19万3千人と全体の46％がドイツに流入することになった(16)。しかし,旧西独にはドイツ再統一の後,旧東独地域から既に多くの労働者が移り住んでおり,統一による経済不況から抜け切れない状況の中,さらに大量の低賃金労働者を抱え込むことでドイツの失業率は急上昇した。その影響として,ネオ・ナチ団体や反ユダヤ主義を掲げる「ドイツ国家民主党（NPD）」,民族主義を唱える「ドイツ民族同盟（DVU）」等右翼政党の活動が活発化した。失業の深刻化が,右翼,外国人排斥運動,犯罪の増加,治安悪化の温床となったのである。難民急増と極右勢力の増大に相関関係を見たコール政権は93年5月に基本法を改正し,難民の受け容れを大幅に制限する方針に転換した(17)。この難民締め出し政策によって,極右政党の躍進にも一定のブレーキがかかった。さらに05年には移民法が改正され,高度な技術や知識を持つ労働者には定住許可を与えるが,ドイツ語の習得が義務づけられた。

● 保守への回帰

この問題は,欧州諸国の政治体制にも影を落とすことになった。90年代,西欧では社会民主主義勢力が台頭した。イタリアには"オリーブの木"が茂り,96年3月の総選挙で穏健中道派が第一党となった。97年5月には18年ぶりに英国の労働党が政権を奪還し,ブレア旋風が吹いた。次いでフランスでも社会党が圧勝し,ドイツではコールのCDU/CSU連合を抑えて社会民主党が16年ぶりに第一党となり,ジョスパン,シュレーダー両首相が新時代の旗手として登場した。1998年秋の時点では,EU加盟15か国中14か国が社会主義政権ないし社会主義政党を含む連立政権となった。冷戦終結と経済のグローバル化に直面して,欧州の左派は脱イデオロギー化を進め中道へ舵を切った。福祉の削減・見直し,民営化の促進,規制の緩和等保守の政策を取り込み,それが有権者の支持を得たといえる。またこの変化は欧州統合という経済効率優先のグローバリズムと,国内における市場経済化,民営化による格差の拡大に対する弱者からの不安の表明とも受けとられた。

ところが,2000年2月にオーストリアで国民党とハイダー党首率いる右翼自由党の連立政権が誕生したのを皮切りに,01年6月にはイタリアで右翼急

進派のベルルスコーニが首相に返り咲いた。スペイン，ノルウェー，デンマーク，オランダ，ポルトガルでも保守（中道右派）への政権交代が起こった（社民時代の終焉）。EU 15 か国中左派政権は 6 か国に激減（英独のほか，ベルギー，スウェーデン，フィンランド，ギリシャのみ）し，他はすべて保守中道勢力となる。鮮明なる保守回帰現象だ。右への揺れが最もドラマチックな形をとったのはフランスである。02 年 4 月，極右のルペン氏が大統領選挙でシラクとの決戦投票に進み，社会党は大統領選と下院選挙で惨敗し保革共生の時代に終止符を打った。続く 5 月のオランダ総選挙では，反移民を掲げる右翼ワォルタイン党が第 2 党に躍進した。極右勢力はロシアでも，EU の外にある中・東欧でも伸長を見せた。

　何故，ヨーロッパで保守・右翼が勢力を伸ばしたのであろうか。左から右への潮流の変化には，国によって事情の違いもある。英国とドイツでは 20 年近く保守政権が続き，国民の倦怠感が左派を復活させたといえる。逆に北欧では，長年の左派政権への飽きが保守政権を誕生させた事情があった。だが左派の退潮はそうした個別事情を越えた構造的な現象でもあった。冷戦後，保革の対立軸が不鮮明化する中で，右寄りに転じた中道政党は，福祉の削減，移民の増大，失業，治安悪化等の社会問題に巧く対応できず国民の不安と反発が強まった。しかも統合と拡大，グローバリゼーションの進展による国境障壁の一層の低下で，さらなる外国人労働者の増大等に不安を感じる市民や弱者が左派離れを起こして，その票が右派政党へと流れたのである。

● 強まる移民選別化

　外国人労働者増大への懸念から，ドイツだけでなく EU 加盟の他の西欧諸国でも移民制限や入国，国境の管理・難民審査の強化，不法入国者の送還等海外労働者の受け容れを厳しく規制する方向に動いている。現在，中・東欧から西欧諸国への移民労働者の数は年間推定百万人。EU の東方拡大で，この数はさらに増えることが予想される。彼ら移民労働者は低い賃金で雇われるため，国内労働者の首切りや賃金引下げを助長し，今まで以上に雇用・失業不安を深刻化させる可能性があるからだ。移民労働者間の職の奪いあいという事態も既に深刻化している。東欧 8 か国を含む 10 か国が新たに EU に加盟した 04 年，英国はいち早く新規加盟国に労働市場を開放した。その結果，国内に 160 万人い

るイスラム教徒（アフリカ・アラブ系等）の失業率が忽ち全英平均の3倍に跳ね上がってしまった（イスラム教徒男性層の失業率は13%。他の宗教を信仰する層の失業率は3～8%）。04～05の2年間だけで、仕事を求めて渡英した東欧出身者は60万人に上り、彼らがイスラム移民の働き口を奪ったためだ[18]。労働者の流入に加え、国際テロの脅威やイスラム移民の同化問題も、移民規制化への動きを加速させている。

蘭政府は、06年3月から同国への移住希望者に対し蘭語と同国文化のテスト受験を義務化すると発表した。移民受け入れに関し、年齢や学歴、資格等を点数で換算し一定水準に達した人を受け入れるポイント制を設けた国はあるが、テストの導入は世界で初のこと。オランダにはトルコ系とモロッコ系の移民が多く、その9割は母国人と結婚するので蘭語を話せない人が約70万人にも達するという。今回導入するテストはEU各国、北米、日本、オーストラリアの出身者は受験を免除されるため、人権擁護団体等から「特定の民族を排除する措置で差別だ」と批判が上がっている。これに対しリタ・フェルドンク移民・社会統合相は「むしろ定住希望者を助ける制度だ」と話している[19]。オランダはここ数年、「鉄のリタ」と呼ばれる同相の主導で厳しい移民政策を実施。01年には13万人以上の移民を受け入れていたが、04年には9万4千人に減っている。

同じ06年3月、英国の内務省は、EU加盟国以外からの移民を受け入れる際、医師や情報技術（IT）従事者らの専門職を優遇し、学歴や年齢、過去の収入等を点数化して、点数に応じて就労や永住権を認める新制度を08年にも導入する方針を明らかにした。アフリカやインド、パキスタン等英連邦諸国からの単純労働者の流入を制限し、高学歴の専門職に移民を絞り込む狙いがある。英国政府によると、新制度ではこれまで80以上の職業で別々に定められていた基準を大幅に簡素化し、移民を(1)医師やIT専門家、企業家等、(2)教師や看護師、技術者など、(3)建設、農業労働者等五つのグループに分類し、(1)と(2)の専門職だけに点数やその他の条件に応じて永住権を認め、単純労働者には原則的に永住権を与えない方針という。同様の「点数制」は既にオーストラリアやカナダ等でも導入されている。英蘭のほか、アフリカの旧植民地諸国からの移民が多いフランスでも06年6月に新移民法が成立し、移民に認められている家族の

呼び寄せの権利を制限したり，所得証明，国籍取得基準を厳格化する一方，国内経済に貢献が期待できる人材には長期の滞在許可を認める等不法移民の締め出しと移民の選別化が打ち出された[20]。フランスでは移民割り当て枠制度の導入も検討されている。不法移民の増加は悪徳業者の横行を許し，移民労働者自身にも悲劇を招く。06年7月，イタリア南部のトマト農園で，奴隷労働を強いられていたポーランド人不法就労者113人が保護されるという事件が起きた。地元の犯罪組織が，イタリア語も話せず支援組織もない不法移民を自ら経営する農園で強制労働させていたもので，抵抗した労働者は虐殺された。警察の手入れで8百人近いポーランド人労働者が解放され，逃亡したとみられている。

● 不法移民対策の強化

EUも不法移民対策強化の方針を打ち出し，02年6月の首脳会議（セビリア）では難民・不法移民対策についての行動計画が纏められた。EU諸国の難民政策は一律でなく，認定基準も国によって異なる。一国で認定を拒否されると，EU内は移動自由なので別の国へ行ってこっそり申請し直す例もある。そこで行動計画には，難民対策の共通化が盛り込まれた。難民認定基準や申請手続きの標準化等をめざす方針だ。加盟各国の制度のばらつきによる不都合をなくすため，欧州委員会が提案する移民規則の年内導入，難民の待遇や家族再会のための条件を03年6月までに作成，難民申請手続きの共通化を03年12月までに実行するとの具体的な目標も設けられた。またEU域外国境における共通管理の強化や専門家の訓練，各国の情報交換の促進，密航を企む犯罪組織の摘発等域内外で協力と連携を強めることも合意した[21]。難民申請者の中には，犯罪組織に大金を払い密航してきた外国人も多い。犯罪組織は麻薬や人身売買にも絡んでおり，捜査網の拡充が望まれている[22]。

さらに難民出身国との対話や，難民流出抑制に向けた経済支援拡大の方針も確認された。ブレア英首相は移民を生み出す国々への援助削減を主張したが，シラク仏大統領等が反対。まずは制裁措置発動の事態に至らぬよう，不法移民防止のための技術支援等より包括的で柔軟な対策を取るべきこととされた。このほか，欧州委員会はEU国境警備隊創設を提案したが，国家主権のEUへの委譲に反対する声が出て合意は見送りとなった。そこで，アフリカから不法移民が漂着するスペインでは，国境警備隊を欧州連合が支援することになった。

行動計画が看板倒れに終わると，失望感から排外主義が膨らむことも予想される。即効性はあまり期待できないにせよ，EUと各加盟国は行動計画を着実に実施するしか方法はない。排外主義を放置すれば，リベラルな多文化主義は後退し，不寛容な空気が広まる恐れがある[23]。極右を抑え込もうとすればする程欧州全体が移民規制の強化に走ってしまう。しかし安易な移民規制や外国人労働者の締め出しは，人の自由な移動をめざす統合の本旨に適さず，EUの閉鎖・ブロック化を招く危険にも留意しなければならない。いくら規制の網を強めても，経済格差が厳に存在する限り，網の目を潜り抜けようとする者は後を断たないであろう。EUには，難しい舵取りが求められている。

5 非西欧国家トルコの加盟問題

●トルコが越えるべきハードル

非西欧国家でありながら，EUへの加盟に執念を燃やすトルコの取扱いも大問題だ。イラン等とは異なり，トルコはケマル・パシャ以来，政教分離の世俗路線をとる国だが，紛れもないイスラム世界に属する国家であるという事実がこの国のEU加盟を拗らせ続けているのだ。しかもトルコはその国土面積や人口において加盟候補国中最大の国家であり，EUへの加盟を果たせばイスタンブールはEU域内の最大の都市ということになる。トルコは欧州経済共同体（EEC）の誕生間もない1959年に既に加盟申請をしており，63年のトルコとEUの連合協定（アンカラ協定）締結という形で落ち着いた。その後，87年にはECに，さらに98年にはEUにも加盟申請を行い，99年12月の首脳会議（ヘルシンキ）で正式な加盟候補国と認められている。

冷戦当時，対ソ戦略遂行の観点からアメリカは高い地政的価値を持つトルコを重視した。冷戦終焉後，この国の戦略的な価値は低下したかに思われたが，バルカンでの民族紛争やイラン，イラク問題等で再び再認識され，現在もアメリカはトルコのEU加盟の最大の支援者である。しかしコペンハーゲン基準に照らしたトルコに対するEUの評価は厳しい。01年3月，EUはトルコとの加盟パートナーシップを採択したが，その中で加盟に向けてトルコが取り組むべき優先項目として，経済の構造改革や広範囲の政治変革を求めた。この時期，トルコのインフレは収束の兆しを見せず，国内財政は破綻寸前まで悪化し，

01，02年と連続してIMFの特別融資を受ける状況にあった。現在もトルコは，ブラジルに次ぐ巨額債務をIMFに抱えている。また仮にEU入りすれば，人口の約3割が従事する農業への補助金削減を迫られる。農業はGDPの4％と生産性が低く，小麦等を政府が買い支えており，補助金の削減が農家に打撃を与えるのは必至だ。トルコとしては，農業の近代化や海外からの投資による雇用の拡大等によって低い経済水準を一刻も早くEU諸国並みに引き上げる必要がある[24]。加えて政治問題，即ち，EUの定める政治基準をクリアーできるかどうかも大きなポイントだ。トルコがEU加盟を果たすにはトルコ軍を北キプロスから撤兵させ，キプロス問題の解決に貢献する必要がある[25]。また人権問題を改善し，国内の民主化を推進すると同時に，国内法体系を大幅に見直しEU法に近づける等大規模な国家の変革が必要とされるからだ。トルコはキプロス北部の軍事占領を継続し，北キプロストルコ共和国（トルコ系）だけを承認し，国際的に承認され既にEU加盟を果たした南部のキプロス共和国（ギリシャ系）の存在を認めていない。キプロス共和国の不承認と北キプロスへの軍隊駐留は，EU加盟の大きなネックとなっている。人権問題では死刑の容認や少数民族クルド人への弾圧，抑圧的な政治体制等が指摘されてきた。

　トルコのエチェビット政権は01年3月，アキ・コミュノテール（EU法の体系）適用に向けた国家プログラムを発表し，5年以内の死刑制度廃止や思想表現の自由拡大，拷問の抑制，刑務所の環境改善等EU側が強く求めている民主化の推進と人権問題の改善に取り組む姿勢を示した。01年6月，トルコの憲法裁判所が親イスラムの最大野党である美徳党の解党を命じ，この判決がトルコのEU参加に悪影響を及ぼす可能性が指摘された。そのため02年8月3日，トルコ国会は民主化促進の14法案を一括可決し，戦争等有事の場合を除いて死刑を廃止すること，クルド語等少数民族の言葉による教育や放送を容認すること，デモ行為制限の規制緩和，国家機関への批判に対する罰則撤廃，非イスラム少数派宗教の自由拡大等を決定した[26]。だが，EUが注目するクルド語での教育，放送の解禁や，軍が主導する国家公安裁判所の改革等は盛り込まれなかった。そのためEUは02年12月，人権問題等を理由にトルコとの加盟交渉を2年先送りにした。一方トルコでは同年11月の総選挙の結果，それまでの連立内閣に代わり，穏健なイスラム主義と民主主義の両立を掲げる公正発展党

(APK)の指導者エルドアンを首相とする単独内閣が翌年発足，国内政治の安定を背景に政治改革や民主化を急ピッチで進めた。EUが25か国に拡大した04年5月，トルコ国会は拷問の禁止等の基本的人権の確認，男女同権，教育・司法制度改革等を盛り込んだ憲法改正案を可決させ，9月には死刑制度廃止を盛り込んだ新刑法を成立させた[27]。05年1月には通貨リラのデノミネーションも実施し，EU入りを意識した経済改革も進めている。だがこうした改善努力にも拘わらず，トルコ加盟に対するEUの姿勢は終始厳しく，かつ消極的である。

● 加盟交渉の開始

04年12月の首脳会議で，EUは翌05年10月にトルコとの加盟交渉を開始することを決定した。しかし05年夏，従来トルコの加盟に前向きだったフランスとドイツから慎重論が呈され，加盟交渉開始に暗雲が漂い始めた。両国が慎重な姿勢をとるようになったのは，欧州憲法問題と同様，EUの拡大強化に消極的な風潮が強まったことが挙げられるが，より直截的な理由は，04年にEU入りを果たしたキプロスの承認をトルコが拒否し続けていること，トルコからの移民流入への警戒心，それにロンドンでイスラム過激派の同時テロが勃発したことにある。

トルコは05年7月，EUと結んでいた関税同盟等の協定をEU新規加盟10か国に広げる議定書に調印した。その中にはギリシャ系のキプロス共和国（南キプロス）も含まれていたが，調印に際してトルコは「これは南キプロスを承認するものではない」と宣言した。これに欧州諸国が一斉に反発，シラク仏大統領は8月，バローゾEU委員長との会談で「トルコはEU加盟候補国に相応しいとは思わない」旨の発言をしたと伝えられ，加盟交渉が始まる前に改めて他のEU加盟国と協議を行いたい意向を明らかにした。ドビルパン首相もラジオ番組で「EUの全加盟国を承認しない国と加盟交渉を始めるのは如何なものか」と，トルコが南キプロスを承認するまで加盟交渉の開始を遅らせるべしとの考えを表明した。EUは9月下旬，トルコに対し(1)加盟実現までに南キプロスを承認する(2)南キプロスの船舶や航空機の受入れ拒否を改め全ての交通障害を撤廃すること等を求めた宣言を採択した。

またドイツからは，政権奪還が有力視されていたキリスト教民主同盟（CDU）

のメルケル党首が、トルコを正式なEUの加盟国ではなく「特権的パートナー」に留めおく考えを示す書簡を新規加盟10か国首脳とバローゾEU委員長に送った。さらに加盟交渉開始の期限である10月の直前になってオーストリアも異議を唱えた。16世紀にオスマントルコ軍にウィーンを包囲された恐怖が今も語り継がれる国だが、そのオーストリアは「交渉はトルコの加盟を目指す」と明記した枠組み文書に不満を表明し、交渉の結果次第では「準加盟国」的な地位にとどまる可能性もある旨を文書に盛り込むよう主張したのだ。このオーストリアの要求をめぐり、ぎりぎりまで外相理事会が続けられた。その結果、友好国クロアチアの加盟交渉入りに向けた確約を取り付けたことでオーストリアが譲歩し、枠組み文書の修正を断念。そのため10月3日、ルクセンブルクで開催された外相理事会でトルコとの加盟交渉開始が正式に合意され、翌4日未明、トルコのギュル外相を交えた記念式典が開かれ交渉がスタートした。トルコの加盟交渉は87年にトルコが当時のECに加盟申請をしてから18年ぶり、最初の加盟申請から数えれば実に半世紀近い歳月を要した。

● **非キリスト教国の受容**

国民の9割がイスラム教徒で、ヨーロッパとは異なる文化を基盤とするトルコの受け入れに向け、EUは歴史的な一歩を踏み出したと言える。しかし交渉はスタートしたものの、その前途は平坦ではない。トルコには「人の移動」「司法」等35分野で約8万ページにも及ぶEU法を典拠にした国内法の書き換えという膨大な作業が控えている。またEU側はクルド人問題等を念頭に、引き続き人権問題の監視を継続するとしており、さらにオスマントルコ時代のアルメニア人虐殺問題に対する歴史的な清算問題も加盟交渉と絡む可能性が出ている[28]。01年に仏議会がアルメニア人の大量殺害を「民族虐殺」と認める法律を公布した際、トルコは強く反発し、市民が仏製品の不買運動を展開したり、国も仏企業からの軍事衛星や戦闘機導入計画を見直す事態へと発展した。05年2月にはトルコ人作家オルハン・パムク氏（06年にノーベル文学賞受賞）がスイスの雑誌インタビューで「百万人のアルメニア人が殺された」と語り、国家侮辱罪に問われた。この事件が西欧のメディアを刺激し、トルコの加盟を時期尚早と主張する人々に利用されることにもなった。欧州議会は05年9月、加盟の前提として、オスマントルコ時代のアルメニア人虐殺をトルコが正式に認

めるよう求める決議を採択している。

　そのうえ、EU における人口比の問題もある。人口6千8百万のトルコが加盟すると、ドイツ（8千2百万）に次ぐ第二位の規模となり、フランスの6千万を抜く。人口構成が若い国で、将来ドイツをも凌ぐであろうことは確実だ。欧州憲法条約の規定に従い人口比率で政策決定がなされるようになれば、トルコの発言権はドイツ並みかそれ以上に高まり、欧州議会でも多くの議席配分を受けることになる。国民の9割以上がイスラム教徒で、貧困層の多いトルコの加盟には、社会不安や失業率悪化の懸念からも根強い反対論が欧州側から出ている。既にトルコ移民はドイツだけでも260万、西欧全体では千5百～2千万人に上るといわれる。正式加盟国となればその数は急増し、今以上に多くのムスリムが東方や北アフリカから西欧諸国に押し寄せ、文化摩擦の増大と雇用喪失等経済環境の悪化を招くことは容易に想像がつく。これまで積極的に移民を受け入れ、アメリカを凌ぐ程の移民大国とも称され始めていた EU だが、ここにきて移民との共存・統合が如何に難しい問題であるかを深刻に受けとめつつある。

　さらにトルコを EU に加えた場合、バルカン諸国やベラルーシ、イスラエルといった国々が加盟申請をした場合、断る理由は見出し難くなる。これら諸国を加えれば、それはもはや現在の EU とは全く異なる別の共同体となる。ヨーロッパの人達はそうした不安を感じているから、トルコの参加に不安と警戒感を拭えないのだ。EU は 1958 年の発足以来、実体的に欧州文明の伝統を受け継ぐキリスト教国の集まりだった。しかしイスラム教の大国トルコが加われば、この性格が基本的に変わる。つまりトルコを加えるか否かの選択は、ヨーロッパという枠組を維持するか、その変容も受容するかという心理的踏み絵を欧州諸国に迫る作業となっているのだ。それは、どこまでがヨーロッパかというヨーロッパアイデンティティと密接に絡む問題であり、トルコ側の政治姿勢や努力だけでは解決のできない課題である。加えて世俗主義路線を採るトルコでも最近イスラム復興の動きが芽生えており、これが欧州側には懸念材料と映る[29]。トルコと交渉は行うが、加盟そのものに反対の姿勢を崩そうとしない EU 諸国は多く、欧州委員会も「交渉は加盟を目的とはするが、加盟を保証するものではない」との立場を取っている。それゆえ「実際の加盟までに最短で

も10〜15年はかかる」(シラクフランス大統領)、あるいは現実の加盟は不可能ではないかとの暗い見通しも囁かれている。05年7月に欧州委員会が実施した調査でも、トルコの加盟を支持するのはEU全体で35％にとどまり、52％が反対、特にオスマントルコにウィーンを包囲された経験を持つオーストリアでは反対が80％にも達している。

　20世紀後半、EUは市場統合から通貨の統合を実現し、地域統合のモデルとなってきた。冷戦後には安全保障も含む政治分野での政策協調も推進せしめる等さらに野心的な試みに挑みつつある。そうした空間的垂直的な統合深化の潮流のなかで、EUはナショナルおよびヨーロッパアイデンティティ喪失問題への処方箋を書き上げると同時に、異教徒・異民族との共存のあり方にも有効な解決策を見出す努力が求められている[30]。異なる価値観や宗教との共存・共生は21世紀の人類的課題であり、トルコの加盟問題にEUが建設的な答えを見出せるか否かは、単にEUの将来像や方向性を決めるだけでなく、今後の世界における地域協力のあり方にも大きな影響を与えるであろう。

6 ムスリムとの共存
●イスラム移民の暴動と同化政策

　トルコ加盟問題に加え、イスラム系移民との共生のあり方もEU各国の重大な国内問題となりつつある[31]。04年11月、オランダで女性を差別するイスラム社会を告発する短編映画を作った映画監督のゴッホ氏がイスラム移民に殺害され、イスラムへの警戒心が強まった。オランダでは02年にポピュリストのフォルトウイン党首が殺害され[32]、その直後の総選挙で中道右派政権が誕生。長期間続いた中道左派政権が終わりを告げたこの頃から、イスラム系移民排斥の風潮が強まるようになった。映画監督殺害事件は、それに追い打ちをかける格好になった。また05年10月末〜11月には、フランス各地で北アフリカイスラム系移民の2、3世を中心とした若者の大規模な暴動事件が持ち上がった。直接の原因は失業の深刻化という経済問題にあるといわれるが[33]、暴動の背景には社会から見放された彼らの「絶望感」があり、イスラム移民という異文化集団の存在が密接に絡んでいる。フランスの移民は433万人で総人口の7.4％を占める。多くはアルジェリア、モロッコ、チュニジアといった旧植民地の出

身で，このほかフランスで生まれた外国人が51万人いる。

　歴代の仏政権は，移民やその子どもたちに「同化」の重要性を訴え続けてきた。移民に社会への同化を求めるのがフランスの伝統政策であり，これは，異質な文化のコミュニティが国内に形成されること（コミュノタリズム）を忌避する傾向がこの国には強いためである。だが，掛け声程に融和は進んでおらず，政府も有効な対策を打ち出せていない。移民を受け入れる「郊外」の低所得者層向け集合住宅は一般の仏社会から分断された状況にあり(34)，暴動に加わった若者の多くも貧困や治安に問題を抱える「郊外」の移民街に暮らしている。彼らが職を求めても「アラブ系の名前と郊外の住所ではどうにもならない」という程差別は著しく，移民街の失業率は一般国民の2倍以上に上っている。親たちの母国には親近感が薄い半面，フランスという戸籍法上の「自国」にも展望が持てない。「いつまでたってもこの国は自分たちを受け入れてくれない」といった不満の蓄積が，暴動となって爆発したといえよう。しかも，社会の「断層」は米同時多発テロ事件で一層深まった。

　05年の暴動は，仏政府の移民政策の問題点も浮き上がらせた。ヨーロッパで最も多くのイスラム教徒が暮らすフランスでは，ムスリムの女性が身に着けるスカーフの扱いをめぐって数年来，激しい論争が繰り広げられてきた。1989年にオワーズ県の高校で，イスラム移民の子供である女子学生が宗教的シンボルであるベール（スカーフ）を被って登校したことから，政教分離が厳守される公立学校では男女平等，人権の普遍性を貫くべしとの主張と，マイノリティの文化的伝統の独自性を尊重すべしとの意見が衝突，世論を二分する論争が起きた。この時はベールの着用が認められたが，その後も，産婦人科の男性医師がイスラム移民の女性患者を診察しようとしたらその夫が激しく抗議するという出来事や，逆にスカーフを被った女性医師の診察を拒否する患者が現れたり，電話サービス会社がスカーフを着用して勤務するイスラム教徒の女性を「顧客を怯えさせる」という理由で解雇する事件等イスラム移民を巡る文化摩擦が多発している。論争の末，公教育の場でイスラム教徒のスカーフ着用を禁止する「学校における非宗教に関する法律」がイスラム移民の反対を押し切って成立したが（04年3月），論争が終焉したわけではない(35)。

　いまやイスラム移民とフランス社会の間には超え難い大きな溝が生まれてお

り，これまでの同化政策も軌道修正を迫られることになろう(36)。分断された社会の再構築には，貧困の連鎖を断ち切る積極的な政策とともに，同化促進を柱とする移民政策の見直しも必要だ。フランスではライシテと呼ばれる政教分離原則が徹底しているため，内面的信仰だけではなく，定められた行為の実践が求められるイスラム教信仰者が聖俗分離原理を受容し，社会に同化することが難しいのが現実である。フランスに比べればその移民政策は比較的寛容といわれてきた英国でも，05年7月にパキスタン系の若者らによるロンドン同時テロが起きている。個人として共和国の一員になることを求めるフランスに対し，英国の場合は多文化主義の名の下に，イスラム共同体の国内での存在を容認する姿勢が採られてきたが，寛容という名の「放置」が却って移民の疎外感を増幅したとの指摘もある(37)。移民大国でもある英仏両国の同化と寛容という対照的な政策が，ともに綻びを露呈したことは，同様の問題を抱えるドイツやスペイン等他の欧州諸国にも深刻な課題を突き付けたといえる。

● ムハマド風刺画事件：表現の自由か宗教冒涜か

05年9月30日，デンマークの保守系新聞「ユランズ・ポステン」紙がイスラム教の預言者ムハンマドの風刺画12枚を掲載した。ムハンマドが爆弾の形をしたターバンを巻き，最近天国には自爆テロリストが増えたので処女が不足している等と語る内容になっている。イスラム教は偶像崇拝を禁じている。しかもムハンマドを自爆テロリストと見なした絵も含まれており，イスラムへの冒涜として中東諸国やアジアのムスリムが反発した。これに対し06年1月以降，ノルウェー，フランス，ドイツ，イタリアおよびスペインの各新聞は相次いでユランズ・ポステンの風刺画を敢えて転載し始めた。フランスの「ルモンド」紙は社説で，「民主主義では言論を取り締まることはできない」と訴え，ドイツの「ウェルト」紙も「欧米社会には冒涜する権利もある。イスラム教の世界には風刺を理解する力はないのか。イスラム教徒の抗議は偽善だ」と反論。こうしたマスメディアの主張を各国政府も静観し，事実上容認の立場をとった。独政府はウェルト紙の報道に「政府が介入すれば，言論の自由を阻害する」との立場を取り，フランスのサルコジ内相は「検閲よりも風刺の行き過ぎの方が許容できる」と述べ，デンマークのラスムッセン首相は政府としての謝罪を撥ね付けた。こうしたヨーロッパの姿勢がイスラム諸国の一層の激しい怒りを生

み出した。各国で激しい抗議デモが相次ぎ,在シリアやノルウェーのデンマーク大使館が放火された。イランはデンマークと通商関係を断絶。パキスタン政府は仏独等欧州9か国から急遽大使を召還。問題の漫画をノルウェーの新聞が転載したことで同国はイスラム教徒らの脅迫を受け,パレスチナ自治区での支援活動を停止した(38)。

　イスラム世界で抗議の声が上がったあと,欧州諸国のメディアが敢えて問題の風刺画を掲載し,事態を悪化拡大させたのは何故か。ユランズ・ポステン紙のローゼ文化部長は,「表現の自由を護るためだ」と主張する。欧州各国のメディアが風刺画転載に踏み切ったのも,「言論・表現の自由」を守り抜くとの立場を誇示し,デンマーク紙に連帯する姿勢を示すためであった。それは,言論や表現の自由は自分達の祖先が血を流し戦って勝ち取った自由であり,人類の普遍的価値であると同時に,西欧文明の偉大さを示すものと認識されているからだ。また宗教と政治,聖と俗の分離を達成したことで,欧州世界に個人の自由が確立された歴史がある。宗教的権威からの自由は,政教分離という欧州啓蒙主義の真髄であり,言論・表現の自由と同様,絶対に譲れないという意識だ(39)。国際社会で二つの異なる価値観が対立した際,妥協と自制の途を選ぶか,あるいは自らの理念を貫くかという選択肢の中で,大陸欧州のメディアは後者を採った。その理由は,人権革命以来の伝統,欧州キリスト教文明の真髄に関わり,人類普遍原則の問題だからということになろう。

　しかし,これまでアメリカの対アラブ政策を自国の価値観の押し付けだと批判してきたフランスメディアが,この件では自分たちヨーロッパの価値観をムスリムに強いるという矛盾を犯したとはいえないだろうか。イスラム教は近代社会(の普遍原理)にそぐわないという本音意識も見え隠れしている。ここで留意すべきは,メディアが"理念の戦い"の衣を纏い,敢えて全面対立も辞さずとの姿勢を示さねばならないほど,ムスリムへの反発や危機感が強まっている今のヨーロッパの現状である。冷戦終焉の以前から―それはホメイニ革命に溯ることができよう―既に欧米とイスラムの対立は起きていた。例えばイスラム英国人作家サルマン・ラシュディの小説「悪魔の詩」がイスラム教への侮辱として,1989年,当時イランの最高指導者故ホメイニ師によって死刑を宣告された事件があった。そして同時多発テロを境にイスラム過激派への恐怖が俄

かに高まり，04年のマドリード列車同時爆破テロ，05年のロンドン地下鉄同時爆破テロで恐怖は現実となった。EUは域内全体に約2千万人，人口比にして5％のムスリムを擁している。内に抱えたムスリムの多くは移民労働者だが，テロだけでなく彼ら移民の存在が雇用や社会生活上の問題を招き，市民に疑心暗鬼を植えつけているのだ。

　風刺画問題が最初に起きたプロテスタントの国デンマークでは，長らく社民党政権が続いたが，01年11月の選挙で中道右派の自由党ラスムセン政権が誕生した。これには，当時顕著になったイスラム系移民の増加に有権者が危機感を抱いたことが影響したといわれる。人口540万人弱の王国で，イスラム住民は約20万人。しかし近年その数は急増傾向にあり，イスラム文化の持ち込みには様々な拒否反応が出ていた。ラスムセン政権は発足後直ちに移民制限法を制定し，イスラム住民の増加抑制に乗り出した。中道右派系のユランズ・ポステンが風刺画を掲げた背景には，イスラム系移民によって西欧の伝統文化が侵食されているとの危機感が働いていたと思われる。ノルウェーやフランスの各紙が転載に踏み切ったのも，理念や価値観の対立だけではなく，イスラム教徒への猜疑心や欧州的秩序が損なわれることへの懸念や恐れ，反発があったからだ。表現の自由と信教の自由は民主主義を支える重要な柱として，これまで西欧諸国内では調和的に運用されてきたが，イスラム系移民の急増が契機となり，各国は対応の限界を露呈した。それが05年秋に起きたフランスのイスラム系若者の郊外暴動であり，ムハンマド風刺画問題であったと言えよう。表向き大陸欧州のメディアは言論・表現の自由を守護する民主主義の擁護者としての立場を示しているが，そうした顕教とは別に密教の部分では，異文化との共生を認めない安易な価値観の絶対化や排外主義の危険が同居している。欧州社会がイスラムとの共存を図るには，グローバル化時代の中で「寛容」や「同化」の精神をいま一度問い直し，再定義することで，新たな時代に適した新たな共生のモデルを見出す必要がある。

7　21世紀EUの展望：ヨーロッパアイデンティティを求めて

●転期を迎えるEU：問われる存在意義

　世界的なグローバル化の流れの中で，EUは急速に統合と拡大のプロセスを

重ねてきた。92年には域内の人やモノ、資金、サービスの移動を自由化する市場統合を完成、95年には第4次拡大、99年には通貨の統合を実現した。さらに2005年には第5次拡大を果たし、07年にはルーマニア、ブルガリアが加盟してEUは全欧州をカバーする27か国体制となり、引き続く拡大も予定されている。その間、EUの取り扱う対象は政治、外交、安全保障、文化等に拡大し、EUとしての共通政策や独自の統合軍を保有するまでに発展した。伝統的な経済協力の領域でも、自由化の促進によって企業は競争力を高めた。エアバス社の伸張はその良い例である。域内の産業再編も進み、原加盟国では労働コストの安い東欧に生産拠点を移す動きが強まっている。

しかしその一方、西欧先進諸国では工場の海外流出に加え、移民流入と低賃金労働者の増加によって失業者の増大、治安の悪化といった社会問題も深刻化している。EUの財政負担増という問題もある。だが、それとともにヨーロッパにとって大きな問題は、「統合の事業が果たしてどこに向かって進んでいるのか」、あるいは「何のため、誰のための統合か」という、かつては発せられることのなかった根源的な問いかけが強まっていることだ。この現象は、EUが新たな段階に入ったことを物語っている。グローバル化というメガトレンドの中で、「EUの未来は統合にしかない」、「EUは統合・拡大が必要だ」という主張に正面切って反論するのは難しい。しかし競争原理が強まる中で、大企業や一部のビジネスエリートが経済的な利得を享受するのに対し、一般市民は統合から受ける恩恵よりも逆に蒙るしわ寄せの方が大きいと感じ始めている。05年の憲法否認劇は、速過ぎる統合に大衆が待ったをかけた事件と捉えるべきであり、それは世界的規模で起きている反グローバリズムの運動とも地下の水脈で繋がっている。

これまで、EUによる統合の強化拡大路線は、戦後欧州の復権をめざすヨーロッパの最重要施策として肯定されてきた。しかし、ECSCからEEC、EC、そしてEUへと時代が下るにつれて統合組織は巨大化し、ヨーロッパはユーロクラットが支配しているとの批判も生まれている。官僚支配が進むEUと一般市民の間に高い壁が生じ、市民利益とは無関係に統合それ自体が目的と化しつつあるとの疑念も強まっている。対象地域の吸収拡大も、国家から超国家機関への権力の転移も、EUを構成する各国民の経済水準や満足感の向上等生活意

識と結びついたものでなければならず，その根本論が危うくなる時，統合事業はいとも容易く停滞に陥るという現実を，欧州市民は内外に知らしめたのである。

● EU 三つの課題

では，EU は如何に対処すればよいのか。端的にいえば，欧州市民が重要と考える諸問題に対して EU が高い解決能力を身に付けることである。いまの EU は，ECSC 発足当時とは全く別の機関となっている。加盟国の増加による質的変化は，6 から 27 という加盟国数の増加以上に大きな格差とバラつきを EU にもたらした。そのため，過去の利害調整メカニズムで現在拡大 EU が直面している問題に対処することは困難になっている。超巨大化する地域協力機構として，経済も政治も，さらに外交でも文化政策でも，そして民主主義の成熟度でも極めて多様な多くの国々を束ね，その間で日々生じる複雑な利害対立を如何に巧く処理できるか，新たな調整メカニズムの構築が 21 世紀 EU の最大課題である。これは，ラムズフェルドが名付けた"新しいヨーロッパ"と"古いヨーロッパ"の間の利害調整に尽きるものではなく[40]，先進西欧諸国間の争点解決のメカニズムも必要となっている。第二に，欧州各国ではムスリムやイスラム文明圏との接触が深まり，それに比例して経済，社会，文化面での摩擦が強まっている。EU がさらに拡大を続け，異主体間の交流に留まらず，自らの域内にイスラム社会を内包させる事態もさほど遠い将来の出来事ではない。そのため，異文化，異文明との共存，共生のルール作りが EU のもう一つの大きな課題となっている。

さらに，EU の存在意義（レゾンデートル）を鮮明化させることも重要だ。「何のための統合か」に対する答え，つまりアイデンティティ危機への対応である。EU 機能の強化拡大という垂直的な統合進展に伴って，国家・国民としてのアイデンティティ喪失の懸念が強まっている。欧州統合の深まりとともに国境の垣根は低くなった。また国家の重みが薄れゆくにつれて，分離・独立を求めるマイノリティや地域ナショナリズムの動きが各地で燎原の火の如く広まることへの危惧は強い。カタルーニャでは，スペイン語よりカタルーニャ語を公用語として優先させること等を求めた新自治憲章が住民投票で承認された。イングランドとの統合から 3 百年を迎えるスコットランドでも，分離独立を求める声

が燻り続けている。バローゾ欧州委員長は04年にベルリンで行われた欧州文化政策会議で,「EU憲法の前文で『多様の中の統一』がうたわれている」とし,欧州合衆国を目指すものではないと強調したが,このようなメッセージを出さねばならない程,いまのヨーロッパには国家アイデンティティ喪失への懸念と不安が渦巻いている。

　同時に,加盟国の増加や対象地域の拡大という空間的な統合進展,それにイスラム問題の高まり等を受け,「ヨーロッパ」とは何かという最も基本的なレベルの認識にも揺らぎと戸惑いが生じている。これまでヨーロッパ統合という場合の「ヨーロッパ」は,イコール「西欧」であった。しかし,現在のEUは西欧だけの地域機構ではない。将来,統合や地域協力を進める対象領域となり,拡大の限界領域ともなる「ヨーロッパとは何か」という問いかけへの答を未だ人々は見出せないでいる。「拡大は善」という単純認識の時代は過ぎ去ったのだ。現在のEU諸国民は,二重のアイデンティティクライシスに直面しており,これからは質的空間的拡大の過程に先立って,まず統合推進母体である加盟各国の国民としての,そしてヨーロピアンとしてのアイデンティティを再構築し,その上に拡大のプロセスが展開されねばならない。この順序を違えば,EUは拡大の一人歩きと自己増殖を続けるだけで,地域機構としての凝集力は失われ浮流状態に陥ることになろう。「国家・国民」および「ヨーロッパ(人)」としてのアイデンティティの再明確化作業は,実は異文化共生という第二の課題の裏返しでもあるのだ。

　ところで,統合が質的空間的に拡大するならば,国家としてのアイデンティティは希薄化しても良いのではないかという疑問が呈されるかもしれない。しかし,如何に統合が進んでも,国家の枠組みが完全に溶解し,超国家機構に国の役目がすべて取って代わられる事態は予想される将来起こり得ないであろう。経済史家アラン・ミルウォードも述べるように,国家統合は国家の否定ではなく,国家間協力で欧州を再生させようとする国民国家の強い意思の発露であった。国民国家に代わり,あるいは国民国家を否定するものではなく,国民国家を救うためのプロジェクトであった。空間的垂直的な拡大は今後も続くが,我々は国民国家時代の終焉の序曲という単純な受けとめ方でそれを眺めてはいけない。

冷戦が激化する中，戦後復興を急ぎ，また共産圏の脅威に対抗し，かつ，もはや一国では対応し切れない幾多の課題に協力して対処すべく，欧州各国は戦争の恩讐を乗り越えて相互協力の枠組みを築いてきた。そしていま，組織・機能の面において，またそれを形成する人々の意識・精神の面でも，EUおよびヨーロッパは未来に向けての再生が求められている。複雑化する利害を調整する新たなルールやメカニズムの構築，異民族・異文化との共生・共存手法の探求，それにアイデンティティクライシスの克服。非常に難しいが，この三つの課題を達成したとき，不戦共同体としてのEUは人類益の機構へと昇華する。戦争と対立を乗り越え，協力と共存の新たな世界に乗り出すヨーロッパから，我々アジアが学ぶべきことは尽きない。

■注 釈

(1) 欧州中央銀行（European Central Bank）は，ヨーロッパ通貨統合が1999年にスタートすることに伴い，前身の欧州通貨基金（EMI）を引き継ぐ形で，1998年に発足した。本部はドイツのフランクフルトに置かれ，物価の安定を最重要課題とし，ユーロ圏における金融政策の策定，外国為替オペレーション，外貨準備業務等を執り行っている。

(2) アルフォンヌ・ドーデ『最後の授業』桜田佐訳（偕成社，1993年）7〜20ページ。

(3) アルザスはフランス東部地方で，ライン川を挟んでドイツと隣接する。独国境からわずか3キロしか離れていないストラスブールが中心地で，欧州議会や欧州審議会が置かれている。ロレーヌはアルザスの北西に位置し，ルクセンブルクやドイツのザールランドと接している。640年にアルザス公国が成立，870年のメルセン条約で東フランク（ドイツ）領となり，962年に神聖ローマ帝国に組み込まれる。30年戦争後のウェストファリア条約，さらにポーランド継承戦争等の結果，1766年にフランス領となるが，普仏戦争終結時のフランクフルト講和条約（1871年）で再びドイツに割譲された。しかしフランスの回復要求は強く，第1次世界大戦の原因の一つともなる，戦後，ベルサイユ条約でフランスに返還されたが第2次世界大戦では再びドイツが占領（1940〜44年）。戦後仏領となり今日に至っている。戦乱絶えなかった欧州の歴史を象徴する地域である。

(4) アルザス地方のドイツ割譲を決めたフランクフルト条約では，希望するアルザス人にはフランス国籍を取ることが認められていた。この約束に従い，約5万人のアルザス人がそれを望み，フランス，アルジェリア，北アメリカなどへ移住していった。フレデリック・オッフェ『アルザス文化論』宇京頼三訳（みすず書房，1987年）16ページ。

(5) 府川源一郎『消えた"最後の授業"』（大修館，1992年）30ページ。

(6) 田中克彦『ことばと国家』（岩波書店，1981年）第5章参照。「平均的な仏人はアルザスの言語問題のことなど全く知らない。……だから，アルザスにきて，フランス人が，しばしば自分のことを理解してもらえそうにない田舎だけではなく，町の通りや店，さ

らには役所に至るまで、この俚語が話されているのを見て、びっくり仰天するのである。その際、それがドイツ語の一方言であり、またこの地方の新聞がゲーテの言葉で書かれていると知れば、なお一層仰天するであろう。」フレデリック・オッフェ、前掲書、29ページ。

(7) 『世界の文学　小学5年生』（あかね書房、1960年）の「最後の授業」の解説。
(8) 『世界名作童話全集51・風車小屋だより』（ポプラ社、1964年）の「最後の授業」の解説。
(9) 06年5月、独仏両国の学者が共同編纂した初の歴史教科書が出版された。1945年の第2次世界大戦終結以降の現代史を扱った高校生向けの教科書で、03年に独仏協力条約（エリゼ条約）40周年を記念して、シラク大統領とシュレーダー首相が作成について合意したもので、欧州統合に両国が果たしてきた主導的な役割などが強調されている。なお初の欧州共通歴史書としては、フレデリック・ドルーシュ監修の下、12か国、12人の歴史家によって書かれた『欧州の歴史』が1992年に刊行されている（日本では「欧州共通教科書」と呼ばれるが、啓蒙的性格の一般書で、実際に教科書に採択した国はない）。
(10) 蓮見重彦等は「アメル先生はアルザス人にとっての他人の言葉（公用語としての仏語）を、国語として彼らに強制する加害者に他ならない」とまで直言している。蓮見重彦「日本語論から言語的実践へ（前）」『言語生活』1975年12月号、72〜76ページ。
(11) 現在アルザスロレーヌ地方では80〜90％の人々が公用語としてのフランス語を使用するが、そのうちの50〜60％はドイツ語を使うこともでき、また方言としてのアルザス語も住民の2/3程度は家庭生活で用いていると言われる。府川源一郎、前掲書、27ページ。
(12) EU憲法の議論が始まったのは2002年。当初は、将来の連邦制への移行や欧州議会の権限の大幅強化などを求める声もあり、目論見はもっと野心的だった。しかし、英国が連邦制には絶対反対するなど、基本理念の部分で各国の意見が対立。現実的な内容に収まった。ジスカールデスタン元仏大統領を議長とする諮問会議が2003年5月に憲法草案を示した後も、加盟国の対立は続いた。特に閣僚理事会の決定方式や各国に割り当てられる票を巡って、英独仏など大国とスペイン、ポーランドなど中規模国、さらには小国の意見が対立。03年12月のEU首脳会議は決裂した。
(13) 草案の段階では、二重特定多数決の成立要件は、①加盟国の過半数（特別の場合は3分の2）の国の支持②EUの全人口の60％以上の国々の支持、という基準が提示された。ニース条約の人口基準はEU人口全体の62％であり、これを2％緩和させて大国に有利な意思決定方式に持ち込もうとした。だがこの案にポーランドやスペイン等中小国が反対したため、55％と65％（案件によっては72％と65％）に引き上げられた。また大国が結束すればほとんどの議案を阻めるという中小国の懸念を考慮し、「議案を阻止するためには、少なくとも4か国の反対が必要」という条文も盛り込まれた。
(14) アメリカも大量の移民を受け入れてきた。90年代には移民の流入はさらに加速し、その数は毎年140万人に上っている。90年代の10年間でアメリカの総人口は13％も増えて史上最高の伸びを示したが、増加分の43％は移民の流入によるものである。移民の増大は出生率を押し上げ、先進国では例外的に高い2.0になっている。高齢化率も

12.4％と，10年前より0.2％低下している。白川真澄「グローバリゼーションは暴力だ（下）」『グローカル』第698号（2006年5月1日）。
(15) 日本での難民申請者数は，01年は353人だった。しかし難民条約上の認定が始まった1982年以来，認定者総数は01年末現在でわずか291人に過ぎない。『朝日新聞』2002年5月17日。
(16) ドイツでは，トルコ系移民の多くがベルリンの壁の近くに居住している。そのコミュニティ内ではトルコ語だけで生活できるため，結婚してすぐに家庭に入った女性等はドイツ語を習得しない。そのため，こうした家庭で育った子供が学校に通ったり，就職の段になると，ドイツ語が不自由なことで差別を受けたり不利益を蒙ったりする。多くのドイツ人はこうしたトルコ系移民のコミュニティをゲットーと呼んで嫌悪したり，異端視する傾向にあるといわれる。白川真澄，前掲論文。
(17) ドイツ基本法には政治的に迫害されている者に庇護を認める庇護権規定（第16条）があり，これが弾力的に解釈運用され，政治難民や多くの窮乏難民等が庇護権申請者として扱われ西独への入国が認められていた。89年に12万人程度だった庇護権申請者の数は92年には44万人と冷戦終焉後幾何級数的に増え，各州政府の財政負担も増大していった。三島憲一『現代ドイツ』（岩波書店，2006年）71ページ。
(18) 「ヨーロッパ移民社会の地獄」『ニューズウィーク』2006年9月13日号20ページ。
(19) テストは世界138のオランダ大使館・領事館が実施。三十分間，語学のほか「オランダの国会の所在地はどこか」等同国への順応能力を試す質問に電話で答える。受験料は350ユーロ（約4万9千円）。準備用テキストやCDもあり有料。またオランダに長期在住している外国人で学歴8年以下の人には「同化のための授業」を受けることも義務付けた。
(20) 移民の受入れ条件強化の背景には，労働を目的にした外国人の入国は5％に過ぎないのに対し，家族呼び寄せ制度による入国や国籍取得を目的にフランスで出産する不法帯在者が増加している事情がある。彼らが国民や滞在者としての権利を主張し，社会保障サービスを利用することに社会の不満が強まっているからだ。新移民法では，これまで外国人就労者は1年働くと家族を呼び寄せる権利が与えられたが，それを1年半に延長。収入も全産業の一律最低保証賃金以上を義務付けたほか，仏語習得や非宗教等「フランス共和国の原則への合致」を絶対条件にしている。生地主義のフランスではフランスで生まれた子供は原則として国籍が取得できるが，両親の国籍取得は2年から3年に延長，偽装結婚防止のために外国人の配偶者の国籍取得も2年から3年に延長された。一方，特殊技能の持ち主には3年，優秀学生なら最長4年の滞在許可が認められた。『産経新聞』2006年5月17日。仏国立統計経済研究所等のデータによると，1999年現在，フランスの移民は人口の7.4％，約433万人だが，毎年8〜10万人が不法移民として入国。約15万人が社会保障の負担金等を支払わずに医療支援を受けている。
(21) 不法移民取締り強化の動きはアメリカでも起きている。アメリカでは不法入国した移民を合法化する制度があるが，保守中間層の反移民感情の高まりを背景に，ヒスパニック系不法移民の厳罰化や，メキシコ国境にフェンスを張り巡らす措置をとる法案が06年に可決されている。

(22) 難民支援団体の推計では、97年以降少なくとも6千人がヨーロッパへの密入国の最中に死亡している。オランダの活動団体は2406人の死者を確認しており、そのほとんどが96年以降のケースという。イタリア政府が密入国斡旋の罪を重くすると、密航請負業者は海岸で逮捕される危険を冒すよりも、沖合で移民を船から海中に突き落とすようになった。また取り締まりの強化とともに、密航請負業者は値段を吊り上げているという。EU各国が不法移民規制を強化する中、「壁を高くしたところで、人々はトンネルを掘ってその下を潜ろうとし、途中で死ぬだけだ」(UNHCRのルパート・コルビル)との発言があるように、単なる規制だけでは解決する問題ではない。『ニューズウィーク』2001年8月15/22日号、24～25ページ。

(23) 06年にサッカー・ワールドカップを開催したドイツでは、ネオナチによる外国人襲撃事件が多発した。ベルリン自由大学のクラウス・シューダー教授は、統一前の東独社会には根深い外国人嫌悪や反ユダヤ主義の風潮があり、統一後、旧東独に広まっている被害者意識や"西側社会"に対する敵意が、そうした問題を悪化させているという。『ニューズウィーク』2006年6月7日号。ドイツの大衆紙ビルトによれば、2005年の極右過激派全体の数は前年に比べて1700人減少して3万9千人になったが、暴力行為に訴える傾向にある過激派は400人増の1万400人に、外国人排斥を歌詞に取り入れる音楽バンドの数は106から142に増加、これらバンドのコンサート数は40％も増えている。

(24) 人口約7千万のトルコのGDP総額2380億ドルはEU加盟25か国で10番目に相当する。しかし一人当たりではEU平均の1/3以下で、IMFの分析によれば、年率9％の経済成長を20年続けなければギリシャやスペインといった中位国に追いつけないという。また人口の増加が顕著で、2010年までに7800万、20年には8900万となり、EU最大のドイツを上回ると予測されている。『朝日新聞』2005年10月21日。

(25) キプロスは、地中海の東端に浮かぶ島国。面積は四国の約半分の9251平方キロ、74年にギリシャ併合派がクーデターを起こしたのに対してトルコが出兵、北側(全島の37％)を占領し、トルコ系キプロス人による独自の政府を打ち立て、「トルコキプロス連邦国家」を宣言、さらに83年11月にはトルコ系住民が「北キプロストルコ共和国の独立」を宣言したが、承認したのはトルコだけで、国連議席は南側が持つ。キプロス共和国は90年にEUへ加盟申請したが、北側は「63年以来、全島の両民族を代表する政府は実質存在しない。一方的な申請は不法だ」として、加盟交渉への同席を拒んできた。2002年の決定で、ギリシャ系のキプロス共和国が先にEU加盟の切符を手にし、04年に加盟を果たしている。人口は南が63万、北が20万。キプロス問題は国連の仲介で何度も解決が模索されながら、トルコ、ギリシャ間の強い相互不信で実現していない。

(26) 『朝日新聞』2002年8月3日夕刊及び8月4日。トルコではクルド分離独立派のテロで過去20年間に3万6千人以上が死亡している。このため、死刑制度を廃止し、国家反逆罪で99年に逮捕、死刑判決を受けた非合法組織クルド労働者党(PKK)のオジャラン議長が刑を免れることには軍部や右派、特に連立与党の民族主義者行動党等が強く反対していた。トルコ政府は、同議長の刑執行は欧州人権裁判所の判断が出るまで執行延期を決めているが、死刑廃止法案の決定で同議長にもこの規定が適用されることになろう。

(27) トルコにおける国内改革の経緯については，八谷まち子「トルコのEU加盟は実現するか」日本国際政治学会編『国際政治142　新しいヨーロッパ　拡大EUの諸相』(有斐閣，2005年) 90ページ等参照．
(28) アルメニア人はキリスト教徒でオスマントルコ領内に多数居住していた．オスマントルコが第1次世界大戦でロシアと戦った際，帝国内のアルメニア人がロシアにつく動きありとして，オスマン陸軍は1915年にアルメニア人の反乱鎮圧に乗り出した．トルコ政府は30万人のアルメニア人と同数のトルコ人が犠牲になったと主張しているが，アルメニア側は150万人が殺された組織的な民族虐殺（ジェノサイド）であったと認めるべきだと主張している．
(29) トルコでは，イスラムの象徴でもある女性のスカーフ着用は教育現場や公的施設では政教分離の原則から禁止されている．しかし02年の総選挙で公正発展党（APK）が圧勝し，近代トルコ史上初のイスラム系政党による単独政権が誕生して以後，私生活の場でスカーフを身につける女性が増える等イスラム教の慣習への関心が高まっている．また，スカーフを着用したため昇進を認められない幼稚園の女性教諭の訴えに対し，昇進させない措置は妥当との裁判所の判決に不満を抱いた過激民族主義者の現役弁護士が判事等を殺害するという衝撃的な事件も起きている（06年5月）．さらにAPKも，地域によってアルコール飲料の販売を制限したり，イスラム教指導者を養成する神学校卒業生の大学進学を容易にする教育法改正案を可決させる等イスラム色の強い施策を打ち出している．ともに世俗主義を重視するセゼル大統領が拒否権を発動しその実施を阻止したが，政治のイスラム化はトルコ世俗主義者の脅威となりつつある．『朝日新聞』2006年8月19日．
(30) 05年の世論調査では，トルコ国民の3分の2がEU加盟に賛成しているが，前年には7割以上が賛成だった．EUが交渉を長引かせれば，数字は今後さらに下がっていくだろう．『ニューズウィーク』2005年10月12日号．なお，EU加盟交渉の条件として，キプロス共和国の船舶，航空機の乗り入れをトルコに求めていたが，トルコがこれを受け容れないため，06年12月，EUはトルコ加盟交渉の一部凍結を決定した．
(31) 欧州各国のイスラム人口比率は，フランス7.1％，英国2.7％，ドイツ4.4％，オランダ5.5％，スイス4.3％，オーストリア4.2％，デンマーク2.0％等となっている．
(32) オランダの女性国会議員だったアヤーン・ヒルシ・アリが，母国ソマリアでの自身の体験を基に，イスラム社会での女性の人権抑圧を告発する脚本を書き，それを映画監督テオ・ファン・ゴッホが短編映画「服従」で公開した．これをイスラム教徒への侮辱として激しく憤ったモロッコ出身の急進的イスラム主義者の青年によって，04年にゴッホ氏は暗殺された．
(33) フランスのドビルパン首相は，05年10月末から主要都市で移民らの若者による暴動が起きたのを受けて，同年12月，就職の際，移民らの若者を差別した企業に最高2万5千ユーロ（約350万円）の罰金を科すことを柱とした行動計画を発表した．計画は雇用，教育分野で機会均等を促進することに狙いがある．企業罰金について仏政府は，企業に対する抜き打ち検査を強化し，出自や居住地区を理由に若者を雇用しなかったことが判明した場合，企業に罰金を科す．政府は職業訓練開始年齢を現行の16歳から

14歳に引き下げ，国営企業で移民の子弟らの若者を積極的に雇用していく方針も示した。ドビルパン首相は記者会見で，「最優先事項の失業対策は効果を上げているが，それだけでは十分ではなかった。暴動によって仏社会の弱点が浮き彫りになった」と述べ，差別や貧困に悩む若者を積極援助していく方針を強調した。『読売新聞』2005年12月2日朝刊。

(34) 2004年6月，仏内務省は「郊外」が仏社会に分裂の危険をもたらすゲットーと化しているという報告書を発表した。全国で630の郊外地区，180万の住民が，移民としての出自の文化や社会と強く結びつき，仏社会から引き離されており，暴力や女性差別を生み出すイスラム過激派が，若者たちの組織化を進めているという。さらに，アラブ・ムスリム移民の間に反ユダヤ主義を育てる温床ともなっており，アラビア語とコーランを教え過激な思想を幼児に吹き込んだとして，イスラム組織が運営する保育園を閉鎖させたことも記されている。内藤正典『ヨーロッパとイスラム』(岩波書店，2004年) 139ページ。

(35) 白川真澄「グローバリゼーションは暴力だ (下)」『グローカル』第698号 (2006年5月1日)。同法では「公立の小・中・高等学校において，生徒が何らかの宗教に属することを殊更に誇示するような標章あるいは服装を着用することを禁じる」と規定された。同法は，伝統的なイスラム女性のスカーフ着用を今になって一律禁止したものではなく，これまで着用されることのなかった学校で (政治宗教的主張をこめて) 敢えてスカーフの着用を主張するという，新しく生まれた現象への対処策である。フランスでのスカーフ論争については，内藤正典，前掲書，145〜158ページも参照。

(36) 英国やオランダでは，多文化主義が人種的セグレゲーション (分離) に繋がり，移民社会が同族社会化する傾向が強い。多文化主義の下で移民グループが固有の価値観の枠に留まっている環境においては，過激派が生まれ易いという問題もある。フランスでも，郊外に移民が多いのは事実だが，英蘭に比べればエスニック (民族) ごとのコミュニティーは形成されにくく，伝統的価値観の崩壊は早いとの指摘がある。90年代初期の統計だが，女性の混合婚率は，フランスのアルジェリア系は25%だが，ドイツのトルコ系は1%。英国のパキスタン系はさらに低い数値が出ており，フランスの移民社会では，多人種の結婚が米英やドイツより際立って高い。エマニュエル・トッドが述べるように，こうした英仏の統治システムの違いは，英国人になることを強制せず平和裡に脱植民地化を果たした英国と，普遍的価値観を押しつけた挙句，戦争を起こして植民地を去ったフランスとの相違にも表れている。『朝日新聞』2005年12月2日朝刊。

(37) アメリカの調査機関ピューリサーチセンターが06年春に欧州諸国のイスラム教徒を対象に実施したアンケートによれば，「あなたはまずイスラム教徒か，国民か」という質問に対して，英国では「教徒」が81%，「国民」は7%，フランスではそれぞれ46%，42%で，フランスの方が国への同化意識の高いことが示された。『朝日新聞』2006年9月5日。

(38) 藤原豊司「欧州・中東を揺さぶった漫画騒動」『海外事情』第54巻第7・8号 (2006年7・8月) 等参照。

(39) 欧州各国のマスコミの反応については，日刊各紙のほか，『世界日報』や持田直武

氏のHP（持田直武「民主主義の常識にイスラム教徒が憤激」2006年2月13日）等を非常に参考にさせていただいたことを付記し，併せて各位に厚く御礼申し上げる次第です。

(40) 2003年初頭，アメリカのブッシュ政権がイラクに対する武力行使に踏み切ろうとした際，英国を除き仏独等EU諸国はこれに反対し交渉の継続を主張した。この時，04年にEU・NATOに新規加盟を果たす中・東欧諸国のほとんどすべてが，EU原加盟国とは異なりアメリカを支持した。その背景には，①多数の移民が米国に存在する事実②歴史的体験に由来する近隣の露独に対する脅威感と米国への信頼感③EU加盟にあたっての厳しい達成基準への反発等が指摘できる。

第3章　ヨーロッパの安全保障協力

1 NATO
《冷戦が生んだ集団防衛機構》

　北大西洋条約機構（NATO: North Atlantic Treaty Organization）は1949年4月，米，加，英，仏，ベネルクス三国，デンマーク，アイスランド，イタリア，ノルウェー，ポルトガルの西側12か国によって調印された北大西洋条約に基づき，旧ソ連の軍事的脅威に対抗するために結成された集団防衛機構である。第2次大戦後の1947年，英仏両国はダンケルク条約を結んでドイツの再来に備えたが，やがて西欧への脅威はドイツからソ連へと変わり，48年3月にはダンケルク条約にベネルクス三国を加えたブラッセル条約が締結された。前月にチェコで起きた共産党の政変がヨーロッパの危機を高め，条約締結を急がせることになった。しかしアメリカが加わっておらず，欧州防衛を担保するには未だ不十分であった。その後，米上院でバンデンバーグ決議（「継続的かつ効果的な自助及び相互援助を基礎とし，かつ，米国の国家的安全に影響を与える地域的その他の集団取極に，米国が憲法上の手続きにしたがって参加すること」：同決議第3項）が成立（48年6月），これを受け同年7月から米欧間の防衛協議が開始され，翌年アメリカをメンバーに加えての北大西洋条約締結へと漕ぎ着けたのである。その後52年にギリシャとトルコ，55年には西独が加わり，同条約加盟国は15か国となった。西独参加の9日後，ソ連はNATOに対抗すべく，ワルシャワ条約機構を立ち上げている。

　北大西洋条約では，加盟国の一国ないし複数国に対する武力攻撃は全加盟国への攻撃とみなし，国連憲章第51条の規定によって認められている個別的又は集団的自衛権を行使して被攻撃国を支援すること（第5条），対象となる北大西洋地域とは，具体的にヨーロッパもしくは北米の締約国の領域及びトルコ領土または北回帰線以北の大西洋地域におけるいずれかの締約国の管轄下にあ

る島（第6条）であること等を定めている。発足当初軍事機構を持たなかったNATOだが，朝鮮戦争を契機として統合軍事機構を構築，極力ヨーロッパの東側で共産勢力の西侵を食い止める前方防衛を戦略の基本とし，その後，アイゼンハワー米政権が採用した大量報復戦略を受入れ（MC-48:1954年11月），さらにケネディ政権が打ち出した柔軟反応戦略をNATOの軍事戦略として導入した（MC-14/3:67年12月）。

　冷戦の激化に伴い，ギリシャ，トルコ，西独，さらにスペインが加わった反面，60年代における多極化の進展を背景に，英米と対立したド・ゴール治下のフランスが軍事機構から脱退（66年），またともに加盟国であるギリシャとトルコがキプロスの領有を巡り軍事衝突を起こし（64, 74年），ギリシャも一時軍事機構から脱退した（74年）。やがて時代はデタント期へと進み，1967年のNATO外相理事会ではいわゆる「アルメル報告」（「同盟の任務に関する報告」）が採択され，「軍事的安全保障とデタント政策は矛盾するものではなく，補完し合うものであ」り，軍事力によってソ連を押さえ込むだけではなく，「抑止と対話」を基本に東西の安定をめざすとの方針が打ち出された。だがその後，再び東西対立が激化，新冷戦の時代（70年代末〜80年代）に入ると，ソ連が欧州に配備を進める中距離核ミサイルSS-20の脅威がヨーロッパで俄かに高まった。これに対抗すべくNATO諸国はアメリカの中距離核戦力（巡航ミサイル及びパーシングⅡ）の導入を検討し，実行に移した（INF問題）[1]。

《冷戦の終焉とNATO》
　●ロンドン宣言と新戦略概念
　しかし，経済体制が行き詰まるソ連に，アメリカや西側諸国の軍備強化に対抗する力はなかった。85年3月ソ連共産党書記長に選出されたゴルバチョフは，東西関係の緩和を進めることによって社会主義体制の建て直しを目ざし，87年からペレストロイカを実施，同年12月にはINF全廃条約の調印が実現した。89年には東欧革命が進展，ワルシャワ条約機構の形骸化が進み，11月にはベルリンの壁も崩壊，12月のマルタでの米ソ首脳会談で冷戦の終結が確認された。さらに91年12月にはソ連が崩壊し，文字通り冷戦構造は終焉を迎える。

　こうした国際情勢の変化を受け，かつ，統一後ドイツのNATO残留に難色

を示すソ連を説得するため,90年7月,ロンドンでの首脳会議でNATOは「ロンドン宣言」を採択,それはソ連をそれまでの「敵対」から「安全保障上のパートナー」と位置づけた点で画期的なものであった。翌91年11月,ローマでの首脳会議では,従来の東西対立対応型の体制を緊急対応型に移行させ,ポスト冷戦時代の新戦略に転換することが決定された。前方防衛や柔軟反応戦略等従来の基本戦略を根本的に見直した「新戦略概念」は,1989年以降の欧州安全保障環境の激変に対応したもので,中・東欧からのソ連軍撤退やCFE条約の履行を前提に,従来のソ連の脅威に代わる新たな脅威として,ソ連の改革に伴うリスクと不確実性,中・東欧諸国の民族問題等を含む深刻な経済,社会及び政治問題,湾岸戦争等NATO域外の脅威等を挙げ,集団防衛能力を維持しつつも「対話と協力」を重視する幅広いアプローチを採ることを明らかにし,NATOの政治的役割の強化が唱われた。そして将来の危険性に対応すべく柔軟性と機動性を重視する一方,欧州正面への重装備師団の大量集中配備はもはや必要なくなったため,NATO既存戦力の縮小・再編成が進められた[1]。また欧州戦術核の80％削減,地上発射ミサイルの全廃も決まった。95年12月には,フランスが30年ぶりにNATO軍事機構に部分的復帰を果たした。

● 域外 (out of area) 派遣問題

もっとも冷戦終焉の直後,将来に向けたNATOの存在意義については,これを否定的に捉える見解が支配的だった。だがユーゴ内戦の激化 (92年春から始まったボスニア紛争,99年のコソボ紛争) やロシアの政情不安定に伴い,ポスト冷戦の国際情勢に対する楽観的な見方が影を潜め,冷戦後のNATOの意義を再評価する動きが強まっていった。特にユーゴ紛争では当初期待された国連保護軍の限界が露呈し,代わってNATOの軍事力が紛争解決に重要な役割を担い,その際,NATO軍の域外派遣に途が開かれた (域外における平和執行機能)。

NATO軍の域外派遣については,先の「新戦略概念」の中でも条約域外脅威の存在が強調されたが,ユーゴ紛争の激化を背景に,92年6月の外相理事会 (オスロ) では,NATO域外で紛争が生起し,CSCEの要請を受けた場合,CSCEの平和維持活動を支援すべく,ケースバイケースでNATOは自らの資産と専門能力を活用する用意があるとの声明を発表し,初めてその可能性を認めた。同年7月には,国連の対ユーゴ禁輸実施 (国連安保理決議712,757に基づ

く武器禁輸措置と経済制裁措置）に関する監視活動のためアドリア海への NATO 海軍派遣を決定，同年 12 月にブリュッセルで開催された外相理事会は，国連安保理の権威の下での平和維持活動を軍事支援する用意がある旨の決定を下した。こうした過程を経て，NATO が域外関与する基準として，(1)国連安保理の決議及び国連事務総長の要請があるか，(2)CSCE の要請があること，が明確化していった[2]。

《NATO の東方拡大》

● PfP

ところで，冷戦の終結とともにワルシャワ条約機構が解体する（91 年 7 月）と，NATO とロシアの間のいわば"安全保障の真空状態"に取り残された危機感から，ソ連の衛星国であった中・東欧諸国から NATO への早期加盟を要望する声が相次いだ。当面ロシアからの攻撃はないにせよ，ロシアが再び影響力拡大を図ることへの懸念は払拭できず，またロシアの政情不安や共産党の復権，それに統一ドイツの出現という事態も加わって，言い知れぬ不安感を抱いたからである。一方，冷戦後，政治的機能の強化を模索していた NATO も，中・東欧諸国の民主化と市場経済化を支援し，これら地域の政治的安定を図ることはヨーロッパの安全保障確立のうえで重要な意義を持つとの判断から，NATO を東方に拡大させようとの気運が生まれた。既に 1990 年のロンドンでの首脳会議以来，NATO は旧ソ連諸国との交流を提案，実施していたが，91 年 11 月，ローマでの首脳会議では安全保障に関する協議と協力の制度化を決定し，旧ワルシャワ条約機構加盟国との協議機関「北大西洋評議会（NACC）」が創設された。しかし NATO と NACC の関係が明確でなく，中・東欧諸国の NATO 加盟への期待を満足させるものではなかった。そのうえ，ロシアは 93 年秋以降 NATO の東方拡大に強く反対するようになった。

そこでロシアとの妥協点を求め，1994 年 1 月の首脳会議（ブリュッセル）で NATO は，東方拡大方針を表明するとともに，旧東側諸国との協力関係強化を目的に，NATO と中・東欧諸国が個別に協力協定を結ぶ「平和のためのパートナーシップ（PfP: Partnership for Peace）」を採択した。PfP は，ロシアの反発を考慮し，中・東欧諸国の NATO 加盟要請を直ちに受け入れることを避ける

108　第1部　ヨーロッパにおける協力と統合のダイナミズム

OSCE協力のためのパートナー (11)

協力のためのパートナー	協力のための地中海パートナー
韓国　タイ　モンゴル 日本　アフガニスタン	モロッコ　エジプト　アルジェリア ヨルダン　イスラエル　チュニジア

CEオブザーバー (5)
メキシコ　バチカン

CE (46)
EEA (28)　リヒテンシュタイン
EFTA (4)

米国　カナダ

EU (25)
ノルウェー　アイスランド
スイス

エストニア　リトアニア　ラトビア　スロベニア　スロバキア

チェコ　ハンガリー　ポーランド

トルコ○

CIS (12)

WEU準加盟国 (6)

集団安全保障条約締結国

ロシア アルメニア	ベラルーシ カザフスタン キルギス タジキスタン

WEU (10)

フランス☆　イタリア☆
ドイツ☆　ギリシャ☆
ベルギー☆　英国
オランダ☆　スペイン☆
ルクセンブルク☆　ポルトガル☆

グルジア　ウクライナ　モルドバ　アゼルバイジャン

ウズベキスタン　トルクメニスタン

WEUオブザーバー (5)
デンマーク

ブルガリア#　ルーマニア#

NATO (26)

アイルランド☆　スウェーデン
オーストリア☆　フィンランド☆

マケドニア○　アルバニア　クロアチア○

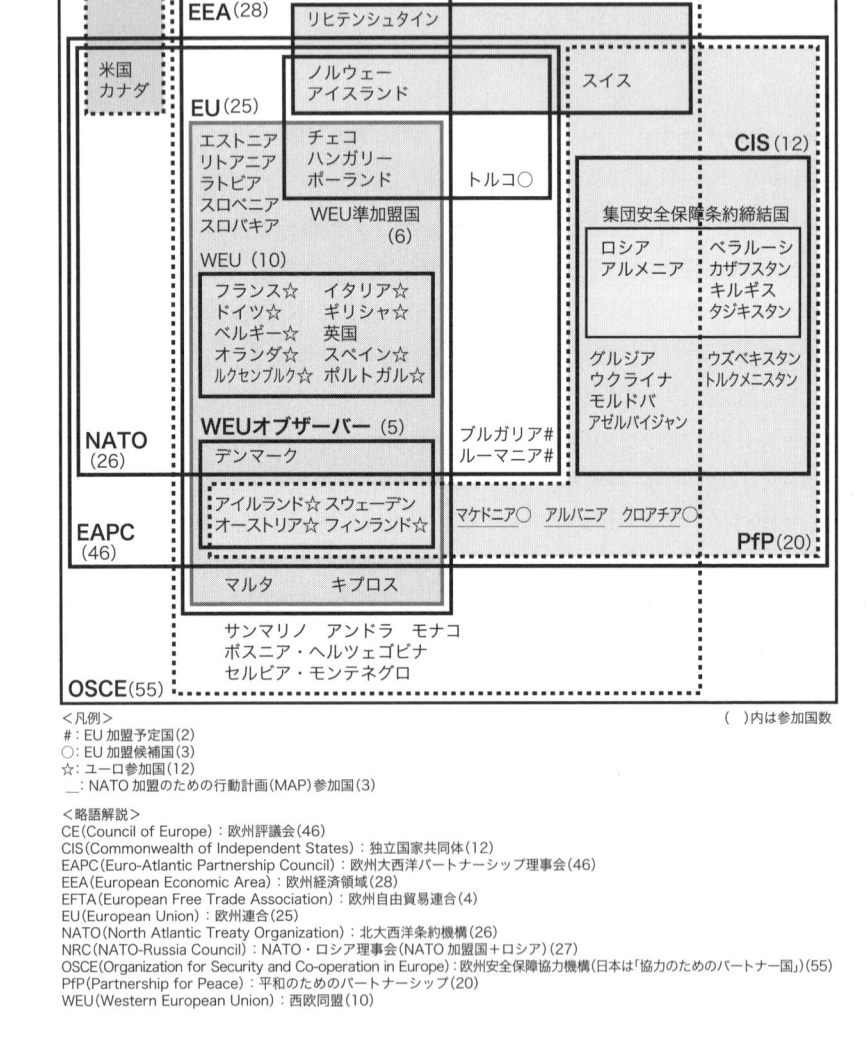

EAPC (46)

マルタ　キプロス

PfP (20)

サンマリノ　アンドラ　モナコ
ボスニア・ヘルツェゴビナ
セルビア・モンテネグロ

OSCE (55)

(　)内は参加国数

<凡例>
#：EU加盟予定国(2)
○：EU加盟候補国(3)
☆：ユーロ参加国(12)
__：NATO加盟のための行動計画(MAP)参加国(3)

<略語解説>
CE(Council of Europe)：欧州評議会(46)
CIS(Commonwealth of Independent States)：独立国家共同体(12)
EAPC(Euro-Atlantic Partnership Council)：欧州大西洋パートナーシップ理事会(46)
EEA(European Economic Area)：欧州経済領域(28)
EFTA(European Free Trade Association)：欧州自由貿易連合(4)
EU(European Union)：欧州連合(25)
NATO(North Atlantic Treaty Organization)：北大西洋条約機構(26)
NRC(NATO-Russia Council)：NATO・ロシア理事会(NATO加盟国＋ロシア)(27)
OSCE(Organization for Security and Co-operation in Europe)：欧州安全保障協力機構(日本は「協力のためのパートナー国」)(55)
PfP(Partnership for Peace)：平和のためのパートナーシップ(20)
WEU(Western European Union)：西欧同盟(10)

出典：『外交青書2006』(外務省，2006年) 92ページ

図3-1　ヨーロッパ地域協力の主な枠組み

一方,その代替案として,NATOと非加盟国が特別の協定を基に情報の交換や共同演習等行うことによって,政治経済情勢の不安定なロシアに隣接する諸国の不安を和らげようとするものであった。94年1〜3月にかけて中・東欧諸国は相次いでPfPに参加,中立政策を取っていたスウェーデンやフィンランドもその国防方針を転換してこれに加わり,さらにロシア自身も94年6月には参加に踏み切り,PfP参加国は27か国に達した。

● NATOとロシアの接近

だがPfPには参加したものの,エリツィン政権はNATO拡大そのものには反対の姿勢を崩さず,中・東欧諸国のNATO加盟に向けての道筋は開けなかった。97年3月の米露首脳会談(ヘルシンキ)でも両国の対立は解けなかったが,東方拡大を受け容れる条件としてロシアが求めていた,NATOとロシアとの協力関係を規定した文書を制定することでは合意が成立。またロシアはアメリカから国際経済機構への加盟支援や対露投資の拡大等の約束を取り付けたほか,97年6月のデンバー・サミットをロシアが参加する「8か国サミット」として開催することも決まった。これを受け協力文書制定に向けた交渉が開始され,97年5月にはエリツィン・クリントン両大統領以下NATO加盟16か国首脳がパリに参集し,「NATOとロシアの相互関係,協力及び安全保障に関する基本文書(Founding Act)」の調印式が行われた。

この文書は21世紀に向けたNATOとロシアの新たな協力関係の基礎と位置づけられるもので,NATOとロシアは互いを敵と見做さない旨うたうとともに,平和で安定した自由なヨーロッパを築くための両者の共同歩調が明記され,ロシアがNATOと可能な限り安全保障の分野で協力することが確認された。また相互信頼関係の基礎として(1)民主主義と複数政党制,人権尊重(2)自由主義経済の維持(3)武力不行使(4)あらゆる国家が安全保障の手段を選ぶ権利の保障(5)防衛軍事政策における透明性(6)紛争の平和的解決の6原則を掲げた。さらに欧州安保協力や安全保障のあり方を協議するため,NATO・ロシア常設合同理事会(PJC)やロシアのNATO常駐代表部の設置等が決定された。この基本文書でNATOは,新規加盟国に核兵器を配備しないことを明記してロシアに配慮を示した。またロシアが固執したNATOの軍事行動に対する拒否権は認めなかったが,常設合同理事会は「可能なら共同行動,共同決定を行う」と規

定し、NATO事務総長とロシアの協議が何時でも開催できるメカニズムが築かれ、ロシアがNATOの政策決定プロセスに一定の発言権を確保することが可能となった(3)。

この結果、ロシアはNATO拡大を事実上容認し、NATO創設50周年にあたる99年3月、チェコ、ポーランド、ハンガリーの3か国がNATOへの正式加盟を果たした(第1次拡大：加盟国数は19か国となる)。続く4月の首脳会議(ワシントン)では、第2陣の加盟希望国としてスロベニアとルーマニアを筆頭に、バルト三国、ブルガリア、スロバキア、最後にマケドニア、アルバニアの名がコミュニケに列挙され、以後同会議で採択された「加盟に向けての行動計画」に基づき、これら諸国との個別交渉が始められた。

● NATO・ロシア理事会の新設

その後、米同時多発テロ事件を契機に米露関係は好転、対テロをキーワードにNATOとロシアの接近も続いた。02年5月の外相理事会(レイキャビク)では、新たにNATOとロシアの合同意思決定機関を創設することが合意され、5月28日、ロシアのプーチン大統領を招いたNATO特別首脳会議(ローマ)で、「新たなNATO・ロシア関係に関する宣言」(ローマ宣言)が署名され、NATOとロシアが対等の立場で協議、意思決定を行う「NATO・ロシア理事会(NRC)」の新設が決定された。新理事会は97年5月発足の常設理事会に代わるもので、(1)対テロ(2)危機管理(3)不拡散(4)軍備管理・信頼醸成措置(5)戦域ミサイル防衛(TMD)(6)海難・災害救助(7)軍事協力・ロシアの軍事改革への支援(8)民間非常事態(9)新たな脅威・課題といった双方の「共通の利益」に関わる9分野が協議の対象事項となり、NATOにロシアを加えた「20か国体制」で各テーマについて協議・決定を行う。その際、ロシアはNATOの19加盟国と同等の発言権を持つが、議事運営は「合意の原則」に基づくものとされている(集団的自衛権の発動や新規加盟国の決定等軍事機構の根幹に関わる分野は、従来通りNATO理事会に委ねられている)。

既設の理事会とは別に新たな理事会を設置したことは、アメリカにとっては、さらなるNATO拡大を控え、その前にロシアをNATOに取り込むことで抵抗をそぐとともに、ミサイル防衛に反対するロシアを宥め、しかも対テロ戦争や核不拡散で協力を取りつけるための見返り措置であった。一方プーチン政権

の側では，NATOの東方拡大がもはや不可避となりつつある以上，ロシア自らがNATOの政策決定に参画するとともに，この問題を梃子に米欧からの経済協力を拡大させた方が得策との判断が働いた。ロシアと地続きの西欧諸国にとっても，ロシアとの安保協力は民族紛争や難民問題解決にとって重要な意義を持っている。こうした関係国それぞれの思惑が，新理事会の設置となったのである。NATO・ロシア関係の好転を背景に，02年11月の首脳会議（プラハ）でバルト三国，スロバキア，スロベニア，ルーマニア，ブルガリアの7か国に対する加盟招請が決定され，04年3月，これら諸国は正式加盟を果たした（第2次拡大）。現在NATOの加盟国数は26に増加し，さらにマケドニア，アルバニア，クロアチアも加盟を希望している。

《新たな脅威への対応》
● 人道的介入と非5条危機（＝領域外危機）対応活動

NATO拡大を決めたのと同じ99年3月，NATOはコソボ情勢に対応すべくユーゴへの空爆を開始した。新ユーゴスラビアのコソボ自治州で内戦が激化し，ユーゴ連邦軍とコソボのセルビア治安部隊がアルバニア系住民の武装組織コソボ解放軍（KLA）と戦うだけでなく，アルバニア系住民全般に虐待，殺戮を行っており，それを阻止するのが目的だった。もっとも，この時のNATO軍の介入は国連安保理の決議や委任無しに行われたため，こうした軍事行動が「人道的介入」という見地から正当化されるか否かという問題を提起することになった。

さらに4月には，ユーゴ空爆が続行されるなか，50周年記念の首脳会議がワシントンで開催され，21世紀に向けたNATOの方向性を示す「99年版戦略概念」が採択された。この新戦略概念は，冷戦終結後の戦略環境（ソ連・WTOの崩壊，ユーゴ紛争に見られる域外活動の重要性，NATOの拡大化等）に適合するため，91年に採択された「新戦略概念」を早くも見直したものである。そこでは「NATOにとっての安全保障上の挑戦とリスク」として，91年の「新戦略概念」にはなかった「改革努力の失敗」や「人権侵害」「国家の解体」「NATO敵対勢力による同盟情報システムの攪乱」等が列挙され，多様な脅威の存在が指摘された。また集団防衛をNATOの基本的任務としつつも，欧州・大西洋

地域における安全保障と安定に寄与するため，域外紛争を対象とした紛争予防，危機管理及び危機対応策に取り組むこと（「非５条危機対応活動」）が新たな任務として明記され，域外対処を重要視するものとなった[4]。

● CJTF 創設，WEU の活性化

もう一つ，NATO が冷戦型集団防衛機構から地域紛争対処型への脱皮をめざす動きの一つに CJTF（Combined Joint Task Force）構想がある。これは平和維持活動等を主任務とする新たな共同統合任務部隊を創設するもので，アメリカが提案し，94 年 1 月の首脳会議（ブラッセル）でその構想が支持され，96 年 6 月の外相会議（ベルリン）で承認された。CJTF と呼ばれる共同統合任務部隊は，欧州 NATO 諸国がヨーロッパの地域紛争へ対処することを目標にしたもので，NATO に加盟する任意の複数国が参加（Combined）し，陸・海・空・軍が統合され（Joint），目的・期限等が明確に設定された形で任務部隊（Task Force）が展開される際に，NATO がその司令部機能，指揮・通信系統，衛星情報，長距離輸送能力等のインフラを必要に応じて貸与・提供するという構想である。CJTF は独自の指揮系統を持ち，NATO 内に常設の司令部が置かれる。部隊はその時々の状況と必要に応じて随時設置され，政治・軍事両部門の専門家で構成する政策調整グループが中心となり具体的な任務や規模が決められる。

ボスニア内戦は米軍の参加がなければ NATO が十分機能しないことを明らかにしたが，引き続き地域紛争増加の危険性が高いにも拘らず，常にアメリカが介入する保障はない。そうなると，ヨーロッパで発生した紛争に対し欧州諸国は拱手傍観せざるを得なくなる。そうした事態を避けるにはヨーロッパが独自の軍事力を保有することが必要となるが，如何に ESDI の認識が高まったとはいえ，所要の軍事力一切を新たに欧州独自で賄うことは不可能なことから，まずは NATO の枠内でこれを追求するのが現実的との認識に立ち，WEU に NATO の各種機能，インフラ等を提供するアプローチが検討された。つまり NATO の枠組みを利用しつつ，アメリカの参加がなくても欧州諸国だけで域内紛争に対処し得る軍事装置を作ろうとしたのが，CJTF である[5]。

CJTF が承認された 96 年のベルリン外相会議のコミュニケでは，CJTF 設置の合意とともに，安全保障と防衛でのヨーロッパの主体性が強調され，CJTF は「NATO と WEU の二重の帽子を被る」（第 7 項）ものとされたが，溯

れば1970年代半ば以降，フランスが中心となって進めてきたWEU再活性化論にCJTFの起源を求めることができる。その後，WEUを活用する方式ではなく欧州連合による独自統合部隊創設の動きが強まり，NATO・EU間の調整が進む一方，NATO内ではCJTF構想はNRFへと発展していく。これは，フランスあるいは欧州主導の統合軍がNATO内部で一人歩きすることを嫌ったアメリカが，テロ対策をいわば名目にCJTFに歯止めをかけたと見ることもできる。

● 国際テロへの対処と人道支援任務

　地域紛争への対処に加え，冷戦後国際社会の脅威として，国際テロと大量破壊兵器の拡散問題が浮上したが，01年9月の同時多発テロ事件に対し，NATOは当該攻撃をアメリカに対する国外からの攻撃と認定し，その創設以来初めて北大西洋条約第5条（NATOの集団防衛条項）を発動するとともに，アメリカからの要請に基づいて8項目の対米支援活動を行った。さらにNATOは，国際テロに対処可能な即応部隊の創設にも乗り出した。02年9月の非公式国防相会議（ワルシャワ）でラムズフェルト米国防長官は，テロ攻撃に備えた即応部隊の新設を提案。これを受け同年11月の首脳会議（プラハ）では，国際テロや大量破壊兵器の拡散をNATOが直面する重大な脅威と捉え，これに対処できる軍事力の強化並びに域外派遣できる「NATO即応部隊」の創設が決定された（プラハ宣言）[6]。NATO即応部隊（NATO Response Force: NRF）は，単一指揮官の下に組織され，地理的制限なく展開可能な陸海空の統合部隊で，規模は約2万人。5〜30日以内に展開でき，敵対環境でも30日間の軍事行動ができる能力をめざし，04年10月までに創設，06年10月までに完全な作戦能力を有する部隊とすることが目標とされた。03年10月，NRFの初期作戦能力部隊（NRF1）が創設され，11月には初の実働演習を実施し，12月には多国籍化学生物放射線核防衛大隊（CBRN）が発足している。

　一方，非5条任務への取り組みを見ると，03年8月，NATOは新生アフガニスタンにおける国際治安支援部隊（ISAF）の総指揮権をドイツ，オランダから継承した[7]。これはNATOが欧州・北米以外の地で行う初めての活動であった。同年11月，NATOは国連のマンデート（安保理決議1510：03年10月）を得て，治安維持の任務をカブール以外の地域に拡大することを決定，その後04年6

月のイスタンブール首脳会合の合意により，ISAFの指揮の下にクンドゥス等5箇所で地域復興チーム（PRT）を立ち上げた[8]。また06年7月，ISAFはアフガニスタン南部6州の指揮権を駐留米軍から引継ぎ，NATOの展開地域はアフガニスタン全土の75％に拡がり，展開兵力は約1万9千人になった。さらに同年10月には，アフガン東部7州の指揮権も米軍から引き継ぐことになり，担当区域はアフガニスタン全土に拡大した。米軍主導の「不朽の自由」作戦に参加している米軍約2万人のうち1万2千人がISAFに繰り入れられ，NATOの展開兵力は3万人となった。

また先のイスタンブール会合では，安保理決議1546の効果的な実施のための支援とイラク暫定政権の治安強化，選挙準備への取り組みへの協力を確認し，イラク暫定政府アラウィ首相から要請のあった治安部隊の訓練への支援を決定した。04年7月のNACでイラク訓練実施ミッションの派遣に合意し，05年6月時点では，約1年間でイラク国内において約千人，国外で約500人の将校を養成することが計画され，この数は増加させる予定である。さらに05年にはパキスタン大地震の際，初の被災民救援活動を行ったほか，スーダンのダルフール地域の紛争鎮化のためにAU加盟国が結成した治安維持部隊の空輸業務を引き受けた。NATOにとって「域外」はいまや東欧に留まらず，中東から中央アジアへと広がりを見せている。

ただ，テロと大量破壊兵器への対処を名分に，NATOの責任範囲が欧州大陸外の中東や中央アジアへと際限なく拡大する危険性に，仏独等欧州諸国が警戒感を強めていることも事実だ。アメリカはその強大な軍事力を背景に，グローバルに反米テロ勢力の根絶をめざしているが，アメリカの軍事力に圧倒されながらも，欧州諸国はアメリカの軍事的従属者になる考えは毛頭ない。欧州統合部隊の創設も，元来は欧州各国がNATO運営のイニシアティブを確保したいとの思惑から考え出されたものである。これに対しアメリカは冷戦後もNATOに圧倒的な影響力を維持し続けたいと考えている。ロシアの参加や加盟国の拡大等NATOの性格が変容を遂げつつある中，21世紀欧州の安全保障枠組みのあり方を巡って，今後も欧米の間には意見の相違や軋轢，それに複雑な駆け引きが続けられるだろう。

2 安全保障機構としての EU

● 安保・外交面での統合深化：緊急対応軍

　冷戦終結とともに、ヨーロッパでは政治安全保障面における統合の機運も高まり、1992年のマーストリヒト条約では、欧州共通外交安全保障政策 (CFSP) の創設が決定されたことは前述した。しかしその後、ボスニア、コソボの民族紛争解決に EU は効果的に対処できなかった。そのため、バルカン紛争の教訓や反省を踏まえ、欧州安全保障協力のあり方に関する議論が EU や欧州各国で活発化した。1998年12月、英国のブレア首相とフランスのシラク大統領はサンマロでの英仏首脳会談において、NATO の集団防衛義務は保持しつつも、欧州のみで独自に軍事行動がとれる能力・機構を EU が保有すべきであるとの共同宣言を発出した (サンマロ宣言)。それまで英国はアメリカとの同盟関係を重視し、欧州独自の防衛力の保有に消極的であったから、この姿勢転換は注目され、これを契機に EU の防衛能力保有論議が加速した。翌99年5月に発効したアムステルダム条約では CFSP が強化され、CFSP の一部として欧州安全保障防衛政策 (European Security and Defense Policy: ESDP) に関する規定が盛り込まれ、6月の首脳会議 (ケルン) では ESDP に関する宣言を発出し、EU が紛争防止、危機管理等の能力を獲得すべきこと (ESDP の作戦は、①人道・救援活動②平和維持活動③危機管理における平和創設を含む戦闘任務が対象となる)、WEU を EU へ取り込むべきこと等がうたわれた。10月にはソラナ元 NATO 事務総長が初代の CFSP 上級代表に就任している。

　さらに99年12月の EU 首脳会議 (ヘルシンキ) で、紛争防止、危機管理等の任務を行う「緊急対応部隊 (Rapid Reaction Force: RRF)」を創設することが合意された (ヘルシンキ・ヘッドラインゴール)。アメリカが関与を望まない地域紛争でも、欧州諸国が主体となって解決できる軍事能力を自ら身に付けようとするもので、03年までに5～6万人規模の兵力を2か月以内に展開可能とし、(1)人道援助・救援(2)平和維持(3)危機管理の任務 (「ペータースブルク任務」) を最低1年間は継続実施できる能力の保持が目標とされ、活動範囲はヨーロッパ及びその周辺で最大4000キロの緊急移動が想定された。また非軍事的危機管理のメカニズムも整備するものとされ、翌年6月の首脳会議 (フェイラ) では、EU・NATO 間の調整を進めるため EU と NATO に作業部会を設置すること、

03年までに紛争防止，危機管理に対応できる5千人規模の文民警察部隊を設置すること，30日以内に千人の警察官を派遣できるように加盟国が必要な措置を採ることが合意された。11月の能力誓約会議（国防相会議）では，緊急対応部隊への各国の軍事力拠出（コミット）について話し合われ，EU各国が持ち寄った「提供可能な兵力と装備」の合計は，兵員約7万5千人，航空機400機，艦船約100隻等とされた。組織の整備も進み，12月の首脳会議（ニース）では「政治安全保障委員会（PSC）」，「軍事委員会（EUMC）」，「幕僚部」の3委員会の発足が承認された。PSCはEUの外交安保，防衛政策を協議し，EU理事会に勧告することを任務とする。このPSCに軍事的観点から助言を行うのが各国参謀長級で構成されるEUMCで，EUMCに具体的な軍事オプションを提示するのが幕僚部（EUMS）の任務である。

02年12月，EUとNATOの合同会議が開かれ，緊急対応部隊とNATOの協力関係について基本合意が成立，03年3月から12月にかけて，マケドニアでのNATOの治安維持活動（アライドハーモニー作戦）を引継ぐ格好で，新設されたRRF（規模350名）がEU・OSCEの非武装停戦監視団の防護と現地の治安維持任務を担当した（コンコルディア作戦）。これがRRFの初の派遣，そしてEUとして最初の軍事作戦となり，以後EUはコンゴやボスニア等にRRFや警察部隊を派遣している[9]。その後04年6月の首脳会議（ブラッセル）では，ヘルシンキ・ヘッドラインゴールが見直され，テロ対策を重視した「ヘッドラインゴール2010」が採択された。これは民族紛争から国際テロへの対象脅威の変化に対応すべく，即応性と機動展開能力を高め，小回りの効くコンパクトな運用が可能となる戦闘部隊の編成をめざすものである[10]。そして同年11月の外相・国防相合同会議（ブラッセル）では，緊急介入のための1500人規模の「EU戦闘部隊（バトルグループ）」創設で合意した。当初は提唱した英仏独三国を中心とする数か国程度の参加と見られていたが，加盟25か国中20か国が参加することになった。05年中に英仏伊がそれぞれ一部隊を創設し初期作戦能力を持たせ，07年までに30日間の作戦能力を持ち2方面作戦を対処できる完全作戦能力の保有をめざしている。

もっとも，EUには本格的な軍事作戦を独自に展開する能力は未だ備わっておらず，マケドニア派遣の際もNATOの装備や能力を利用せざるを得なかっ

た[11]。EU加盟国の中で物資や兵員を現地に輸送する長距離輸送機等機動展開力を持つ国の数は限られており，指揮・統制・通信面の整備も不十分だ。そのためEUが独自の部隊を運用するに際しては，当面ソフト・ハードの両面でもNATOに依存する状況が続くことになろう。またEUが整備を進める軍事機能とNATOがどのような関係に立つのか，立つべきかという本質論でも関係国の意見が分かれている。EU部隊により自律的な性格を持たせたいと考えるフランスに対し，今後とも欧州における安全保障の土台はあくまでNATOであり，NATOとの一体性を確保しておくべきだというのが英米の立場である。こうした思惑の相違に加え，RRFと類似した即応部隊（NRF）の整備をNATOも進めており，両者の機能重複をどう処理するかという問題もある。欧州安全保障の主導権争いが絡むため，EUの独自部隊整備にはなお多くの調整課題が残されている。

● 欧州安全保障戦略の策定：ソラナペーパー

　安全保障をめぐる米欧の認識のズレはイラク問題でも表面化し，大量破壊兵器開発疑惑が払拭できぬ以上イラクへの軍事攻撃もやむ無しとするアメリカと，あくまで交渉による問題解決を主張する独仏等西欧諸国との間には亀裂が深まった。それに伴いESDP強化の必要性がEU内部で強く認識されるようになった。こうした事態を踏まえ，EUの包括的な安全保障政策を明らかにするべく，ソラナCFSP上級代表は「より良い世界における安全な欧州（A Secure Europe in a Better World）」と題する報告書（ソラナペーパー）を発表した。これはEUとして初の安全保障政策の方針であり，03年12月の首脳会議（ブラッセル）で正式に採択された[12]。

　ソラナペーパーは，今日EUが直面する脅威として(1)テロ(2)大量破壊兵器の拡散(3)地域紛争(4)破綻国家(5)国際組織犯罪の五つを特定する。次いで米欧関係の重要性を認識した上で，中・長期的視野の安全保障戦略として，「軍事力に限らない包括的な手段を用いた予防的関与（preventive engagement）」の重要性を強調する。そしてEUの戦略目標として，「脅威への取り組み」「近隣地域における安全保障の建設」（欧州の民主主義や繁栄をEU国境外の国々に拡大）及び「効果的な多国間主義に基づく国際秩序」（法の支配の確立とその実現のための国連等国際機関との連携強化）の三つの柱を掲げている。こうした戦略目標を追求する上

で、EUはより行動的で、さらなる一貫性と能力を備える必要がある旨表明している。また国際機関やパートナー国との協力の重要性を指摘し、特に対米関係やロシアとの対話の継続の重要性を明記、そのほか戦略的パートナーシップを構築すべき相手として、日本、中国、カナダ及びインドを挙げている。

このほかの動きとしては、03年11月のESDPに関する国防相会合で、欧州防衛庁(European Defence Agency: EDA)の創設が合意され、04年6月に発足した。欧州防衛庁はEU各国に必要な欧州防衛能力の改善努力を支援する組織で、具体的には(1)危機管理分野における防衛能力の開発(2)欧州防衛協力の促進・強化(共同武装解除・危機管理における戦闘部隊任務「修正ペータースブルク任務」)(3)欧州防衛産業帯技術基盤の強化を目的とした政策の策定・実行(4)将来の防衛安全保障能力に関する要求に応えるための研究促進等を任務とする。04年9月の非公式国防相会合に併せて欧州防衛庁の第1回理事会が開催され、各国の武器仕様の統一や調達システムの調整等が話し合われた。もう一つは、欧州憲法条約に安保防衛関係の規定が盛り込まれたことだ。欧州憲法条約は批准のめどが立っていないが、同条約ではESDPを明記したほか、EU加盟国の領土が軍事的侵略を受けた場合、他の加盟国は国連憲章第51条に従い、あらゆる手段で援助する義務を負うことが定められている(I-40-7)。この相互防衛条項は、NATO加盟国にとってはNATOが集団防衛の基礎であり実施の場であり続けるとし、NATOコミットメントとの整合性に配慮したものとなっている。また単一通貨ユーロと同様、一定の条件を満たす一部加盟国が先行してEU全体の軍事能力向上の施策を進めることができる旨定められている(I-40-6)。これは「構造化された協力(Permanent Structured Cooperation)」と呼ばれている。

3 OSCE

●デタントが生み出した東西対話機構：CSCE

冷戦時代、東西欧州に安全保障協議の場を設けるという構想は幾度か浮上したが、これに熱心だったのはソ連であった。特に中ソ対立が激化するとソ連は欧州正面の安定化を一層強く望むようになり、ダマンスキー島事件直後の69年3月、ワルシャワ条約機構は全欧州諸国に向けた声明を発し、欧州現存国境の不可侵、二つのドイツの承認等を訴え、安全保障と平和共存実現のための全

欧州会議開催を提唱した。70年代に入りデタントの潮流を背景に東西協議の機運が高まったが、戦後欧州国境の追認を迫るソ連に対し、西側は東西軍事バランスの不均衡是正が先行すべきだと主張した。結局、兵力削減交渉 (MBFR: 中欧相互均衡兵力削減交渉) と全欧州会議の同時開催で決着し、1972年11月、フィンランドのヘルシンキで全欧安保協力会議 (CSCE: Conference on Security and Cooperation in Europe) の予備会議が開始された[13]。そして3年にわたる協議の後、1975年7月、ヘルシンキに35か国首脳が集い、東西欧州間の緊張緩和と相互の安全保障のための協力関係樹立をめざす全欧安保協力会議の首脳会議が開かれた。8月には国境不可侵や領土保全、紛争の平和的解決、内政不干渉等10原則を打ち出すとともに、軍事演習や軍隊の移動の事前通告、軍事演習への外国からのオブザーバー招聘等の信頼醸成措置を講じることを訴えた「ヘルシンキ宣言」が署名され、欧州デタントの成果と称賞された。その後、ヘルシンキ宣言の履行状況を検討するためのフォローアップ会議が、ベオグラード (1977〜8年)、マドリッド (80〜83年)、ウィーン (86〜89年) と実施された。その間、「欧州軍縮会議 (CDE)」や「欧州通常戦力 (CFE)」交渉、「信頼安全醸成措置 (CSBM)」交渉等が行われている。

● 冷戦の終焉と信頼醸成の促進

やがて東欧革命やドイツ統一を経てソ連の崩壊で冷戦構造は終焉を迎えるが、1990年11月の首脳会議 (パリ) では、ヨーロッパの対立と分断の終結、民主主義の構築・強化、不戦、市場経済に基づく経済協力等をうたった「パリ憲章 (パリ宣言)」が採択された。パリ憲章では、(1)ヨーロッパの東西対立と分断の終焉(2)唯一の政治システムとしての民主主義の強化(3)武力行使・威嚇の自制、(4)22か国不戦宣言 (不戦条約) 及びCFE条約の調印、ドイツ統一の歓迎(5)CSCEの機構整備として、CSCE事務局 (プラハ)、紛争防止センター (ウィーン)、自由選挙事務所 (ワルシャワ) の常設等も定められた[14]。また信頼醸成措置を強化した「ウィーン文書90」が承認された。92年1月の第2回外相理事会 (プラハ) では、前年に加盟を果たしたバルト三国に続き、グルジアを除くCIS 10か国の加盟が承認されたほか (加盟国数は48)、創設以来の全会一致原則を改め、人権、民主主義、法の支配等の侵害に関する政策決定では当事国の拒否権を認めず、その国を抜きにして制裁措置等を決定できる「全会一致マイナス1」の決

議方法を採用すること等が決定された。同年3～7月の第4回再検討会議(ヘルシンキ)では,「ウィーン文書90」を強化した「ウィーン文書92」が採択されている(15)。

さらに92年7月の首脳会議(ヘルシンキ)では,冷戦後の状況に対応するため「ヘルシンキ文書92」が採択され,紛争の防止,解決を今後のCSCEの主要任務とする方向が示された。同文書では多発する民族紛争への懸念と攻撃的な民族主義に対する危機感が表明され,CSCEを国連憲章第8章に基づく地域的取り決め(地域的安全保障機構)と規定し,国連の委任を受けて地域紛争処理の任にあたるとの立場を明確化させたほか,平和維持機能を備えた機構への改編も記された。さらに民族紛争の早期解決のための「少数民族高等弁務官」や,軍備管理・安全保障のための交渉の場として「安全保障協力フォーラム(FSC)」の新設,CSCE紛争防止センターの強化等も定められた。このうちFCSは,従来のCFEおよびCSBM交渉を引継ぎ,主に欧州における包括的な軍備管理・軍縮等の新たな交渉の場として設けられたが,信頼・安全醸成措置もその任務とされ,包括的軍事情報交換システムの確立,防衛計画に関する情報交換システムの確立に関する協議等が行われている。

● CSCEからOSCEへ

冷戦終焉後,信頼醸成や軍備管理,軍縮で成果をあげたCSCEだが,ボスニア,コソボ問題等の解決を通して,現に発生した武力紛争の平和的解決を実現するうえで,紛争予防のためのメカニズムであるCSCEに大きな限界が存在することが露呈し,NATOの実行力がその下支えとして必要不可欠であるとの認識が強まった。そもそもCSCEは集団的な安全保障のための装置ではなく,相互信頼の醸成を促進する組織に過ぎない。また加盟国の数が多いため,緊急な対応が要求される国際的な危機が発生した場合等十分な役割を迅速に果たせないという欠点も抱えている。そこでこうした問題点や限界を克服するため,1994年12月の首脳会談(ブダペスト)では,自らを欧州域内の地域紛争解決の第一義的機関とし,紛争の予防・解決機能の強化を図るため,95年1月をもってそれまでの「会議(Conference)」から「機構(Organization)」に改め,欧州安保協力機構(OSCE: Organization for Security and Cooperation in Europe)へと発展的に解消することが決められた。冷戦下のCSCEが両陣営を包含し,東

西対話の場を提供して緊張緩和に貢献するものであったのに対し，OSCE は軍事，経済，人権等包括的な分野から紛争を予防し，あるいは紛争終結後，秩序と平和の再建を果たすことに目的がある。NATO や EU が主導する欧州統合軍が，人道的介入や平和維持軍等現に生起した地域紛争を処理するための軍事メカニズムとしての役割を担うのに対し，欧州全体の安全保障に関わる問題を共同で討議・検討する場を提供，その過程で各国の利害を調整し，信頼醸成措置の充実により紛争の未然防止（予防外交）を図り，さらに平和構築に貢献することが OSCE の存立意義である(16)。またこの会議では，国内紛争に対しての軍や治安機関の「安全保障の軍事・政治的な側面に関する行動規範」（加盟国に軍事力の使い方を規定し，従来の内政不干渉の原則を変えて国内問題に踏み込むとともに，人権や基本的自由の遵守をうたう），信頼醸成機能の強化（軍事情報の把握と交換を，加盟国全域・海外派遣軍にも拡大し，陸空軍だけでなく海軍関係も加える），FSC の任務拡大等も合意された（「ブタペスト文書」）(17)。

そしてデイトン合意に基づき成立したボスニア包括和平協定に基づき，選挙の実施，監視や人権擁護の任務を新たに担当することになり，96 年 9 月には OSCE の管理下でボスニアの統一選挙が実施された。97 年 2 月末のアルバニア騒乱の際には，国連安保理の決議がなされることを条件に，多国籍防護部隊（MPF）派遣の決議を行っている。また 95 年にはフランスの提唱に基づき，少数民族保護と国境紛争の予防をめざす「欧州安定化条約」が成立，99 年 11 月の首脳会議では「欧州安全保障憲章」が採択され，国家間紛争のみならず国内紛争が OSCE 加盟国の脅威となり得るとの認識が示され，平和維持や紛争予防に関する役割の強化が打ち出されている。この間信頼醸成面では，94 年 11 月の FSC で，CFE 条約に基づく情報交換制度を補完するため「包括的軍事情報交換制度」が採択され，加盟国が自国領土内外に配備する主要な通常兵器及び兵員に関する情報交換が定期的に行われることになった。また「ウィーン文書 92」の内容を発展させた「ウィーン文書 94」や「ウィーン文書 99」も採択されている。

さらに 01 年 9 月の米同時多発テロ事件を受け，OSCE は事件発生直後に非難決議を採択したほか，アメリカ主導の対テロ行動への支持を明確にした。01 年 12 月のブカレスト外相理事会では，OSCE としての具体的な行動指針につ

いて言及した「テロ対策に関する決定及び行動計画」を採択，さらに「テロ対策に関するOSCE憲章」(02年12月，ポルト外相理事会)を採択する等テロ対策にも積極的に取り組んでいる。冷戦後の安全保障環境の中で，55か国と欧州最大の加盟国を持つ安全保障機構として，またコンセンサスによる意思決定の尊重という特色を活し，政治・軍事，経済・環境，人道等幅広い分野からのアプローチによって，OSCEが加盟国相互の信頼醸成向上とテロ等新たな脅威に如何に効果的な対応を打ち出せるか，また国連やEU，NATO等他の機関とどのような関係を築いていくかが注目される。

ヨーロッパの安全保障機構としては，このほかに西欧同盟（WEU）がある。WEUはソ連の軍事脅威への対処を目的に1948年，英仏ベネルクス三国の5か国によって発足した集団防衛機構（ブラッセル条約機構）をその起源とし，55年には西独，イタリアを加えた西欧7か国をメンバーとする西欧同盟になった。その後，WEUはNATOの影に隠れ，目立った動きは少なかった。冷戦終結後，EUが安全保障政策で主導権を発揮するようになり，CFSP，特に欧州安全保障防衛政策（ESDP）の進展を受け，2000年11月にマルセイユで開かれたWEU閣僚理事会において，人道支援や平和維持，危機管理等に関するWEUの任務（ペータースブルク任務）は，以後EUに移管することとされた（「マルセイユ宣言」）。これにより，WEUはブラッセル条約第5条に定める集団防衛の任務のみを担当することとされ（残存機構はブラッセルに所在），ヨーロッパにおける危機管理の主体としては消滅，その役割はEU自身が担うこととなった。

■注　釈

(1) この結果，NATO軍は①危機に迅速に対応するための小規模かつ即応性の高い即時対応部隊（IRF）②高い即応性を有し，IRFより大きな戦闘力をもつ緊急対応部隊（RRF）③従来の駐独部隊に相当する主力防衛部隊④有事に欧州大陸外（米・英等）から来援する増援部隊，に再編されることになった。

(2) 旧ユーゴ紛争におけるNATO軍の作戦参加は，92年7月16日に始まったアドリア海における国連禁輸措置監視のための船舶臨検検査がその最初で，93年6月のアテネでのNATO外相理事会は，条約域外に対する欧州平和維持軍としてのNATO軍派遣を正式に決定し，NATO軍機による近接航空支援を承認，同8月の理事会はボスニア・セルビア軍空爆を許可，そして94年4月には遂にボスニア空爆が開始された。ユーゴ紛争におけるNATO軍関与の経緯については拙著『紛争解決と国連・国際法』（晃洋書

房，1996年）第9章参照。なおドイツは92年夏以降，NATO軍の一部として，禁輸措置監視のためのアドリア海海軍派遣（92年7月），ボスニア上空軍用機飛行禁止査察参加（93年4月），第2次国連ソマリア活動参加（UNSOM-II）（93年5月），IFOR/SFOR（95年〜）と域外派遣を進めていたが，国内では派遣決定をめぐり憲法訴訟が繰り返された。そしてドイツ連邦憲法裁判所は94年7月12日，ドイツ軍のNATO域外派遣については連邦議会決議を条件に合憲の判決を下した。

(3) もっとも，常設合同理事会の現実の運営に関しては，NATO加盟国により決定済みの事項をロシアに通知するだけというのが実態であった。1999年のNATOによるコソボ空爆に関し，ロシア側は事前の相談を受けず，同年6月，治安維持部隊参加のロシア軍がNATO軍の意表をついてプリシュティナ空港を占拠する事件を受け，双方の不信が募り，その後は形骸化していった。『朝日新聞』2002年5月29日。

(4) ボスニア紛争では，95年11月のデイトン合意成立後，和平合意の軍事面履行促進の任務を国連から委ねられたNATOは，多国籍軍IFOR（総兵力6万人）を率いて停戦遵守や兵力の撤退・引き離し，武装・動員解除等の任務にあたった。コソボ紛争では，99年6月にセルビアの和平案受諾を受け，安保理決議1244に基づき編成された国際安全保障部隊（KFOR）（総兵力約3万人）の指揮を執り，KLAの武装解除や人道支援等の任務を遂行した。また01年にはマケドニアにおける停戦監視等にもNATOは部隊を拠出している。

(5) 90年の湾岸危機が，欧州NATO諸国に自らが指揮する欧州軍の創設やWEU強化への関心を蘇らせる契機となったことは，アクセル・クラウス『ニューヨーロッパ誕生』喜多元子他訳（日本放送出版協会，1992年）415ページ以下。当初フランスは欧州独自の防衛力をNATOの枠外で構築しようと企図したが，湾岸戦争やユーゴ紛争の処理を通して，依然欧州の安全保障は米軍に相当程度を依存せざるを得ない現実に直面し，やがてその姿勢をNATO寄りに修正し，NATO内でのESDI構築に方針を転じる。村田良平編『EU-21世紀の政治課題』（勁草書房，1999年）第4章参照。

(6) 02年11月のプラハでの首脳会議ではNRFの創設以外に，(1)「対テロ防衛に関するNATO軍事概念」の導入（情報の共有，危機対応措置の改善等）(2)軍事能力の向上と近代化を目的とする「プラハ軍事能力コミットメント（PCC）」の採択(3)コマンドストラクチャーを含む機構の改編等が決定された。PCCでは，戦略的航空輸送能力・空中給油能力の強化，NBC兵器に対する防御装備の調達加速，精密誘導兵器の増加，展開可能な戦闘支援能力向上及び後方支援部隊に関する能力強化等をめざすことが合意されている。機構の改編では，これまでの欧州連合軍及び大西洋連合軍の2個作戦戦略軍を，欧州連合軍最高司令官（SACEUR）の指揮の下に単一の作戦連合軍に統合することとされた。

(7) 国際治安支援部隊（ISAF）は01年12月，安保理決議1386の採択を受け，カブール及びその周辺地域の治安維持を目的に設立された。主に治安維持活動を通じてアフガン政府の復興作業を支援するほか，アフガン国軍の育成等も担当する。任期は6か月で，02年5月にさらに6か月の任期延長がなされ，その後も延長が繰り返されている。当初ISAFには22か国の部隊，合計約4500人が参加，主導国（指揮国）は英国⇒トルコ

⇨ドイツ，オランダと変化したが，負担が大きいため03年8月からNATOが指揮権を取ることになった。展開地域も順次拡大され，06年10月からはアフガン東部の指揮権を米軍から継承することになり，展開から約5年でアフガニスタン全土がその指揮下に入ることになった。

(8) 04年6月のイスタンブール首脳会議では，「有用」かつ「展開可能」な軍事能力向上に向けた変革の促進で合意がなされ，各国陸軍の40％は海外展開が可能なように準備されること，8％はNATOが常に使用可能な状態にするという数値目標が設定された。

(9) これまでにEUが実施した安全保障上の活動実績は以下の通り。

［警察部隊の派遣］

①ボスニア・ヘルツェゴビナ「欧州連合警察ミッション（EUPM）」……03年1月1日，EU警察ミッション（規模約900名）がボスニア・ヘルツェゴビナにおける警察力の向上と持続化を目的に，同国における国連国際警察タスクフォース（IPTF）を引き継いで活動を開始した。最初の非軍事的危機管理作戦。

②マケドニア「プロクシマ」……03年12月15日，効率的かつ専門的な警察行政の発展を支援し，当該分野におけるOSCEの任務を補完するミッションが開始された。

③グルジア「欧州連合法の支配ミッション」……04年7月16日開始。グルジア政府の刑事司法システムの改革等の緊急課題への取り組みを支援する。

［緊急対応部隊］

①マケドニア「コンコルディア作戦」……EU初の軍事的危機管理作戦で，03年3月に開始，12月に終了。非武装停戦監視団の防護と治安維持。EU13か国から約300人が参加。

②コンゴ「アルテミス作戦」……03年6月開始し，9月に終了。国連のマンデートの下，フランス中心の部隊約1500人を展開した。コンゴ情勢安定化と人道状況の改善。EUが欧州域外に展開し，かつNATOの能力を使用しない初のミッションとなった。

③ボスニア・ヘルツェゴビナ「アルテア作戦」……02年12月のコペンハーゲン欧州理事会で国連の要請によりNATO主導でボスニア・ヘルツェゴビナで展開中の安定化部隊（SFOR）を引き継ぐ意思を表明し，04年7月対外関係理事会は引継ぎを決定し，12月から7000人のEU部隊が治安監視や戦犯捜索等の任務についた。

(10) 大隊規模の戦闘部隊と，戦闘支援（工兵，通信等）・戦務支援（輸送，医療等）部隊を束ねた約1500人程度の合同統合部隊（「戦闘群」）を編成し，10日以内に展開可能で，30日間は地域を確保，また大規模な平和維持部隊が到着するまで最大3か月までの確保延長も可能であることが目標とされた。2010年までに13個群の創設が予定されている。広瀬佳一「欧州安全保障・防衛政策の可能性」日本国際政治学会編『国際政治142　新しいヨーロッパ　拡大EUの諸相』（有斐閣，2005年）50ページ。

(11) NATOとして関与しない紛争については，NATOの能力（作戦，情報等）やアセット（装備，兵器，インフラ等）をEUが利用しながら独自の作戦を行える旨の取り決めが，96年6月のベルリンNATO理事会で承認され，99年4月にワシントンでのNATO理事会で「ベルリンプラス」として定式化され，03年3月にNATOとEUのパッケージ

合意として最終的に承認された。広瀬，前掲書，51ページ。
(12) ソラナペーパーは，www.consiliumeuropa.eu/uedocs/cmsUpload/78367.pdf.
(13) CSCE予備協議開始に至る経緯は，吉川元『ヨーロッパ安全保障協力会議（CSCE）』（三嶺書房，1994年）第1章参照。
(14) 全欧安保協力機構（CSCE）の概要は以下の通り。
　＊首脳会議・再検討会議：首脳会議は2年に1回，再検討会議は首脳会議のためにその都度ウィーンで開催。再検討会議の際には，各国議会の代表からなる議院会議も開催される。
　＊閣僚理事会：年1回の外相会議。首脳会議の準備と決定の実行。原則として，議長国で開催。
　＊高級理事会・常設理事会：高級理事会はプラハで3か月に1回，常設理事会はウィーンで開催。
　＊下部機関：事務総長の下に，事務局（プラハ），安全保障フォーラム（ウィーン），紛争防止センター（ウィーン），自由選挙事務所（ワルシャワ），少数民族高等弁務官（ハーグ）の五つの機関がある。これと並列に調停仲裁委員会（ジュネーブ）がある。
(15) ウィーン文書92の内容は，百瀬宏・植田隆子編『欧州安全保障協力会議1975-92』（日本国際問題研究所，1992年）21～41，293～300ページ。なおCSCEの展開過程は，John Van Oudenaren, *Detentein Europe* (Durham, Duke Univ. Press, 1991), pp.319ff.
(16) OSCEの特徴は，軍事的な側面からの安全保障のみならず，経済から人権に至るまで包括的な分野を対象として，コンセンサス・ルール，予防外交（紛争当事者に対する早期警告，事実調査等），非強制的手段（第三国により構成されるミッションの派遣，紛争に対する加盟国の共通の意思表明等）を基本とした活動を行っている点にある。
(17) 渡邊啓貴編『ヨーロッパ国際関係史』（有斐閣，2002年）266～7ページ。

第 2 部　東アジア・太平洋における地域協力

欧州統合は，主権国家の制度を最初に生み出した欧州諸国が，自らの発案物である主権国家の枠組みと制約を越えて新たな広域共同体の構築をめざす試みである。だが，第1部で見たように，それは欧州世界において戦後唐突に生まれ出たものでは必ずしもなく，むしろ欧州再発見の営みと捉えることもできる。ヨーロッパには地理的，文化的，精神的，さらに宗教的な一体性があり，それを基盤としての"統合ヨーロッパの実現"という雄大な理想は，千年以上の歴史を持っているからだ。つまり，欧州諸国民は程度の差はあれ一様に自分たち相互の深い絆を自覚しており，主権国家という近世に編み出された政治システムによって領域的な仕切りは設けられているものの，その意識の根底には，統一に目を向けての一体感，連帯感の確保，欲求が地下水脈の如くとうとうと流れているのである。

　これに対し，アジアでの政治統合，政治協力の現状はどのようなものであろうか。E・サイードのオリエンタリズム論を引くまでもなく，元来，「アジア」とは外から与えられた地域コンセプトであり，内発的なものではない[1]。しかも統合先進地域のヨーロッパとは違い，アジア・太平洋地域にはヨーロッパに存在するような一体感は見出せない。アジアは民族，文化，宗教的に極めて多様な地域であり，経済発展の段階や政治環境，社会の成熟度も国によって大きく異なっている。またヨーロッパにおける地域協力や多国間協力が制度や機構整備を軸とするのに対し，アジアでは「緩やかな協議体」を志向する点でも相違がある。それゆえ，欧州統合と同一のレベル，視点からアジアでの地域協力・統合を論じることには大きな無理が伴う。だが，そうした異環境のアジアで，冷戦後，地域協力の動きが芽吹いていることもまた事実である。第2部では，東アジア・太平洋の政治情勢と地域協力の動向について眺めてみたい。

第4章　アジア・太平洋地域協力のダイナミズム

1　アジア地域協力の先駆け：東南アジア諸国連合（ASEAN）
《ASEAN結成への途》
●前身としてのASA

ヨーロッパにおけるEECの成立（1959年1月），インドシナ情勢の悪化，シンガポール左翼化の危険等の国際環境を背景に，マレーシアのラーマン首相が地域機構設立のイニシアチブをとり，1960年1月フィリピン，インドネシア，南ベトナム，ラオス，カンボディア，タイ，ビルマの7か国に東南アジア首脳会議開催を呼びかけた。これに応じたタイ，フィリピンとマレーシアの3国によって61年7月バンコク宣言が採択され，東南アジア連合（ASA）が発足した。ASAは経済協力機構として設立され，政治的な目的や意図を表面化させることはなかった。しかし，実際には共産主義の拡大阻止という反共的意図が含まれていたことは否定できない。61年の発足後，ASAは62, 63年と外相会議を開催したが，マレーシア連邦発足（63年9月）に伴い，マレーシアとフィリピン，インドネシアの関係が悪化したため，実質的な活動は行われなくなった。

●ASEANの結成

その後，ベトナム戦争や中国における文化大革命の進展に加え，東南アジアでもインドネシアにおける9・30事件（65年9月）とそれに続くインドネシアとマレーシア，フィリピンの対立解消（66年6月）という政治環境の変化を背景に，1966年8月，3年ぶりで第3回ASA外相会議が開催された。そしてスカルノ時代の親共からスハルトによる反共へと政策転換を図ったインドネシアをメンバーに加える機運が高まったことを踏まえ，インドネシアのマリクイ外相が新たな地域協力機構の発足について各国との調整を進めた。1967年8月，バンコクに参集したタイ，マレーシア，シンガポール，インドネシア，フィリピン5か国外相が共同声明の形で東南アジア諸国連合（ASAEN: Association of

South-East Asian Nations)の創立を宣言（バンコク宣言），同月下旬の第4回ASA外相会議において，ASAはその任務をASEANに譲り，発展的に解消することが決議された。

　誕生したASEANも，当初は北ベトナムや中国を刺激しないよう反共・政治色を薄め，域内各国の経済協力の推進に主眼が置かれた。各加盟国の安全保障や脅威認識にも一体感や連帯感は乏しかった。また発足直後の68年3月以降，フィリピンとマレーシアの間でサバ領有問題が再燃し両国が事実上国交断絶の状態に陥ったため，69年12月に関係が正常化するまでASEANの地域機構としての機能も麻痺状態が続いた。キリスト教文明圏としての共通基盤を持つEUとは異なり，多様なメンバーから構成されるASEANの場合は，その多様性を尊重して全会一致と内政不干渉を原則とし，対話と協議を重視し，時間をかけながら合意点を探る手法が重視されることになる（ASEAN方式）。

《デタント時代のASEAN》

● ZOPFAN

　その後，英国がスエズ以東からの英軍撤退を発表（67年7月），ニクソン米大統領が防衛に関しアジア域内諸国の自助努力を求めるグアムドクトリンを打ち出す（69年7月）等英米両国のアジア離れが進んだ。さらに71年の米中和解によって中ソ両共産国対アメリカという対立の図式が崩れた。加えてソ連が中国との戦争回避や戦後アジアの現状固定，それに自らの影響力拡大を狙いにアジア集団安全保障構想を打ち出す（1969年6月）等60年代末から70年代初頭にかけて，世界のパワーバランスがそれまでの東西二極から米中ソの三極構造へとシフトし始める。かかる国際情勢の変化に反応し，マレーシアのラザク首相は70年9月に「米中ソ三大国の保障による東南アジア全域の中立化」構想を提唱する等ASEAN各国で中立主義の動きが生まれた。

　そして1971年11月の第1回特別外相会議では，「平和・自由・中立に関する宣言（クアラルンプール宣言）」として，「東南アジア平和・自由・中立地帯（ZOPFAN: Zone of Peace, Freedom, and Neutrality）」構想が発表された。これは加盟5か国が「東南アジアが平和，自由，中立の地帯として，如何なる形または方法であれ外部勢力の干渉から自由であるとの認識及びその尊重を保障するた

め，必要な努力を率先して遂行」することをうたう中立地帯宣言で，この地域が域外大国の草刈り場とならぬよう強靱性 (resilience) の構築に取り組む（政治的な）決意表明として注目を集めた。もっとも中立とはいっても非同盟中立を意味するわけではなく，元々親西側の ASEAN 諸国が協力して対外中立，国内反共の立場から安定した地域勢力をめざすもので，それはアメリカはじめ西側諸国の歓迎するところであった。72 年 4 月の ASEAN 外相会議では，この中立化を内部から築き上げる第一歩として，政治的連帯性の強化が打ち出された。

そしてベトナム和平の実現 (73 年 1 月) を受け，同年 2 月の外相会議で ASEAN は，ベトナム停戦後の東南アジア安定策について討議した。その結果，71 年 11 月の中立化宣言を再確認するとともに，ASEAN に全ての東南アジア諸国を含めるよう適当な時期に拡大することが望ましいこと，インドシナの再建と復興に ASEAN も参加する用意があること等が合意された。またデタントの進展を踏まえ，加盟各国が共産圏との外交関係構築に動き，対米一辺倒の外交姿勢にも変化が生まれた。72 年 3 月にはイメルダ・マルコス大統領夫人が訪ソし，同年 11 月にはマレーシア政府代表団が訪中，これが契機となりマレーシア (74 年 5 月)，タイ (75 年 7 月)，フィリピン (75 年 6 月) が相次いで中国との国交を樹立した。ASEAN 諸国と中国の関係改善が図られる一方，インドシナでは米中接近，中ソ対立の構図から，ベトナムのソ連接近が進むことになる。

《新冷戦と ASEAN》
● インドシナ共産化

1975 年春の北ベトナムによるベトナム統一やインドシナ共産化 (4 月 17 日プノンペン陥落，4 月 30 日サイゴン陥落，5 月 10 日ラオスにおけるパテト・ラオの指導権確立) を受け，新たな政治情勢への対応策を模索すべく，1976 年 2 月インドネシアのバリ島で開かれた ASEAN 第 1 回首脳会議で，「ASEAN 協和宣言 (バリ宣言)」が発表され，併せて東南アジア友好協力条約 (TAC: Treaty of Amity and Cooperation in Southeast Asia) が締結された。TAC では，域内各国の一層の連携と地域紛争の平和的解決がうたわれた。またバリ宣言では政治，経済，安全

保障等各分野で実行すべき行動計画を採択し,政治面における行動計画として,中立化のための具体的施策の検討や政治協力を強化するための ASEAN 組織の改善等が示された。そしてこの年にはジャカルタに中央事務局が設置され,77年には日米豪,ニュージーランド,カナダ,EC の外相を加えた拡大外相会議が制度化される等組織,機構面の整備が進んだ。東南アジアが自由主義諸国（ASEAN）とインドシナ共産圏の 2 大ブロックに分かれ,共産勢力の脅威が高まったことを背景に,ASEAN の政治機構としての性格が強まりを見せたのである。

ところで,対米核パリティの達成とヨーロッパの現状固定に成功したソ連は,70年代後半,アジア・アフリカに積極的な進出を図るようになる。東南アジアにおいても,中国を牽制しつつ,フィリピンの米軍基地に対抗する目的でベトナムに接近,カムラン,ダナンの軍事施設にソ連軍を展開させた。78年 6 月,ベトナムはコメコンに加盟し,翌 7 月に中国がベトナム援助打ち切りを通告するやベトナムは公然と中国を非難するようになり,11 月にはソ越友好協力条約を締結。さらにベトナムは,ポル・ポト支配に反対しカンボディアを追放された旧カンボディア共産党員らを集め,カンボディア救国民族統一戦線を結成させる。そしてソ連の支援をバックに 78 年 12 月,ベトナム軍 20 万人がカンボディアに侵攻,救国民族統一戦線のヘンサムリン軍と協力し,79 年 1 月には首都プノンペンを制圧し,カンボディア人民共和国（ヘンサムリン政権）を成立させた。翌月ベトナムはこの傀儡のヘンサムリン政権とベトナム・カンボディア平和友好協力条約を結び,ベトナム軍のカンボディア進駐を合法化させた。一方,中国が支援するポル・ポト政権はタイ国境に逃れゲリラ戦を展開,またベトナム軍のヘンサムリン支援をカンボディア侵略と難じた中国は,ベトナム懲罰を目的に,79 年 2 月,中越国境を突破してベトナム北部 5 州に中国軍を侵攻させた（中越紛争）。

● カンボディア紛争

中ソ,中越という共産勢力どうしの抗争は,ベトナムとカンボディアの対立を激化させるベクトルとして作用することになったが,ASEAN 諸国もカンボディア,ラオスへの覇権拡大を強めるベトナムの動きに強い警戒感を示した。そのためヘンサムリン政権発足直後の 79 年 1 月,ASAEN 緊急外相会議がバ

ンコクで開かれ，カンボディアからの外国勢力の即時撤退を求める声明を発表。同年6月のバリ島での外相会議でも，カンボディア紛争，難民流出問題でベトナムを名指しで非難した。さらに8月にはクアラルンプールで臨時外相会議を催し，カンボディアからの外国軍隊の即時全面撤退等を求める共同声明を発表している。この間,79年7月にはベトナムからの難民流出（ボートピープル）問題を国連インドシナ難民会議にかけ，ベトナムに流出停止を約束させた。79年9月，国連総会はカンボディア代表権問題について，他国の軍事力で生み出された政府は認められないという中国やASEANの主張を容れ，ヘンサムリン政権を承認せず，ポル・ポト政権残留を支持した。

こうした国際的支援を踏まえ，ポル・ポト派ではポル・ポトを解任してキュー・サンファン国家幹部会議長を首相に選出。さらにASEAN諸国は，81年の国連カンボディア会議でもベトナム軍のカンボディアからの撤退を主張して統一行動をとり,82年6月にはカンボディアの反ベトナム3派（シアヌーク派，ポル・ポト派，ソンサン派）に連合政権（民主カンボディア連合政府：大統領シアヌーク，副大統領キューサンファン，首相ソンサン）を樹立させ，これに軍事・政治支援を与えた。かように新冷戦の時代，ASEANはカンボディア問題を契機に反共ブロックとしての性格を強め，ベトナム軍の撤退とカンボディアの中立化をめざしインドシナ三国との対話に努める一方，域内にあっては親欧米の経済発展優先の路線を遂行し，工業化と近代化を着実に進めていった。また拡大外相会議や国連の場等を通じて域外諸国との連携を強化したほか，1987年12月，10年ぶりに開催された第3回首脳会議ではマニラ宣言を採択し，東南アジア非核地帯構想（SEANWFZ）を提唱する等地域的安全保障への動きも見せ始める。

《冷戦終焉後のASEAN》
● ASEAN 10

冷戦の終焉はこの地域の政治・安全保障環境にも大きな変化を与えた。ソ連のインドシナ離れや中ソ和解に起因したカンボディア和平の実現等はその典型である。共産主義対自由主義陣営の対立，それに中国とソ連の対立という二重の対立構造の終焉は，東南アジア地域の政治的安定を高め，また自由経済化

を一挙に加速させることにもなった。その顕著な現れがASEANの拡大である。冷戦終焉後,東南アジア全10か国（ASEAN+ラオス,カンボディア,ミャンマーの3か国）が加わった東南アジア共同体を実現させようとする動き（ASEAN 10構想）が本格化し,1995年にまずベトナムがASEANに加盟,同年12月のASEAN首脳会議では,これら3か国を20世紀中に加盟させ「一つの東南アジア」実現を促すバンコク宣言が採択されたほか,東南アジア平和自由中立地帯（71年）と東南アジア非核地帯（87年）の二つの構想を踏まえ,東南アジア非核地帯条約（SEANWFZ: Southeast Asia Nuclear Weapon Free Zone）が締結された。

その後,97年にはラオスとミャンマーもASEANに加わった。民主化が遅れるミャンマーの扱いを巡っては,ASEANと欧米諸国との関係に軋轢が生じ,ASEAN内部でも議論が活発化した。さらに99年4月にはカンボディアも加盟を果たし,ここに「ASEAN 10」が実現した。カンボディアは97年5月のクアラルンプールでの特別外相会議で,ラオス,ミャンマーとともにその加盟が事実上承認されていたが,同年7月のフンセン第2首相によるラナリット派武力弾圧クーデターの発生に伴い加盟が先送りされていたのである。

● **政治・経済協力の発展**

冷戦終焉の以前より,アジア各国は労働力の安さを売り物に,日本企業等の輸出産業を誘致し,積極的に工業化を進めた。その主役は1980年代には韓国,香港等の新興工業経済地域（NIES）だったが,90年代以降は東南アジアに移り,さらに中国がこれに続いた。外国資本の導入を背景に工業化に成功した各国では国民所得が急速に伸び,消費市場が拡大した。ブルネイを除くASEAN 5か国の94年の民間消費支出は89年の1.7倍にも膨らんだ。いまや香港・シンガポールの1人あたりGDPは,いずれも数字の上では英国,イタリア,カナダのそれを凌ぎ,シンガポールの場合は米仏をも上回っている。また東南アジアではアジア・ハイウェーやメコン川開発計画等の巨大プロジェクトが注目を浴びており,中国の政治・経済的接近の動きも顕著になっている。

こうした経済伸張の動きを加速させるべく,92年の第4回首脳会議では,15年以内に共通効果特恵関税（CEPT）を主たる手段として,ASEAN自由貿易地域（AFTA）を設立することが合意された。対象となる品目は農産物を除くすべての鉱工業製品と農産物加工品で,08年までに域内関税率を5％以下にす

る目標が掲げられ，93年にはAFTA実現のためのメカニズムである共通有効特恵関税（CEPT）のスキームが開始された。その後，最終関税率の実現目標年は随時前倒しされている。加盟諸国の経済発展を軸に，引き続きASEANはより高次元の経済協力をめざしていくであろうが，(1)若い民族主義的傾向の強い国々からなること(2)比較的産業構造の類似した水平的・競合的な国々からなること(3)経済開発を最優先させる開発独裁型政治体制をとっているため，民主化の過程で政治的不安定が生まれる可能性のあること等ASEANには幾つかの構造的な課題も残されている[2]。今後これらをどう克服していくかが大きなポイントである。

　また近年では，経済のみならず政治・安全保障の分野でも発言力を増しつつある。92年1月の第4回首脳会議での合意事項として採択された「シンガポール宣言」では，地域の平和と繁栄を確保するため，よりハイレベルの政治経済協力に歩を進めること，加盟国が安全保障問題における新たな協力分野に入る道を追求することがうたわれ，ASEAN拡大外相会議（PMC: Post-Ministerial Conference）やARF（後述）の場等を活用し，地域の安全保障に関する域外国との対話も強めている。冷戦後のASEANが抱える安全保障上の不安定要素としては，(1)南シナ海の平和と安定(2)インドシナ諸国との関係調整(3)中国の軍事的脅威の増大等が挙げられるが，(1)に係る案件に南沙群島の領有権問題がある。南沙群島は南シナ海の中央に位置し，約百の小島や珊瑚礁からなる。豊富な漁業資源に加え，同群島周辺には油田，天然ガス等の海底資源が存在し，海上交通の要衝でもある。同群島に対しては，中国，台湾，ベトナム，フィリピン，マレーシア，ブルネイがその一部または全部の領有権を主張している。同群島を巡り88年3月には中越海軍が武力衝突したほか，フィリピンのパラワン島沖ミスチーフ礁において中国が建造物を構築したことから一時緊張が高まった。この問題の解決をめざす動きとして，92年7月のASAEN外相会議で，南沙群島問題の平和的解決などを盛り込んだ「南シナ海に関するASEAN宣言」が採択されたほか，インドネシアの提唱による非公式協議も90年以降開催されており，96年には南シナ海における「行動規範」策定で合意が成立。また中越間でも領土問題を平和的に解決することで合意がなされているが，各国の利害が複雑に絡むため，棚上げはされても本質的な進展は見ていない。こ

れら諸問題の解決には，域外大国との協調関係構築が不可欠である。

● 「ASEAN+3」

さらに ASEAN は，域外との連携を深めている。冷戦後の 1993 年には「ASEAN 拡大外相会議」が開催され，日中韓に加え，豪，ニュージーランド，米，加，EU，露等の外相級代表が参加した。94 年からは，ASEAN 地域フォーラムが開催されるようになった。また 96 年には，シンガポールのゴー・チョク・トン首相の提唱により，EU 欧州委員会とアジア 10 か国で ASEM（アジア欧州首脳会議）が設立され，隔年ごとに首脳会議が開催されている。さらに ASEAN は，97 年より毎年開催されている「ASEAN+3（日中韓）」を通じて，東アジア地域協力の推進に取り組んでいる。「ASEAN+3」は，97 年夏に発生した通貨・金融危機が各国に波及し，その影響が東アジア全体に広がった教訓を踏まえ，アジアの地域協力を強化するため生まれたものである[3]。

同年 12 月の ASEAN+3 首脳会議を皮切りに，翌年 12 月の首脳会議でその定例化に合意，99 年 11 月，マニラでの +3（日中韓）首脳会議では，ASEAN+3 首脳会議としては初の共同声明として，「東アジアにおける協力に関する共同声明」が採択され，日本を含む東アジア諸国の政治・安全保障，経済，文化等幅広い分野での地域協力を強化するとのメッセージが発せられた。従来二国間外交を重視していた中国も近年では多国間外交に積極的な姿勢を示しており，2000 年の ASEAN+3 と ASEAN+1（中国）の首脳会議に出席した朱鎔基首相は中国と ASEAN の自由貿易協定を提案，翌 01 年の首脳会議では ASEAN と中国が今後 10 年以内を目標に自由貿易圏を作ることで合意している。東南アジア地域との経済関係の強化を進めることで，中国は自国主導の経済圏構築をめざしている。また 96 年からインドを拡大外相会議の正式メンバーに加えたことで，ASEAN はインドが中心となっている南アジア地域協力連合（SAARC）との連携の足掛かりも掴んでいる。

その一方で，通貨危機から回復した ASEAN 諸国では，再び地域統合への機運が強まった。域内の経済統合をめざす ASEAN は，すでに 92 年に AFTA を発足させ，15 年以内に農業加工品を含むすべての工業品の輸入関税を段階的に引き下げ，08 年には 5％以下にするという目標を設定，03 年には予定よりも 5 年早くこの目標を達成している。今後は，後発加盟国の域内関税を先発

国並みにまで引き下げることを目指すほか，全域の域内関税撤廃や投資の自由化実現を目指しておりこうした目標を達成しASEANが経済共同体へと発展することへの期待も高まっている。さらに03年10月，バリでの首脳会議においてASEANはインドネシアのイニシアチブにより，①ASEAN安全保障共同体②ASEAN経済共同体③ASEAN社会文化共同体の三つの共同体の設立を目指す宣言を採択し，経済だけに留まらない包括的な共同体へと深化する意欲を示した。一連の動きを受け，東アジア共同体設立に向けた論議も活発化している。

今後，ASEANがめざすべき方向としては，(1)信頼醸成のための多角的協力と軍事面での透明性の増大(2)周辺諸国との連携強化や域外大国との関係発展により，地域内外での強靱性の向上(3)国連や他地域の地域機構との協力強化等が考えられるが，ASEANが経済に留まらず政治・安全保障面でも役割りを強めていくことは疑いを得ない。拡大したASEANの結束を強化し共同体としての凝集力を高めつつ，域外大国との連携も図りながら，如何に地域協力機構としての機能を発揮できるかにその将来がかかっているといえよう。

2 環太平洋地域協力

●アジア太平洋経済協力会議（APEC: Asia-Pacific Economic Cooperation）

日本の働きかけがきっかけとなり，ホーク・オーストラリア首相の提唱を基に1989年11月，ASEANと日韓米加豪ニュージーランドの12か国で発足したアジア太平洋地域における経済協力のための多国間枠組みがアジア太平洋経済協力会議（APEC）である[4]。折しも東欧では民主化の嵐が吹き荒れていた。ベルリンの壁が崩壊し，12月には米ソ首脳会談がマルタで冷戦の終結を宣言。東西対決の時代はまさに終わりを告げようとしていた。それまで豪日が提唱する太平洋地域の経済協力構想を「大国主導の経済ブロック作り」と反発していたASEANであるが，時代の激変がASEANをAPEC発足へと突き動かしたのだ。

APECの主な活動目的は，民間主導の経済発展を政府が後方支援し，貿易・投資の自由化や促進のための政策を立案することである。APECは年1回外相，経済担当相による閣僚会議を開催することとされたが，当初APECは「機

構」としてではなく，メンバー間の「緩やかな地域協力のための協議体」として，「協調的自主的」な行動を原則として発足した。それは ASEAN 側に「先進国のペースで貿易の自由化が進められかねない」といった懸念があったからだ。だが人材育成等七つのプロジェクト推進を決めたシンガポールでの第2回閣僚会議 (90年)，中，台，香港の加盟を承認した第3回ソウル会議 (91年)，事務局のシンガポール設置が承認された92年の第4回バンコク会議と，回を重ねるごとに APEC は機構としての色彩を強めていった。

APEC の性格が大きく変化したのは，93年11月にシアトルで行われた第5回会議であった。この会議では，閣僚会議に加えて，クリントン大統領のイニシアティブによって非公式首脳会議が初めて開催され，貿易と投資の自由化をめざす「アジア太平洋共同体構想」が提唱された。それまでアメリカは APEC に関心が薄かったが，92年に発足したクリントン政権は，対外経済政策においてアジア重視の姿勢を打ち出し，米主導の新たなアジア太平洋経済秩序を形成し，その下で東アジア経済の活力を自国の経済活性化に活用する方途を模索し始めていた。その一策として，APEC を自らの影響下に置き，経済協力に関する緩やかな協議の場から貿易投資の自由化に向けた多国間交渉の場へと転換させようとしたのである[5]。ASEAN を含む東アジアとの貿易で大きな赤字を抱える一方，ASEAN が日本や中国との貿易，さらに域内の貿易を拡大させていることに対するアメリカの焦りがこうした動きを生み出したと言える。これに対し ASEAN 諸国からは「アメリカは APEC を EU に対抗する武器にしようとしている」といった批判が噴出，アメリカを除く東アジア経済圏協議体 (EAEC) を唱えるマハティール・マレーシア首相は，米主導の会議に反発し非公式首脳会議を欠席した[6]。しかし翌94年インドネシアでの第6回会議でも非公式首脳会議が開かれ，以後毎年1回，APEC の閣僚会議に併せて非公式首脳会議も開催される形式が定着するようになった。

さて，その94年インドネシアのボゴール会議では，貿易・投資の自由化期限を先進国は2010年，途上国は2020年とする「ボゴール宣言」が採択され，続く95年の大阪，96年のフィリピンの各会議では，アジアの高度成長を前提に，自由化による繁栄を分かち合うための行動計画が採択された。ところが97年のバンクーバー会議ではアジア通貨・金融危機の世界への波及に直面し，市場

沈静化のための政策協調が課題となり，ロシア，ベトナム，ペルーの参加を承認。98年クアラルンプール会議では経済再建が主テーマとなり，金融危機に翻弄された新興工業国等を含め拡大22か国蔵相・中央銀行総裁会議の開催を求め，金融システム安定策の論議が重ねられている。APECは「開かれた地域協力」を標榜し，アジア太平洋地域の持続可能な発展に向け，貿易・投資の「自由化」及び「円滑化」，それに「経済・技術協力（開発協力）」という三つの柱（目標）を通じて，さまざまな活動を積極的に行っているが，多角的自由貿易体制の維持，強化を通じてアジア太平洋地域の経済発展に貢献するだけでなく，最近ではAPECの場を利用して各国個別の二国間，多国間会議が開催され，政治問題や安保対話の場としても機能しつつある。99年のAPECでは騒乱状態の東チモール問題が話し合われ，2001年には対テロ対策（「テロ対策に関するAPEC首脳声明」），02年には北朝鮮の核開発問題（「北朝鮮に関するAPEC首脳声明」）が重要な議題となった。04,05年には経済問題と並んで「人間の安全保障」が主要テーマとされ，感染症対策の重要性について認識が共有されたほか，テロ対策・核不拡散等安全保障問題への対応がAPECの課題であることを再確認し，優先的に取り組むべき事項とされた。

　APECは順次メンバーを増やし，現在では21か国（ブルネイ，インドネシア，マレーシア，フィリピン，シンガポール，タイ，ベトナムのASEAN 7か国に日韓中，台湾，香港，メキシコ，パプアニューギニア，豪，ニュージーランド，米，加，ペルー，チリ，ロシア）を擁し，世界人口の57％，国内総生産（GDP）の43％を占める世界最大の地域協力機構となっている。当初閣僚会議で発足したが，制度化が進んだ現在では非公式首脳会議のほか，SOM（高級事務レベル会合）や事務局，各種の委員会，作業グループが設置されている。アジア，大洋州，北米，中南米，ロシアという広範で多様な地域を包含したAPECは，参加国・地域の発展段階の違いや文化の多様性といった複雑な要素を抱えながらも，この地域における最も重要な経済・政治協議の場として機能し始めている。

　●太平洋経済協力会議（PECC: Pacific Economic Cooperation Council）
　PECCは，太平洋地域における経済的協力関係を推進するための国際組織で，産学官の三者構成を特色とする。環太平洋連帯構想を打ち出した日本の太平首相と豪州のフレーザー首相が太平洋協力構想の推進で合意し，両首相の呼

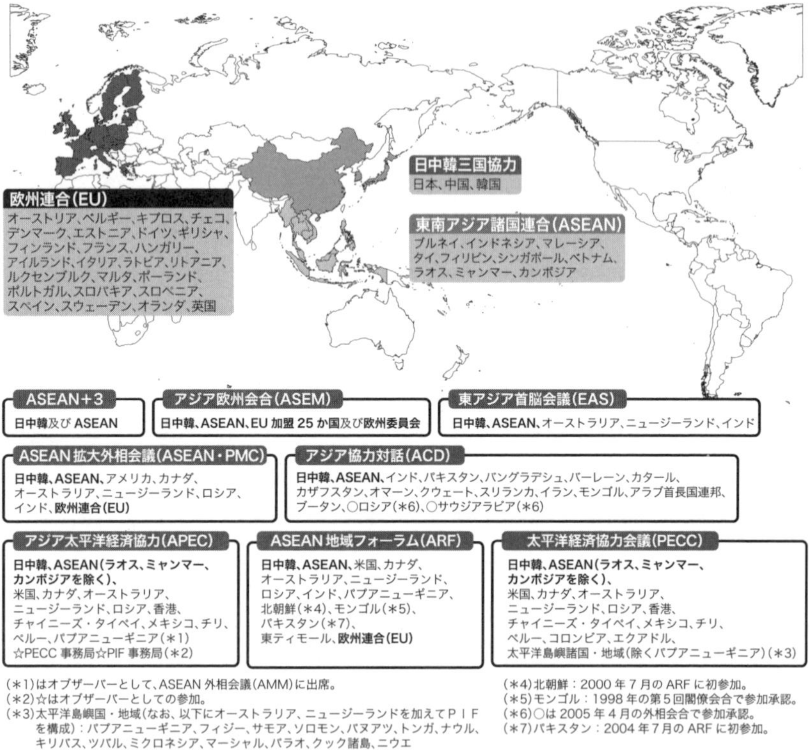

第2部 東アジア・太平洋における地域協力

欧州連合(EU)
オーストリア、ベルギー、キプロス、チェコ、デンマーク、エストニア、ドイツ、ギリシャ、フィンランド、フランス、ハンガリー、アイルランド、イタリア、ラトビア、リトアニア、ルクセンブルク、マルタ、ポーランド、ポルトガル、スロバキア、スロベニア、スペイン、スウェーデン、オランダ、英国

日中韓三国協力
日本、中国、韓国

東南アジア諸国連合(ASEAN)
ブルネイ、インドネシア、マレーシア、タイ、フィリピン、シンガポール、ベトナム、ラオス、ミャンマー、カンボジア

ASEAN＋3
日中韓及びASEAN

アジア欧州会合(ASEM)
日中韓、ASEAN、EU加盟25か国及び欧州委員会

東アジア首脳会議(EAS)
日中韓、ASEAN、オーストラリア、ニュージーランド、インド

ASEAN拡大外相会議(ASEAN・PMC)
日中韓、ASEAN、アメリカ、カナダ、オーストラリア、ニュージーランド、ロシア、インド、欧州連合(EU)

アジア協力対話(ACD)
日中韓、ASEAN、インド、パキスタン、バングラデシュ、バーレーン、カタール、カザフスタン、オマーン、クウェート、スリランカ、イラン、モンゴル、アラブ首長国連邦、ブータン、○ロシア(*6)、☆サウジアラビア(*6)

アジア太平洋経済協力(APEC)
日中韓、ASEAN(ラオス、ミャンマー、カンボジアを除く)、米国、カナダ、オーストラリア、ニュージーランド、ロシア、香港、チャイニーズ・タイペイ、メキシコ、チリ、ペルー、パプアニューギニア(*1)
☆PECC事務局☆PIF事務局

ASEAN地域フォーラム(ARF)
日中韓、ASEAN、米国、カナダ、オーストラリア、ニュージーランド、ロシア、インド、パプアニューギニア、北朝鮮(*4)、モンゴル(*5)、パキスタン(*7)、東ティモール、欧州連合(EU)

太平洋経済協力会議(PECC)
日中韓、ASEAN(ラオス、ミャンマー、カンボジアを除く)、米国、カナダ、オーストラリア、ニュージーランド、ロシア、香港、チャイニーズ・タイペイ、メキシコ、チリ、ペルー、コロンビア、エクアドル、太平洋島嶼諸国・地域(除くパプアニューギニア)(*3)

(*1)☆はオブザーバーとして、ASEAN外相会議(AMM)に出席。
(*2)☆はオブザーバーとしての参加。
(*3)太平洋島嶼国・地域(なお、以下にオーストラリア、ニュージーランドを加えてPIFを構成):パプアニューギニア、フィジー、サモア、ソロモン、バヌアツ、トンガ、ナウル、キリバス、ツバル、ミクロネシア、マーシャル、パラオ、クック諸島、ニウエ
(*4)北朝鮮:2000年7月のARFに初参加。
(*5)モンゴル:1998年の第5回閣僚会合で参加承認。
(*6)○は2005年4月の外相会合で参加承認。
(*7)パキスタン:2004年7月のARFに初参加。

出典:『外交青書2006』(外務省, 2006年) 65ページ

図4-1 アジア・太平洋地域協力の主な枠組み

びかけで1980年9月にキャンベラで「環太平洋共同体セミナー」が開催された。これがPECCの始まりで、同セミナーが第1回のPECC総会と呼ばれるようになった。

現在25か国／地域がメンバーに加盟している(準加盟国を含む)。2年毎に開催される総会の他、貿易、金融、コミュニティ作り等種々の分野での協力活動を推進するために、小委員会として幾つかのフォーラム、タスクフォース及びプロジェクトが設けられている。具体的な活動はこれら小委員会により行われ、その成果をPECC総会に報告する形をとっている。PECCは産学官各界の指導的立場にある人々が個人の資格で参加するシステムであることから、政府間

の協議とは違った柔軟で現実的な議論を可能にしている。またPECCの研究成果はアジア太平洋経済協力（APEC）閣僚会議にも提供されている。

● アジア協力対話（ACD: Asia Cooperation Dialogue）

アジア各国の外務大臣が定期的に自由な意見交換を行う非公式な対話の枠組みである。東アジア～中東までを含むアジア域内の外相クラスが集い，アジア諸国の潜在力を引き出し，域内の競争力を強めることでアジアの発言力を強めていくという観点から，2002年にタイのタクシン首相のイニシアティブにより開始された。意見交換にあたっては自由な議論を促すために，リトリート方式（非公開で議題を限定しない方式）が採られている。この外務大臣レベルでの対話の促進に加え，最近では協力プロジェクトの実施がACD活動の2本柱となっている。協力プロジェクトとは，ACD参加国の枠組みにおいて，プライムムーバー方式（一国または複数国がプロジェクトを主催し，参加の用意と意志のある国がプロジェクトを推進する，コンセンサスを要しない方式）により具体的な協力案件を実施するもので，これまで環境教育や法制度整備に関するワークショップ等が行われた。現在の参加国は日中韓，ASEAN諸国，サウジアラビア等28か国。

③ アジアとヨーロッパを結ぶ協力枠組み

● アジア欧州会合（ASEM: Asia-Europe Meeting）

アジア，欧州両地域の対話と協力関係強化のため，96年3月に発足した多国間協力機構としてアジア欧州会議（ASEM）がある。アジア諸国と米大陸との間にはAPECが存在するが，欧州諸国との間には定期的な協議の場がなかった。そうしたなか，94年7月に欧州委員会が「新アジア戦略に向けて」と題する包括的なアジア政策を発表し，アジア諸国との関係強化の方針を打ち出した。これを受け94年10月，シンガポールのゴー・チョクトン首相がバラデュール仏首相との会談でアジア欧州首脳会議の開催を提案したのが契機となって生まれたのがASEMである。ASEANにとって，経済成長を維持するには欧州からの投資や技術移転が不可欠であり，EUはASEAN製品の重要な輸出市場でもある。一方，APECの枠組みから外されているEUにとっても，ASEANとの接触は歓迎すべき出来事であった。この枠組みの成立によって，ASEAN

はアジア太平洋地域のみならずヨーロッパにも多国間協議のリンクを広げることとなった。またASEMはアジアと欧州の諸国が政治問題について協議できる唯一の枠組みである。

　参加国は当初，EUが15か国，ASEANが7か国と日中韓が加わり25か国であったが，04年10月の第5回首脳会議で，EUが中・東欧新規加盟10か国，アジア側はカンボディア，ラオス，ミャンマーの参加がそれぞれ承認され，現在は38か国・1機関（欧州委員会）に膨らんでいる。これは世界人口の40％，GDPの50％，貿易量の60％をカバーすることになる。ASEMは経済のみならず，政治，文化等広範囲な分野を対象としたアジアと欧州の地域間対話と協力の場であるのが特徴と言える。96年3月にバンコクで開催された第1回首脳会議では，さらなる成長のための欧・アのパートナーシップ，内政不干渉，知的交流の促進，国連改革，核実験禁止の推進，世界貿易機関（WTO）の強化等が声明として出された。98年4月の第2回首脳会談（ロンドン）では，アジア経済情勢が苦しい中でも保護主義を排除し，貿易，投資の自由化を一層促進するとの共通認識を確認している。また中長期的な視野に基づいたASEMのあり方も検討され，ASEMの活動枠組みを定めた「アジア欧州協力枠組み（AECF: Asia-Europe Cooperation Framework）」が採択されると共に，ASEMの将来の方向性につき検討するための「ヴィジョングループ」が発足した。

　次いで2000年10月の第3回首脳会議（ソウル）では，今後10年間のASEMの活動の方向性を示す「アジア欧州協力枠組み2000（AECF2000）」が採択され，21世紀に向けアジア・欧州協力を推進していくことで一致した。この会合ではASEMの3つの柱である政治，経済，社会・文化の各分野で活発な論議が繰り広げられた。政治分野では，ユーゴや東チモール情勢，国連改革，国連平和維持活動を含む安全保障問題が討議され，特に開催地がソウルであったため，南北首脳会談の実現等大きな動きを見せた朝鮮半島情勢をめぐる論議がなされ，ASEM参加国と北朝鮮双方の関係強化への努力を訴える「朝鮮半島の平和のためのソウル宣言」が採択された。経済分野では，情報通信技術（IT），世界貿易機関（WTO），グローバリゼーション，経済危機再発防止のための経済・金融協力強化等について論議された。またWTOの新ラウンド立ち上げ，中国のWTO早期加盟，国際金融システム強化等の世界的な課題について，アジア

欧州間のさらなる対話と協力によってグローバルな多国間協力の枠組みを一層強化すべきことで意見の一致を見た。文化その他の分野では，人材育成や人的交流が相互理解促進に重要であること等が指摘されている。さらに02年9月の第4回首脳会議（コペンハーゲン）では，「朝鮮半島の平和のためのASEMコペンハーゲン政治宣言」と「国際テロリズムに関する協力のためのASEMコペンハーゲン宣言」が採択された。またこれまでの外相会合では，議長声明以外に，中東和平に関する政治宣言，印・パ情勢に関する宣言（第4回外相会合），大量破壊兵器及びその運搬手段の拡散防止に関する政治宣言（第5回外相会合），多国間主義に関するASEM宣言（第6回外相会合）等が採択されている。

もっとも，アジアとヨーロッパとの対話はまだ緒についたばかりである。ASEMを通して各分野の対話が進んだものの，対話のプロセスは未だ情報交換の域を脱しておらず，実質的な協力関係には進展していない。この枠組みによって両地域間の経済問題や政治的な安定，国際安全保障等具体的な政治課題の解決が保障されるというものでもない。だが，アジア通貨危機が世界経済を直撃した例からも窺えるように，既存の二国間協議に加えて，洋の東西が多国間の枠組みにおいて協議，交流を重ねる場の存在は，グローバリゼーションの進展著しい現代世界にあって大切に育まれるべきものである。それゆえ，事務局が各国持ち回りという現状を改めて将来的には常設オフィスを開設することや，アジェンダセッティングにおいては具体的な目標と成果の指標化を試みる等組織の強化やシステム効率化の取り組みが必要である。

4 南太平洋地域

● 太平洋諸島フォーラム（PIF: Pacific Island Forum）

1971年に南太平洋の独立国及び自治政府の首脳会議として，第1回南太平洋フォーラム（SPF）が開催された。旧宗主国が主導する南太平洋委員会に対抗し，島嶼国の主体性堅持と結束の強化を図ることが目的であった。2000年10月の総会から名称を太平洋諸島フォーラムに変更した。従前は核実験への抗議や仏領ニューカレドニアへの独立支援声明の発出等政治的な活動が多かったが，最近では経済発展に主眼が置かれ，1989年からは援助国を中心とする域外国（日米英仏加中韓等）との対話を開始している。日本は1997年からPIFとの首脳

会議を開催しており,「太平洋・島サミット」と名付けている。

　PIF には豪, ニュージーランド, パプアニューギニア, フィジー, サモア, ソロモン諸島, ミクロネシア連邦等 16 か国・地域が加盟し, フィジーの首都スバに事務局が置かれている。決定は全てコンセンサス方式に基づき, 毎年総会で政策の意思・方向性がコミュニケとして採択される。2000 年 10 月, キリバスで開催された第 31 回首脳会議では, 南太平洋地域の安全保障の枠組みを定めた「ビケタワ宣言」を採択している。1999 年には太平洋地域自由貿易協定 (PARTA) を結び, 関税の段階的引下げ等域内の経済協力にも力を入れている。日本は 97 年から PIF 加盟諸国との間で太平洋・島サミットを開催する等太平洋島嶼国との関係強化及び同地域の発展に積極関与する姿勢を打ち出しているが, 中国海軍の強化が急ピッチで進むなか, 海洋自由秩序の維持と公海の安全, それに自由主義諸国のシーレン防衛を全うするうえで, かつて外南洋と呼ばれた太平洋島嶼地域の戦略的重要性は再び高まりを見せつつある。

5　米州・中南米地域

　米州地域の国際関係を協議・調整する枠組みとしては, 米州機構やリオグループ等がある。本来, アメリカの影響力が極めて強い地域であるが, 最近はアメリカを軸とした経済提携の深化だけでなく, 特にラテンアメリカでは域内協力の強化に向けた動きも出始めている。またカストロ議長の高齢病弱化に伴い, キューバでは対米関係改善の可能性等ポストカストロの行方が注目されている。

　●**米州機構**（OAS: Organization of American States）

　1951 年に発足した米州における唯一の汎米国際機関で, 加盟国は 35 か国 (米加及びキューバを除く全中南米 33 か国)。最高意思決定機関の総会や外相協議会の他に, 人権裁判所や人権委員会, 各種専門機関からなる。1945 年 2 月にメキシコで開かれた「戦争と平和の問題に関する米州会議」において新たな米州制度の創設がうたわれ, 47 年 9 月に全米相互援助条約 (リオ条約) が, 48 年には米州機構憲章 (ボゴタ憲章) と紛争の平和的解決に関する米州条約 (ボゴタ条約) がそれぞれ締結され 1951 年に発足した。

　主権平等, 内政不干渉, 米州諸国の連帯, 集団的安全保障を原則に掲げ, ①

米州地域の平和と安全，民主主義の強化②加盟国間の紛争防止と平和的解決③侵略に対する共同行動④加盟国間の政治的・法律的・経済的諸問題の解決等を目的としている。米州諸国の平和と安全のため，紛争を防止し平和的解決を図り，米州の一国に武力攻撃が起きた場合にとるべき措置を協議することとされており，フォークランド紛争時の英国の武力行使に対する非難決議や，ニカラグア内戦終了後のコントラ解体支援検証活動等の実績を残している。近年では米州各国での選挙監視活動等域内の民主化確立に取り組んでおり，05年の総会では民主主義の拡大浸透をめざすフロリダ宣言が採択されている。

　ラテンアメリカは"アメリカの裏庭"と呼ばれることが多く，OASもアメリカがこの地域をコントロールするための機関に過ぎないとの見方もある。OASの経費の6割をアメリカ一国が担っている実態もあり，アメリカが強い影響力を持っていることは確かだ。しかし05年の事務総長選挙では史上初めてアメリカの推す候補者が破れチリの前内相インスルサが当選し，また同機構を民主主義監視のための機構にするという米提案も退けられる等アメリカ離れの傾向が出始めている。世界で最も古い地域機関としての歴史を持つOASが真の地域協力のための枠組みへと発展機能していくかどうか，いまその真価が問われている。

●リオ・グループ／中米統合機構（SICA: Sistema de la Integracion Centróamericana）
　リオ・グループは，中米紛争解決のために1983年に結成されたコンタドーラグループを母体に，1986年のリオ宣言により結成された。以後メンバーやテーマを拡充し，現在の加盟国は18か国。中南米地域に関わる諸問題について非公式かつフランクな意見の交換，調整と政治協力を進める場である。最近は政治，経済，国際問題等幅広い議題を扱っており，域内の民主化定着，市場経済改革，麻薬問題等に取り組んでいる。

　92年に発足した中米統合機構は，グアテマラ，エルサルバドル，コスタリカ等中米7か国で構成され，準加盟国としてドミニカ，域内オブザーバーとしてメキシコ，域外オブザーバーとして台湾，スペインが加わる。中米地域の経済社会統合を図り，和平・自由・民主主義・開発の達成をめざしている。最高機関は中米大統領会議で，他に閣僚会議や議会，司法裁判所等を擁する。このほか経済分野での地域協力の機構・枠組みとしては，中米経済統合，カリブ共

同体，ラテンアメリカ統合連合，メルコスール，アンデス共同体等がある。

6 自由貿易協定の発展

　北米地域では，米，加，メキシコからなる「北米自由貿易協定(NAFTA: North American Free Trade Agreement)」が存在する。NAFTAは89年に成立した米加の自由貿易協定（FTA）に，新たにメキシコを加えて94年1月に発効した。EUと違いNAFTAは対外共通関税や労働力移動の自由化，共通経済政策等は含まないが，地域内の貿易・投資の障壁削減を目指し，農業，サービス，投資，知的財産，環境等広い分野にわたる包括的な自由貿易協定である。市場経済の成熟度の異なる国家間の自由貿易協定としての意義は高く，協定発効後04年までの域内貿易は，アメリカからメキシコ向けの輸出が約170％増加したほか，メキシコからアメリカへの輸出額も約290％増，アメリカからカナダ向け輸出は約90％増，カナダからアメリカの輸入は約130％増と，3か国間の貿易・投資量は着実に伸びている。NAFTA市場はGDP約11兆ドル，人口約4億3千万人で，拡大EUにも匹敵する規模となっている。NAFTAは国家主権の移譲を伴うものでもなければ，政治統合を目指すものでもない。しかし，NAFTA全体の経済規模，特に唯一の超大国アメリカが主導権を握る地域的枠組みだけに，国際政治経済に与える影響は大きい。しかもアメリカは北米地域に限定せず，中南米諸国をも含めた米州全域を対象とする米州自由貿易圏の創設をめざしており，NAFTAはその第一歩といえる。

　中南米地域においては，域内における財，サービス，労働の自由市場創設を目指し，91年のアスンシオン条約でアルゼンチン，ブラジル，パラグアイ，ウルグアイの4か国によって「南米南部共同市場（メルコスール）」が設立された。95年1月には，域内関税の原則撤廃と域外共通関税を実施する関税同盟が発足，以来，域内貿易が飛躍的に拡大してきた。96年にはチリとボリビアが準加盟，06年にはベネズエラが加盟している。メルコスールは南部アフリカ関税同盟（南アフリカ等5か国で構成）及びインドとの間で自由貿易圏創設に向けた検討を開始することで合意している。また73年4月に発足した「カリブ共同体（カリコム）」においては，単一市場・経済を形成することを目指した議定書の締結作業が進められている。さらに2000年8月にブラジリアで初の南

米首脳会議が開催され，メルコスールと「アンデス共同体 (1969 年発足：ベネズエラ，コロンビア，エクアドル，ペルー，ボリビア)」との間で，02 年 1 月までに自由貿易協定 (FTA) を締結することが宣言された (03 年 12 月：FTA に合意)。

さらに 01 年 4 月，北米や中南米，カリブ地域 34 か国の首脳がカナダのケベックに集い米州首脳会議が開かれ，05 年までに北米，中南米を一つの市場にする「米州自由貿易地域 (FTAA)」の創設で合意している。交渉は難航しているが，将来これが実現すれば，総人口 8 億人，貿易額 3 兆ドルという世界最大の自由貿易圏が出現することになる。またアメリカと個々の中南米諸国・地域との FTA 交渉も活発化しており，EU や中国の経済接近も顕著になっている。このほかにも，南部アフリカ関税同盟 (SACU)，EU とアフリカ，カリブ海等の旧植民地諸国約 70 か国との ACP-EU パートナーシップ協定，南アジア自由貿易圏 (SAFTA) の創設等 FTA に向けた各地域の動きは活発である。世界の各地域で自由貿易協定等の地域経済協力が急速に拡大・発展しつつある背景には，経済的相互依存の深化に加え，多国間で進める世界貿易機関 (WTO) の多角的貿易自由化交渉 (ドーハ・ラウンド) が難航している事情がある。本来，地域貿易協定は協定外の国に対して保護貿易の側面を併せ持っているが，WTO 協定に整合的であれば，域外国に対する障壁ではなく開放的な貿易の推進力となり世界貿易の拡大にも貢献することから，多角的自由貿易体制を補完するものとの受けとめ方が強まっている。

こうした考え方に基づき，また中国が ASEAN との間で「10 年以内に自由貿易地域を築く」との方針を打ち出したことに刺激されて，従来何処とも自由貿易協定を締結していなかった日本も，最近ようやく協定作りに積極的な姿勢を見せ始めるようになった。99 年 12 月，シンガポールとの間で自由貿易協定に関する検討開始で合意，02 年 1 月，小泉首相とゴー・チョクトン首相との間で，関税撤廃などを柱とする両国の自由貿易協定 (JSEPA: Japan-Singapore Economic Partnership Agreement: 日本とシンガポールとの新時代における連携のための経済協定) が調印された。この協定で，鉱工業製品やサービス，一部の農産物等の関税撤廃が実現したほか，経済，金融，学術など幅広い分野の交流も促進された。もともとシンガポールは自由貿易国で関税はなく，交渉の焦点は「日本がどこまで門戸を開くか」にあった。調印された協定で日本側は鉱工業

製品等計3800品目の関税撤廃に踏み切り、シンガポールからの全輸入金額の94％が無税化されることになった。また金融、運輸、旅行など約30のサービス分野でシンガポールに最恵国待遇を付与するとともに、双方で投資の自由化や製品規格の共通化、大学の人材交流も進めることになった。しかし農産物については自民党族議員の抵抗があり、シンガポールとの交渉は難航した。結局、実際の関税が0になっている品目だけを無税化するというFTAとしては異例ともいえる事実上の関税据え置きをシンガポール側が受け容れたが、2千品目近い農水産品の関税が撤廃されずに残った(2002年11月発効)。

　その後05年4月には、日本にとって2件目となる経済連携協定がメキシコとの間で発効した。さらに日本は中南米のチリ、アジアでは韓国、タイ、フィリピン、マレーシア、インドネシア、それにASEANとのFTA/EPA締結に向けた交渉を進めており、フィリピンとは04年11月、マレーシアについては05年5月、タイについては05年9月の首脳会談で、いずれも大筋合意が成立している。ASEANとは05年4月、インドネシアとは05年7月からそれぞれ交渉に入っている。このほかチリ(05年1月)、インド(05年7月)とは産官学の共同研究が、スイス(05年10月)、豪州(05年11月)とは政府間共同研究がはじまっている。これまで日本は東南アジア諸国とのFTA・EPA交渉に力を入れてきたが、日韓FTAについては02年7月に産官学の共同研究会が発足し、05年中の実質交渉終了を目指したが、政治問題が絡み04年末から交渉は中断状態になっている。FTAの波に取り残されないよう努力している日本だが、明確な地域圏構想の裏付けや全体のビジョンがなく、国内における農業自由化への強い抵抗もあって、未だ他国に大きく出遅れているのが実情だ。

《参考》自由貿易協定(FTA)と経済連携協定(EPA)

　関税を撤廃したり、輸出入手続きを簡素化し、貿易や投資の拡大自由化を目指す協定を自由貿易協定(Free Trade Agreement: FTA)と呼ぶ。2国間の取り決めから、欧州連合(EU)のように地域で通貨まで統合するものまで形態は様々。一方、自由貿易協定の内容を基礎としながら、投資やヒトの移動を促進させたり、政府調達、競争政策、知的財産分野のルール作り等より幅広い対象分野について経済関係の強化をめざすものを、経済連携協定(EPA: Economic

Partnership Agreement) と呼んでいる。

　WTO の調べによれば，2000 年 6 月に世界で 113 件だった FTA 協定は，04 年 8 月には 206 件と増加，05 年末には 300 件近くに達している。日本は従来，どことも協定を結んでいなかった (2001 年当時，何処の国，地域とも FTA 協定を結んでいなかったのは中国，日本，韓国のみ)。しかし，世界貿易機関 (WTO) の新ラウンド (多角的貿易交渉) 立ち上げが進まないこともあって，わが国も FTA を推進する政策に転換しつつある。

■注　釈

(1)　エドワード・W・サイード『オリエンタリズム (上)』今沢紀子訳 (平凡社，1993 年) 参照。
(2)　松本三郎「ASEAN: 地域主義の可能性」有賀貞他編『講座国際政治(3)現代世界の分離と統合』(東大出版会，1989 年) 105 ページ。
(3)　97 年 7 月のタイバーツ下落に端を発した東南アジアの通貨・金融危機は，その後，インドネシア，韓国等にも波及。98 年には東南アジア諸国で経済危機の社会的影響が顕在化，特にルピアが暴落し，生活物資不足や価格の高騰といった経済混乱に直面したインドネシアでは，30 年以上統治を続けてきたスハルト大統領が辞任し (98 年 5 月)，ハビビ副大統領が大統領に就任するという政局の混乱を引き起こした。
(4)　APEC 発足以前のアジア太平洋地域における多国間地域枠組み構築に向けた動きについては，野林健他『国際政治経済学・入門』(有斐閣，1996 年) 266 ～ 267 ページ参照。
(5)　クリントン大統領は 1993 年 7 月に訪日した際，早稲田大学での講演で「新太平洋共同体構想 (New Pacific Community)」を発表し，NAFTA を最終的には APEC に包含させ，アジア太平洋地域を一つの自由貿易圏にするとの考え方を明らかにした。
(6)　1990 年 12 月，マハティール首相は東アジア経済グループ (EAEG) 構想を提唱，後に東アジア経済圏協議体 (EAEC) 構想に改称された。EAEC 構想ではメンバーが日中韓台，ASEAN 及びインドシナ諸国で，米加豪ニュージーランドといった APEC の首脳メンバーが排除されており，「太平洋の真ん中に線を引くもの」(ベーカー国務長官) との激しい反発を引き起こした。東アジアの国だけの地域圏作りに強く反対したアメリカの意向を受け日本も EAEC に反対し，その後，豪州やニュージーランド，アメリカを含めた APEC の立ち上げに動いた。

第5章　アジア・太平洋の安全保障協力

1 多国間安保協力の胎動

　日本が位置するアジア・太平洋地域では，これまで多国間で政治・安全保障上の対話や協力を行う慣行や経験がほとんどなかった。それは，この地域の多様性と深い関連がある。アジアでは様々な人種，民族，言語，文化，風習，政治体制，宗教等が混在し，域内の共通項が少ない。発展段階の相違や格差も大きい。また域内には海洋国家もあれば大陸国家もあり，大陸国を中心としたヨーロッパ（EU）とは置かれた地政的環境が著しく異なるばかりか，華夷秩序という縦の国家関係が長らく支配したため，ヨーロッパのように対等な横の関係を前提とした国家間協力の枠組みは育たず，さらに明確で一元化された対象脅威も不在であった。そのうえ朝鮮半島や中国の分裂，社会主義国家ベトナムの存在等未だにアジアでは冷戦対立の構造が生き残ったままである。

　そのため，アジア地域ではEUのような国家連合的な政治共同体や，北大西洋条約機構の如く多国間による集団防衛的な安全保障機構は発達を見なかった。それに代わりこの地域の政治・安全保障の要となったのは，域外国ではありながらも冷戦の一方の主役であるアメリカとアジア各国がそれぞれ別途個別に締結した二国間の安全保障取り決めであった。ポスト冷戦期の現在も，二国間安保体制の積み重ねによってアジア全域の平和と安定を維持する構造に基本的な変化は生じていない。アメリカを軸として，域内各国が個別に米国と繋がる枠組みは，一般に「ハブ・スポークス」の関係と称される。

　もっとも，ASEANの政治機構化やARFの進展に象徴されるように，近年アジア・太平洋地域でも，経済にとどまらず政治・安全保障の面でも多国間の対話と協力の試みが活発化している。それには幾つかの理由が挙げられる。

　(1)　アジア・太平洋地域における相互依存の進展，経済成長・国力の充実
　　　域内の相互依存が進み各国の利害が複雑に絡みあうようになってきたこと

や，経済成長に伴う軍事力の整備・近代化等自己規定能力の向上につれて，対立する利害を平穏かつ効果的に調整できる場が必要となっている。また経済繁栄を持続させるために，政治的安定の確保に関心が高まっている（安全保障欲求の向上）。
(2) 冷戦終焉に伴う国際政治構造・大国関係の変化
グローバルな冷戦構造の崩壊に伴う各国の可能行動領域の拡大
旧ソ連の崩壊と影響力の後退，それに代わる中国の影響力の急速な増大
(3) 域内における地球規模問題の顕在化
環境汚染や自然災害に加え，テロ，国際犯罪，麻薬，海賊対策等々域内協力と行動の連携が求められる分野が増加している。

さらに，冷戦後におけるアメリカや中国の姿勢の変化も関わっている。冷戦期と同様，冷戦終焉直後，アメリカはアジア・太平洋地域に多国間安全保障協力の枠組みを構築することには消極的であった。1990年に報告された「アジア・太平洋地域の戦略的枠組み」でも，この地域におけるアメリカの安全保障政策は，同盟国及び友好国に前方展開する米軍のプレゼンスと受入れ諸国の協力というハブ・スポークス関係を軸とする意向が示された。アメリカが二国間主義（bilateralism）を重視し，多国間主義（multilateralism）ないし多国間の安全保障協力に懐疑的であったのは，二国間対話の方がアメリカが主導権を握りやすいことに加え，多国間の枠組みが既存の同盟関係に悪影響を及ぼすことへの懸念や，海軍軍縮に関心が集まることへの不安があったためと言われる。しかしそうした問題も特段表面化せず，むしろアジアでの孤立を避けるため，1992年頃からアメリカも多国間の安保協力に肯定的な姿勢を示すようになった。

また中国もその態度を変化させた。伝統的な権力主義政治観に立ち，国際政治における主権国家の存在意義を重視する中国は，国際機構や地域協力の枠組みには従前から懐疑的であった。当然多国間の安保協力にもネガティブであったが，周辺諸国との全方位外交や経済関係の深化等を背景にASEANとの関係を重視するようになり，91年7月には銭其深外相がASEAN外相会議にゲストとして参加，ZOPFAN（a Zone of Peace, Freedom and Neutrality）宣言や東南アジア非核地帯化構想の支持を表明した[1]。以後，中国のASEANへの積極的関与が続いている。中台関係や南シナ海の領有権問題等具体的な政治争点

への態度は依然頑なだが，中国が多国間の安保対話に加わるようになったことは信頼醸成促進のうえで意義あることと言える。

2 多国間安保協力の枠組み

● ASEAN 地域フォーラム（ARF: ASEAN Regional Forum）

　安全保障問題に対する ASEAN の積極的な取り組み姿勢を示すのが，1993年に設置が決まった ASEAN 地域フォーラム（ARF）の存在である。ARF はアジア太平洋地域における政治・安全保障分野を対象とする全域的な対話のフォーラムで，政治・安全保障問題に関する対話と協力を通じて地域の安全保障環境を向上させることを目的としている。93 年 7 月の拡大外相会議（シンガポール）で設置が合意され，第 1 回閣僚会合が 94 年 7 月にバンコクで開かれた[2]。ここでは ARF の取り組む課題として信頼醸成と予防外交を挙げ，その達成のために東南アジア友好協力条約（バリ条約）の目的と原則が有効である旨が確認された。以後 ARF は毎年夏に ASEAN 拡大外相会議と相前後して「閣僚会合」や「高級事務レベル会合（SOM: 閣僚会合の準備を行うため毎年春に開催）」を開催，96 年からは新たに実務レベルの各種会合も開かれている。現在の構成メンバーは，ASEAN 加盟 10 か国に加えて，対話国・機構，それにオブザーバー等合計 25 か国 +1 機構（EU）。ARF は冷戦後のアジア・太平洋地域の安全保障問題について議論するこの地域として初の多国間協議の枠組みであり，しかも唯一の政府間フォーラムとして注目されている。「対話と協力」の場であることからコンセンサスによる会議運営を原則とし，自由な意見交換を重視している。また ARF 設置に伴い，トラック-2（非政府間会合）としての対話の場である CSCAP（アジア・太平洋安全保障協力会議）も発足した。

　設置後の ARF の活動ぶりであるが，95 年 8 月の第 2 回閣僚会合（ブルネイ）では，域内における安全保障対話・協力の方向性として三つのプロセス（第 1 段階として「CBM（信頼醸成）の促進」，第 2 段階として「予防外交の進展」，第 3 段階として「紛争へのアプローチの充実」という目標）を設定し，これを漸進的に進めていくことが合意された。また第 1 段階に関して，「信頼醸成措置」，「平和維持活動（PKO）」，「海難捜索・救出」という三つの作業部会を設け，具体的な協力体制について実務レベルの検討が進められることになった。98 年 7 月の

第5回閣僚会合（マニラ）では，モンゴルの参加を認めたほか，印・パ両国の核実験，アジア経済危機等について活発な意見交換がなされた。特に議長のイニシアティブによって，印・パ核実験に対する重大な懸念と強い遺憾の意が議長声明に盛り込まれたことは，当事者のインドがARF参加国であること，ARFにおける意思形成がコンセンサスに拠っていることに鑑みれば画期的な出来事といえる。次いで99年7月の第6回閣僚会合（シンガポール）では，南シナ海の領有権問題等東南アジア情勢や朝鮮半島問題で意見交換がなされ，議長声明で，南シナ海における領有権問題に関し全ての当事国が引き続き自制することを呼びかけたほか，北朝鮮のミサイル発射（98年8月）に対して，緊張を高め朝鮮半島及び地域の安定に深刻な結果をもたらすと懸念を表明した。また三つのプロセスの第2段階にあたる「予防外交」について，その概念と原則の検討を開始することとされた。

　その後，99年11月には「信頼醸成措置に関する会期間支援グループ（ISG: Inter-sessional Support Group，閣僚会合と閣僚会合の間の1年間に行われる実務レベル会合）」の会合が東京で開催され，第6回閣僚会合の結果を受け，ARFにおける予防外交の在り方等について議論が交わされた。2000年には初めて参加各国が自国の地域の安全保障情勢認識に関して作成し，議長国が取りまとめた「安全保障に関するARF年次概観」が刊行されたほか(3)，同年7月の第7回閣僚会合には北朝鮮が初めて参加，北朝鮮を交えて半島情勢を始めとするアジア・太平洋地域の政治・安全保障問題について意見交換が行われ，南北首脳会談及び北朝鮮の国際社会との関係改善を評価し，北朝鮮の一層の前向きな動きへの期待が表明された。このほか大量破壊兵器及びその運搬手段の拡散への対処やミサイル防衛システムの影響についても意見交換がなされた。さらに01年7月の第8回閣僚会合（ハノイ）では，予防外交の概念と原則，ARF議長の役割の強化，専門家・著名人登録制度に関する三つのペーパーが採択された。中でも予防外交の概念と原則で合意ができたことは，ARFの第2段階への移行にあたり大きな前進となった。05年には「信頼醸成措置に関する会期間支援グループ」が「信頼醸成措置及び予防外交に関する会期間支援グループ」に改められた。06年の第13回閣僚会合（クアラルンプール）では，北朝鮮のミサイル発射を懸念する議長声明が発表されたほか，スリランカの加盟が承認された。

多国間安保協議の場である ARF は，アジアにおける地域的安保協力機構として先駆的な意義を帯びており，アジア各国が一堂に会し安全保障問題について忌憚ない意見の交換が行えるばかりか，首脳クラスの公式・非公式な接触の場として国際交渉の重要な舞台を提供している意義も見落とせない。ARF は信頼醸成と予防外交を活動目的に掲げている点で OSCE と類似する。ただ域内紛争処理の厳密なルール化を進める OSCE とは異なり，多様性に富むアジアの地域特性を考慮し，ARF では継続的な対話による合意形成と自発的な貢献という緩やかな連携のスタイルが重視され，早急かつタイトな制度化には必ずしも固執しない姿勢が打ち出されている。

● アジア太平洋安全保障協力会議 (CSCAP: Council for Security Cooperation in the Asia Pacific)

非政府レベルの取り組みとして，アジア太平洋安全保障協力会議（CSCAP）がある。CSCAP は，アジア太平洋地域における信頼醸成措置や安全保障問題の向上のために 93 年 10 月に創設，17 か国と 2 地域の研究者や政府関係者が個人の資格で参加している。運営委員会は 1 年に 2 回開催され，ASEAN と非 ASEAN 諸国から選出された 2 人の共同議長が会議を主宰し，「海洋協力」，「北太平洋・北東アジア安全保障協力」，「信頼醸成措置」，「協調・包括的安全保障」の四つの作業部会が設けられた。97 年 8 月には核不拡散体制の強化及びアジアで核エネルギーの需要が増加していることに鑑みて，欧州原子力共同体を模倣した「アジア原子力共同体」の創設を提唱し，翌年の ARF での検討課題とされた。

このほか，セカンド・トラックの動きとして，インドネシア主宰で 90 年に創設された「南シナ海ワークショップ」がある。これは領有権問題を棚上げし，南シナ海の海洋調査，資源探査，船舶航行の安全確保等の領域で協力の可能性を探求し，参加国の信頼醸成を目指すものである。非政府会議だが，出席者は政府関係者が多数を占める。参加国はインドネシア，中国，台湾，ベトナム，フィリピン，マレーシア，ブルネイ，タイ，カンボジア等南沙諸島の領有権を主張する諸国である[4]。また民間研究機関である英国国際戦略研究所（IISS）の主催により，02 年から始まった IISS アジア安全保障会議がある。アジア・太平洋地域の国防大臣クラスを集めて安全保障問題や地域の防衛協力について議

論を行うことを目的とした多国間会議で，毎年シンガポール政府の支援を受けてシンガポールで開催されており，会場となるホテル名から"The Shangri-La Dialogue"とも通称されている。

3 安保協力の展望：協調的安全保障論と中国脅威論
●協調的安全保障の理論

　今後，アジア・太平洋地域における安全保障上の不安を減じていくためには，個別問題に対応する二国間での協議，協力に加え，域内各国間の信頼醸成に向けた努力が必要となる。そこで冷戦後，これまでの勢力均衡や集団安全保障に加え，国際安全保障の実現をめざす新たなモデルとして提唱されるようになったのが「協調的安全保障 (cooperative security)」の理論である[5]。これは敵対関係の存在が不明瞭な一定の地域において，域内全ての国が加わった多国間協調の枠組みを設け，不特定潜在的な段階に留まっている脅威が顕在化することを防止するための活動プロセスで，ヨーロッパにおける OSCE の活動が念頭にある。域内における特定脅威の存在を前提としない点，友好国だけでなく潜在的な敵性国もメンバーとして取り込む点，信頼醸成や安保対話の積み重ねを主たるアプローチとする点に特徴があり，集団安全保障体制のように制裁能力の発揮によって安全を確保するのではなく，そうした強力な制裁力を欠く緩やかな多国間関係において，メンバー相互の信頼関係を築き上げることで域内脅威の顕在化を防ごうとするものである。そしてこの多国間協調の安保モデルが，ARF の拠って立つ基本原理と認識されつつある。

　しかし，話合いや信頼醸成措置だけで利害の対立や特定国家の覇権的行動を抑制することは出来ない。国家間の誤解や相互の理解不足，認識の相違等が対立を紛争へと拡大させる因子となることが多いのは確かだが，逆に対話を重ねれば全ての紛争が回避されるというものでもない。アジアの場合，地域協力の歴史の浅いことやコンセンサス重視というアジア的な意思決定の影響もあり，政治・安保の地域協力が対話や協議の域にとどまり，具体的合意の達成や合意履行に必要な実行性の伴う機構や組織の構築等タイトな枠組みの形成は決して容易な作業ではない。ARF を例にとれば，加盟国の多様性のために意思決定においては全会一致原則をとらざるを得ない。これは全ての参加国が拒否権を

持つに等しいわけで，ARF が域内の安全保障問題に対して効果的な措置を取れないことを意味している。メンバーの中のある国家が覇権主義的な行動に出た場合，それを抑えるだけの強制措置が伴わないこのシステムには，安保機構として大きな限界が伴っているのだ。

またコンセンサス重視は，合意の得にくい複雑な案件を当初から回避するという欠点を抱えている。信頼醸成を促すには各国の関係者が頻繁に接触・コミュニケーションを図ることにより互いの意図を，また各国がその軍事力，国防力の透明性を高め，互いの能力をそれぞれ認識，確認することが大切だ。しかし非民主・閉鎖的な政治システムを採る国がメンバーに含まれる場合には，公開性の確保や交流の深化は期待しにくい。協調的安保の考えは，緩やかな共同体を形成するアジア地域では一見相応しいメカニズムのようにも見えるが，冷戦構造がいまも続いている現実や，メンバーの多くが既に成熟期に入ったヨーロッパとは違い，未だ成長期にあり，めざましい経済発展を背景に，若いナショナリズムに溢れ大国志向の強い国を数多く抱えているといういま一つのアジア地域の特徴を考え併せれば，この理論の抱える限界も正しく理解されねばなるまい。

● **高まる中国の軍事的脅威：軍備増強と不透明性**

そもそも協調的安保の考え方は，冷戦終焉直後の楽観的な国際情勢見通しを背景に提唱された概念といえる。だがヨーロッパとは異なり，ソ連崩壊から 20 年近くを経た現在もアジアでは冷戦が終わっておらず，それどころかアジアを取り巻く国際環境は厳しさを増している。なかでもこの地域の先行き不透明感を高めている最大の不安定要因が，最大の大国中国の動向だ。中国は第 2 次天安門事件以後，周辺諸国との協力関係拡大をめざす周辺外交を展開する一方で，伸張著しい経済力を基盤に，核ミサイル戦力や海・空軍力を中心とした軍事力の近代化を急ピッチで進めている。対米核抑止力の確保や国際社会における影響力の拡大を狙いに核戦力およびその運搬手段たる弾道ミサイルの開発努力を継続させており，弾道ミサイルについては ICBM を約 30 基保有するほか，米国のミサイル防衛に対抗するために弾道ミサイルの多弾頭化に関する研究を進め，潜水艦発射弾道ミサイル（SLBM）の開発にも力を入れている。ICBM の東風 31 を SLBM 用に改良した巨波 2 は米本土を射程に収めることが

でき，実戦配備も近いといわれる。またエネルギー輸送の安全確保やアジアでの米軍のプレゼンスを牽制，低下させるため強力な外洋海軍の建設に取り組んでおり，攻撃型キロ級潜水艦等ロシアから最新鋭の武器を取得しているほか，数年後には空母の保有も囁かれている。差し迫った軍事的脅威が存在しないにも拘わらず，しかもその意図や実態を明らかにすることなく軍拡を急ぐ中国の姿勢には，強い不信の念や警戒感が周辺諸国から生まれている。

　国防費の実態も不透明だ。中国は従来から軍事費の詳細を開示しておらず，公表している国防費は実際の軍事支出の一部にしか過ぎない（例えば，装備購入費や研究開発費等は全てが公表金額には含まれていない）。他の費目に分散された予算を含む実質国防費は公表額の2～3倍に達するとアメリカは見ており，公表された06年の国防費2838億元（約4兆1千億円）も実態は8兆2千～12兆3千億円程度と推計している。公表ベースでも，中国の国防費は18年連続して二桁の伸びを記録している。米国防省が発表した「中国の軍事力に関する報告書」(06年版)は，「軍拡のペース，幅の広さとも既に地域の軍事バランスを危険な状態にしている」と警告する。また中国は米ソ（露）間のSALTやSTART等の軍縮軍備管理プロセスに一度も参加したことが無く，通常兵器の規制にも極めて消極的だ。さらに中国はエネルギー利権の獲得を狙いに，第三世界諸国に多量の武器や軍事技術を供与している。レバノンのイスラム教シーア派武装組織ヒズボラによるイスラエル艦船攻撃に中国製シルクワームミサイルが使用されたほか，イラン，スーダン，ミャンマー等の圧政国家にも大量破壊兵器の技術・部品の供給疑惑が指摘されている。ASEANに接近し地域協力を讃えながら，南沙群島のような領土問題になると高圧排他的な態度を変えようとしない。国際平和や人権よりも自国の経済発展や影響力拡大を露骨に押し出す国益至上外交は，国際世界の安定にとって問題となっている。

　こうした中国の姿勢は，米中関係にも大きな影響を与えている。アメリカはテロとの戦いやWNDの拡散防止に加えて，中国の覇権主義的行動を牽制する様々な措置を講じ始めている。軍事分野では，台湾海峡危機等を想定してグアムに攻撃型原子力潜水艦，B-2爆撃機，空中給油機，グローバルホーク無人偵察機等を配備しつつある。外交面では，インドや東南アジア等中国周辺国との協力推進に力をそそいでいる。軍事転用可能な物資，技術の対中輸出規制を強

化する方針とも伝えられる。ブッシュ政権は中国が国際社会で責任ある建設的な役割を果たすよう求めているが、北朝鮮の核開発阻止に対する中国の姿勢は曖昧で、逆に食糧やエネルギー援助を通して北朝鮮を事実上の保護国となしつつある。安全保障以外の分野でも、貿易不均衡や元切り上げ問題、人権、宗教の自由、台湾問題等米中間には懸案が多い。現在両国の間には資本・技術と市場の獲得という経済的相互利益の関係が働いているため、米中関係が一挙に悪化する可能性は低いが、長期的には政治システムの違い（自由民主主義の開放体制 VS 一党独裁の閉鎖体制）が対立の最大要因となろう。中国の開放・民主化が進まなければ、米中（日中も）が永続的な協調関係を築くことは困難である。アジアの安定実現と地域協力推進のためには、中国が軍事政策・軍事情報の透明性・公開性を高め、周辺諸国との信頼醸成を進めるとともに、戦略兵器に関する米中露軍縮プロセスの創設や通常兵器規制の国際的枠組みに積極関与する必要がある。そうした施策を打ち出せるか、あるいは逆に覇権主義に傾斜していくか？　その答えは偏に中国が民主体制への移行を果たせるか否かにかかっている。

●重層的相互補完の安全保障体制

　二国間・多国間の対話や協力の枠組みを整備かつ強化し、域内の相互信頼関係を高めるための安全保障対話や防衛交流を進展させていくことは、相互理解の促進と誤解の回避、紛争予防にとって不可欠のアプローチである。他方、非民主国家や潜在的覇権国家を多国間協力の枠組みの内部に抱え込んでいる問題の大きさも冷静に受け止めねばならない。つまりアジアの現状や国際環境において、協調的な安全保障の枠組みや地域協力のレベルは、既存の二国間安保機構にとって代わり得るだけのメカニズムには成熟しておらず、地域協力の機能を充実させるには、引き続いての着実な積み重ね努力がなお必要である。

　その際、地域協力や多国間協議フレームの発展と既存の二国間を主体とする同盟との関係については、多国間協議が話合いと信頼醸成の域に留まる限り、抑止や有事対応を狙いとした既存の同盟（ハブ・スポーク）と域内の交流、対話、協議の場としての緩やかな多国間協力体制としての安全保障協議機構とは、互いに補完的な関係に立つものと認識すべきである[6]。アジア・太平洋地域の安全保障環境を向上させるには、二国間・多国間の対話の枠組みと既存の同盟枠

組みを重層的に整備強化することが肝要で，後者を時代遅れの産物視したり，前者が後者にとって代わるべしとの多国間フレームに対する楽観論は危険だ。一方，国家間紛争を前提とした従前の同盟・集団防衛体制は，国連の機能を補うべく，地域的な安全保障機構としての役割りが求められており，また国際テロ組織との非対称型紛争への対処機能も具有せばならず，その点からも多数国とのコミュニケーションを重視する前者との連携強化が意義を持つことになる。

　さらに，ハブ・スポークの中でも日米安全保障体制がその中心となっていることが重要な点だ。1996年4月の橋本首相とクリントン大統領の「日米安全保障共同宣言」において，日米安保条約を基盤とする日米同盟関係が，21世紀に向けてアジア・太平洋地域において安定的で繁栄した情勢を維持するための基礎であることがうたわれた。いまや日米安保体制は単なる日米二国間の関係に尽きるものではなく，アジア・太平洋地域の平和と安全に寄与する枠組みともなっており，日本はこの地域の平和と安定に極めて重大な責務を担っている。日米安保体制を堅持しつつ，同時に域内諸国との安保対話の枠組みを構築することで，我が国は重層的相互補完安保体制の要の役を果たしていかねばならない。

　文化や風土が異なる以上，地域統合に向けた進捗のプロセスや手法にも地域格差が存在する。それゆえ，必ずしもヨーロッパと同一のパラダイムでアジアの地域・安保協力を論じるべきではなく，またヨーロッパにおけるプロジェクトを統合や地域協力の単一の雛形と狭く規定するべきでもあるまい。アジア・太平洋地域は各国の発展段階や政治経済体制等あらゆる面で多様性に富んでおり，この地域の安全保協力の関係もそうした多様性を取り込む中で，漸進的に進展を遂げていくものと考えられる。安定したアジア・太平洋地域を実現していくための，息の長い努力の継続が域内各国に期待される。

■注　釈

(1) 　神保謙「日米中のアジア太平洋多国間安全保障協力」『新防衛論集』第25巻第3号（1997年12月）57ページ。
(2) 　ARF設置に至る経緯とその意義，課題に触れた一例としては，納家政嗣他編『新安全保障の構図』(勁草書房, 1999年) 155ページ以下，佐藤考一「ASEAN地域フォーラム：アジア太平洋地域における安全保障協力の試み」財団法人日本学術協力財団編『冷戦後

のアジアの安全保障』(大蔵省印刷局, 1997年) 172ページ以下等参照。
(3) 第1段階の「信頼醸成の促進」については, ARF 年次年鑑の刊行のほか, 国防白書の発行, 国防政策ペーパーの提出, PKO や災害救助等に関する会合の開催等の措置が実施されている。
(4) 藤本一美他編『「日米同盟関係」の光と影』(大空社, 1998年) 46〜47ページ。
(5) 山本吉宣「協調的安全保障の可能性」『国際問題』1995年8月号2〜20ページ。
(6) 神谷万丈「アジア太平洋地域における重層的安全保障構造に向かって」日本国際政治学会編『日米安保体制—持続と変容』(有斐閣, 1997年) 157ページ等。

第6章　北東アジアの地域協力

1 緊張高まる北東アジア情勢

　ヨーロッパでは冷戦後，大規模な国家間の武力紛争生起の蓋然性は大きく低下し，代わってテロや周辺地域での民族紛争が安全保障上の重大脅威と認識されるようになった。しかし日本を含む北東アジアでは冷戦終結後もイデオロギーや国家対立の構図が残り，朝鮮半島では半世紀以上にわたり同一民族の分断対立状況が継続し，中台関係も緊張が続いたままだ。しかも北朝鮮は繰り返し核・ミサイルを用いた瀬戸際外交を展開，隣国の中国は一貫して軍備の増強・近代化を進め，またエネルギー需要の逼迫等を背景に領土問題で頑なな姿勢を示し，周辺諸国に不安感を与えている。

　●北朝鮮：核・ミサイル脅威

　2002年10月，北朝鮮は米朝合意（94年）に違反して，プルトニウムだけでなくウラン濃縮による核兵器開発を進めていたことをアメリカに認め，翌03年1月にはNPT脱退を宣言する[1]。これが第2次核開発危機の発端となった。問題を解決するため，同年4月北朝鮮と米中3者の，さらに8月には日韓露も加わった6者協議が始まった。しかしブッシュ政権が敵視政策を変えないとして，04年8月以降北朝鮮は6者協議への参加を拒否し，05年2月には核兵器の保有を表明。さらに5月には寧辺の実験用黒鉛減速炉から約8千本の使用済み核燃料棒の取り出し完了を発表した。その後05年7月に第4回6者協議が開催され，9月には朝鮮半島の非核化を最終目標とし，北の「核兵器放棄とNPTへの復帰」を盛り込んだ共同声明が採択された。だが，放棄が先か支援・体制保証が先かの手順を巡り再び対立が強まる。加えてアメリカは9月，マカオにある銀行の北朝鮮口座との取引を停止させ事実上の経済制裁に踏み切ったため，外貨獲得の途を阻まれた北朝鮮はその態度を一層硬化させ，06年7月にテポドン2号等7発のミサイルを日本海に向け発射した。この恫喝行為に対

し日米が主導して北朝鮮非難決議が国連安保理で採択されたが、北朝鮮は同年10月には核実験を強行。安保理は国連憲章第7章に基づく経済制裁の発動に踏み切った。07年2月の6者協議では、北朝鮮が全核施設を無力化するのと引換えに、重油最大百万トン相当を援助するという合意が成立したが、北がこの約束を誠実に履行するか否かは不透明である。

　北朝鮮が核兵器の保有に固執するのは、国威発揚もあるが、最大の理由は金正日体制存続のためである。フセイン政権のようにアメリカが現体制を崩壊させることを北鮮は非常に恐れており、核を手にすることでアメリカの行動を抑止し、併せて体制存続を求める米朝交渉の切り札に核を使おうと考えている。一方アメリカは大量破壊兵器の放棄が先決であり、それに応じない限り経済的圧迫を加えて金正日体制を干し上げていく戦法を採っている。また北の核・ミサイル技術がイランや国際テロリストに渡らぬようその拡散防止に政策の重点を置いている。もっとも、北朝鮮がアメリカとの直接交渉を欲しているのに対し、核保有国にはなったものの、北朝鮮の現在のミサイル技術では米本土への脅威は依然低いこともあり、アメリカは問題の解決に周辺諸国の積極的関与、特に中国のイニシアティブ発揮を強く求めている。これに対し中国は、冷戦期からの朝鮮との関係に加え、現体制を崩壊させれば民主政権が生まれ、アメリカや韓国の影響力が北上、拡大することになろう。そうした事態は阻止し、大量の難民が中国に押し寄せる事態も避けたいと考えており、そのため金正日政権を支え続けている。北朝鮮の独裁的政治体制の改善や民主化実現の考えを中国が持たず、また核の放棄やミサイル開発を自粛させるため強い圧力をかけることも回避し、逆に北朝鮮を事実上の保護国化し、重油や食料等の支援を今後も継続する限り、金正日体制が短期間に崩壊し、あるいは核・ミサイル、拉致問題が解決する見込みは非常に小さいであろう。仮に現体制が崩壊した場合も、開放的な民主政権が誕生する可能性は乏しく、むしろ親中国の新たな軍事政権の出現が想起される。

　北朝鮮の脅威は大量破壊兵器やミサイルだけではない。「強盛大国」建設を国家の基本政策として標榜し、その実現に向けて「先軍政治」体制をとる北朝鮮は、経済困難や食糧不足にも拘らず軍備強化や即応態勢の維持に努めており、総人口の5%近くが現役軍人と見られている。27個師団100万人の陸上兵力

の 2/3 は南北の DMZ（非武装地帯）付近に前進配備され，海上でも我が国に対する不審船事案だけでなく，潜水艦による韓国領海侵入や南北警備艇どうしの銃撃戦が繰り返し生起している。朝鮮半島では今日も 250 キロの DMZ を挟み，南北併せて約 150 万人の地上軍が厳しく対峙する状況が続いたままである。

●中国海軍の外洋進出と台湾侵攻能力の向上

近年，中国は海軍力の増強・近代化を急いでいる。大国としての影響力行使や台湾侵攻の手段，さらに自国の資源・製品輸送ルートの安全確保の必要性がその背後にある。日本周辺海域でも，軍事行動や資源探査活動が活発化している。エネルギー需要の逼迫から中国が東シナ海の油田開発で日本に譲ることはないし，尖閣諸島の領有権さえ主張し続けることも間違いない。中国が尖閣諸島に拘るのは，周辺海域における地下資源の存在に加えて，同諸島の領有によって日中 FEZ（排他的経済水域）の境界線が左右されるからだ。さらに台湾侵攻能力の保持やシーレーン確保のため，中国は西太平洋にまで海上戦力のラインを拡張させつつあるが，これは鹿児島沖から台湾に至る南西諸島が中国海軍の外洋進出を妨げる強力なバリアとなるため，その突破を企図しているからだ。外洋海軍の建設を急ぐ中国は，海洋データの収集や列国海軍の能力を探る必要から，潜水艦による領海侵犯事件はじめ日本近海での海洋観測船の調査活動を増大させている。空も同様で，中国機による自衛隊の緊急発進が急増しており，警戒を疎かにはできない[2]。

次に中台関係であるが，台湾では 99 年に李登輝総統が「両国論」を提示し，2000 年には独立志向を持つ陣水扁政権が誕生した。中国が軍事的な威嚇等を通して独立に向けた動きを封じ込めようとしたため，陣水扁は第 1 期目の総統就任（2000 年 5 月）に際して，(1)台湾独立を宣言しない(2)国名を変更しない(3)李登輝前総統が提唱した「両国論」を憲法に明記しない(4)統一か独立かを問う国民投票は実施しない(5)国家統一綱領と国家統一委員会を廃止するという問題は存在しない，という「五つのノー」を約束した。しかし陣水扁は両国論を実質的に引き継ぐ「一辺一国論」を提示し（02 年 8 月），「台湾は対岸の中国とは別の国であり，明確に分けられなければならない」と主張した。04 年の総統選挙で陣水扁は再選を果たした。独立志向を持つ陣水扁政権を警戒する中国は，05 年 3 月の全人代で「反国家分裂法」を制定し，台湾が独立を進め

る場合には台湾への武力行使を辞さない方針を明確にさせた。同法では，(1)台湾を中国から分裂させる事態を引き起こした場合，あるいは(2)分裂を引き起こす可能性のある重大な事変が引き起こされた場合，または(3)平和的統一の可能性が完全に失われた場合には，「非平和的手段そのほか必要な措置」を講じることが明記された(同法第8条)。中国は台湾の平和的統一をめざしているが，武力統一という手段を放棄したことは一度もない。反国家分裂法はそうした中国の姿勢を改めて明らかにさせたものといえる。

中国が台湾を軍事的に制圧するためには，台湾本島への着上陸侵攻作戦が必要となるが，そのためには台湾海峡周辺の制空，制海権の確保が不可欠だ。そこで中国はスホーイ戦闘機(Su27, Su30)をロシアから購入したり，対艦攻撃力の強化を急いでいる。人民解放軍は毎年福健省南東部で大規模な軍事演習を実施しており，05年8月には初の中露合同軍事演習(「平和の使命2005」)が行われた。相互信頼や国際テロ対策が目的とされるが，訓練内容に上陸作戦や海上封鎖などが含まれており，台湾武力統一を視野に入れたものと見られる。米国防省が06年5月に発表した「中国の軍事力に関する年次報告書」によれば，中国が国境を越えて軍事力を行使する能力は現段階では限定的としながらも，台湾侵攻能力を急速に高めていることに警戒感を示し，総兵力の約1/3，海軍力のほぼ半分を台湾に振り向けており，福健省等台湾対岸の部隊に短距離ミサイル(SRBM)を710〜790基配備しており(05年末時点)，毎年約100基ずつのペースで増えており，その精度・威力も向上していると指摘する。また巡航ミサイルの近代化も進めており，これが対岸に実戦配備されれば台湾への遠距離精密攻撃が可能となり，SRBMと合わせて台湾主要目標への中国の攻撃能力は格段に向上する。

これに対し陣水扁政権は，GDPに占める国防費の比率を3％以上の合理的な水準まで回復させる意向を示すなど国防力の強化をめざしているが，立法院における与野党対立のためアメリカ等海外からの武器購入に必要な予算案が成立せず，先の米国防省報告も述べるように，中台の軍事バランスは確実に中国有利に傾きつつある。国家分裂法や軍備強化の強面政策と並行して，中国は国民党幹部の大陸招致やパンダ外交の展開，中台交流の活発化等のソフト戦略で台湾の野党や財界，世論を巧みに取り込み，陣水扁政権を孤立化させようと考

えている。中台の経済格差が縮小し，逆に台湾経済の大陸依存が高まるなか，台湾としては中国軍事脅威論の高まりを背景に，日米 ASEAN 諸国等との連携を深めることで自らの安全保障と国際世界での発言力維持をめざすものと思われる。このほか北方領土問題を抱えたままの日露関係や，ぎくしゃくする日韓・米韓関係等も北東アジアの地域協力を進めるうえでの懸念材料である。

2 地域協力の現状

　北東アジアは，漢字文化，儒教文化圏としての歴史・文化的共有性を帯びながらも，政治経済両面における国家間協力は世界の中で最も遅れた地域の一つとなっている。国家間統合はおろか[3]，すべての構成国が参加する政府間の多国間協力・対話の場さえ存在していないのが現状だ。多国間協力や地域統合の動きが欧州に比べて遅いアジア太平洋地域の中でも，特に北東アジアで遅れが目立つのは，大陸・海洋・半島と各国の地政的環境が異質なことに加え，この地域には冷戦構造が存続しており（朝鮮半島，台湾海峡），資本主義国の日韓と閉鎖独裁体質の社会主義政権の中国，北朝鮮が併存していることが大きい（体制の相違）。この中朝の軍事力が周辺諸国のみならずアジア及び世界の秩序を不安定化させていることは前述した。また国ごとの発展段階も異なれば，国力の格差も著しい。さらに日韓や日中に存在するいわゆる歴史認識や戦争責任問題が地域協力の発展を阻害している。そればかりでなく，中国や韓国が域内の日本を協力相手国とみるよりも競争相手，追いつき追い越すべき存在として意識し，また国内の矛盾から国民の目をそらし，あるいは政治的支持獲得の材料としてこうした反日意識を利用している面も否定できない。日本に関する正しい知識の普及や適切な教育が行われてこなかったという問題も指摘されている。一方，冷戦構造の存在や良好な対米関係の維持に腐心するあまり，我が国が近隣国との健全な外交関係育成に積極的でなかったことにも一因があろう。

　こうした種々の原因が重なり，北東アジアの諸国が一同に会する話合いの場は存在しない。構成国の一部が参加するものとしては，四者協議やKEDO，それに北朝鮮問題に関する日米韓協議（北朝鮮問題に関する3国調整会合：TCOG）等が挙げられるが，いずれも朝鮮半島の安全保障を対象とし域内全体の政治協力・協議のための機構ではない[4]。

●北朝鮮及び韓米中による四者協議

冷戦終焉後も朝鮮半島の緊張が続く1996年4月,韓国の済州島で米韓首脳会談が行われ,クリントン大統領と金泳三大統領は共同宣言を発表,40年以上にわたり休戦状態が続く朝鮮半島における恒久的な平和体制の実現を目指し,朝鮮戦争の休戦協定から平和協定への格上げの道を探るため,韓国と北朝鮮の他に休戦協定の署名国である米中両国を加えた「四者会合」の開催を提案した。一方北朝鮮は,平和協定に関する話し合いはアメリカとのみ行うと主張,また米韓による大規模な食糧援助を要求した。米韓両国はこの要求は退けたものの,国連機関や赤十字ルートによる人道的食糧支援に応じたため,97年8月,ようやく米,韓国,北朝鮮,中国による予備会談が実現。その後,9月と11月にも予備会談が開催され,北朝鮮が在韓米軍撤退を本会議の議題とするよう求めたことから難航したが,97年12月にはジュネーブで第1回目の,翌年3月には第2回目の本会議が開催されたが,その後,大きな進展は得られていない。

●朝鮮半島エネルギー開発機構（KEDO: The Korean Peninsula Energy Development Organization）

北朝鮮の核開発疑惑に関して,幾つかの枠組みが立ち上げられた。まずその核兵器開発を封じるため,94年の米朝間の「合意された枠組み」を受けて95年3月に日米韓3か国が設立した国際機関が,朝鮮半島エネルギー開発機構（KEDO）だ。KEDOの主な設立目的は,北朝鮮が開発した既存の黒鉛減速炉（核兵器の原料となるプルトニウムの生産が容易）の活動を凍結し,最終的には解体する代わりに,軽水炉（プルトニウムの生産が比較的困難で,また国際的監視に服させやすい）2基を提供すること,また軽水炉1基目の完成までの間,代替エネルギーとして年間50万トンの重油を供給することにあった。KEDOの意思決定は理事会で行われ,理事会は原加盟国である日本,米国,韓国と97年9月に加盟したEUの各代表から構成された。

95年12月,KEDOと北朝鮮の間で軽水炉プロジェクトに関する供給取極が締結され,97年8月から北朝鮮ハムギョンナムド（咸鏡南道）クムホ（琴湖）の軽水炉建設用地において土地造成を中心とする準備工事の着工式が行われ,軽水炉建設に向けた工事が開始された。98年7月,軽水炉プロジェクトの経費負担について理事会の意見が一致,その後,北朝鮮によるミサイル発射を受け

て日本がKEDO進行を一時見合わせたが，10月には決議案が採択され，所要総事業費約46億ドルで，その70%を韓国，22%を日本（10億ドル相当）が負担することとなった。99年には，KEDOと韓国電力公社の間で軽水炉建設を請け負わせるための契約が署名された。02年の時点で軽水炉1号機の完成は08年と予測されたが，核放棄を巡る米朝協議の難航から03年に事業が停止された。当初停止期間は1年間の予定だったが，結局06年6月にKEDOは廃止された。これまでに建設作業の33%が終了し，14億ドルが使われた。

いま一つ，北の核開発問題協議の場として生まれたのが北朝鮮問題に関する3国調整会合（TCOG: Trilateral Coordination and Oversight Group）だ。日米韓3国調整会合は，クリントン政権が対北朝鮮政策の見直し作業を進めている最中の1999年3月に，3か国間の緊密な協調体制を確保するための新たなメカニズムとして設立された。TCOGの構成は日米韓の政府高官（日本は外務省アジア太平洋局長，アメリカは東アジア太平洋問題担当国務次官補，韓国は外交通商部次官補がそれぞれの代表団の首席）からなり，目的は，新たな政策を形成する場ではなく，同一の方向に向けて政策を遂行していくための調整を行う点にある。もっとも，韓国の盧武鉉政権発足後，日韓，米韓関係がぎくしゃくし，TCOGの枠組みは不全に陥っている。

● 北東アジア協力対話（NEACD: North East Asia Cooperation Dialogue）

北東アジア協力対話はいわゆるトラックⅡの会合。北東アジアの長期的な安定に役立てることを目的とした，民間レベルの安全保障対話の場。民間レベルのこの会合は，アメリカのカリフォルニア大学サンディエゴ校世界紛争・協力センターが主催しており，日本では国際問題研究所が協力している。これまでは日米に中韓露の5か国が参加していたが，02年10月のモスクワでの会合で初めて北朝鮮も参加した。06年4月に東京で開催された会合では，北朝鮮の6者協議への復帰を巡り，この枠組みを活かして各国の活発な外交も演じられた。

メンバーは各国の学識経験者に加え，政府関係者も個人の資格で参加し，政府の立場に囚われることなく各国の安全保障政策やテロ対策，朝鮮半島情勢等について自由な意見交換を行っている。この地域にはOSCEのような安全保障に関する政府間の枠組みは存在しない。トラックⅡとはいえ，この地域で唯一の安全保障対話の枠組みとして，北東アジアの相互信頼と信頼醸成の促進に

寄与することが期待されている。

- **日中韓三国首脳協議**

 97年に発生した通貨・金融危機の教訓を踏まえ、東アジアにおける地域協力を強化する機運が域内各国で高まった。それを受けて99年11月、マニラでのASEAN+3（日中韓）首脳会議において、東アジア諸国が経済、通貨、金融、社会開発、人材育成、科学・技術開発、文化・情報、政治、安全保障といった幅広い分野で地域協力を推進していく決意をうたう「東アジアにおける協力に関する共同声明」が採択された。これは東アジアにおける地域協力推進に向けた重要な一歩となったが、このASEAN+3（日中韓）首脳会議の機会を利用して、日中韓の首脳レベルの対話が朝食会という形で初めて実現した。03年には三国首脳による歴史上初の共同宣言となる「日中韓三国間協力の促進に関する共同宣言」が発出された[3]。その後、小泉首相の靖国参拝問題等が原因となり、開催が見合わされた状態が続いたが、安倍政権誕生後の07年1月、フィリピンのセブで久々に開催、共同声明では投資協定締結交渉の開始等がうたわれた。

3 二国間対話の充実とフレキシブルイメージの醸成

 北東アジアにおける多国間協力を考えるにあたっては、未だに国交すら開かれず、あるいは十分な二国間協議も行われてこなかった厳しい域内関係の実態を直視しなければならない。先述の要因も考え併せれば、EUのような組織の構築を一挙に志向するのではなく、まず二国間交流のパイプを活発化させることである（中台、台韓関係等）。我が国も、アジア・太平洋全域にわたる政治・安保対話と協力の場であるARF等の活動を通じて域内の信頼醸成を高めるとともに、域内各国との二国間協力を積み重ねていく必要がある。既に98年6月には韓国と初の安全保障対話を実施し、中国、インドネシア、タイ等とも安保防衛対話を進めているが、経済に限らず安保、文化等多様な分野を対象に、しかも首脳・実務・トラックⅡの各レベルで"蜘蛛の巣状の対話・交流ネットワーク"を築きあげていく地道な努力が肝要だ。北東アジアの安定を図り、開放・民主の地域とするためには、日朝正常化交渉も重要な課題である。域内の対話と協力を進めるにあたっては、日本人のアジアに対する意識改革（欧米コ

ンプレックスの裏返しとしてのアジアに対する優越意識の除去等）や地政的認識の転換（例えば明治以降の"表日本・裏日本"的意識の脱却）が不可欠である[4]。

　ところで日中韓の関係改善について，「第２次大戦後における独仏和解のプロセスを参考にすべし」との意見がしばしば呈される[5]。しかし，中韓の根強い戦争責任論には，先の戦争に対する認識の問題だけではなく，その根底に両国の特異なメンタリティが潜んでいる。強烈な大国（中華）意識や先進文明国としてのプライドの強さと，近代における支配服従という屈辱的な歴史のギャップから生まれた民族的コンプレックスの存在である。また中国の場合，国内における共産党支配の正当性維持のために実施された愛国反日教育の影響や，日本叩きをすることで国内に高まりつつある矛盾や不満（格差の増大，言論抑圧等）の目を外に向けさせるという政策的意図も多分に絡んでいる。さらにその対日政策も懸念材料だ。経済発展を続ける中国にとって，日本の資本や技術力は不可欠であり，その面で中国は対日関係を重視しているといえよう。しかしその反面，中国は日本のアジア及び世界におけるポジションの低下を図り，「アジアを代表する国は日本ではなくいまや中国である」との心証を諸外国に植え付けようと積極的な外交を展開している。短期的には日本，将来的にはアメリカのアジアにおける影響力を減殺，排除し，中国中心の秩序体系をアジアに築く狙いが見え隠れしている。韓国でも国内政治基盤の弱さを補うために，反日という国民レベルの感情を利用するポピュリスト的な政治手法が目立っている。こうした北東アジアに独特の政治的背景や経緯を無視し，日中，日韓の間柄を単純に独仏に置き換えて施策を模倣しても意味がないし，効果も期待できまい。共通の歴史教科書作成というアイデアも，欧州のように認識の相違や解釈の違い，対立する点は対立点として冷静にその存在を受け止められる成熟した環境が育っていないこの地域での作業には大きな限界が伴っていよう。

　関係改善と二国間対話の進展は，日本側の姿勢だけで解決され得る問題ではなく，謝罪によって済む問題でもない。新たな時代の構築に向けて協力のためのフレームを築き上げる意思があるならば，関係各国全てが新たな認識を持たなければなるまい[6]。内政維持の便法として近隣国に対する反発感情を煽ったり，地域協力関係を後退させても自らの政権維持を優先するような利己的姿勢は否定されるべきであり，他方，仲が悪いからといって対話への努力を諦感し

てはならず，ぎくしゃくした関係を冷静に受け容れるとともに，世紀単位で協力関係の進展を眺める度量も必要だ。また面白くない関係であることを理由に，対話と交流を忌避してはいけない。偏向教育や情報不足の弊害を克服するためには，自分の目で相手の国や人々に直接触れ，作られたイメージではない実像を抱く必要があるからだ。地域協力を推進するためには，偏狭なナショナリズムの克服が不可欠である。そのためには学校教育においても愛国心に加えて地域協力の重要性を説くとともに，異文化理解や文化交流の充実等にも配慮する姿勢が求められる。速効的な改善は期待できなくとも，また合意の達成は難しいにせよ，まず忌憚のない話合いが何時でも実施できるような関係と体制にもっていくこと，そしてステレオタイプや過去の虚像を打ち破れるような人的交流の蓄積と深化が，地域協力推進の第一歩となるのである。

■**注　釈**

(1) 核不拡散条約（NPT）：核兵器保有国の増加を防ぐ目的の条約。米露英仏中を核保有国と認め，それ以外の国の保有や，非保有国への核兵器や関連技術の移転を禁じている。1970年に発効し，189か国が加盟しているが，インド，パキスタン，イスラエルは未加盟。5年ごとに再検討会議を開き，2000年は核保有国による「核兵器の全面廃棄を達成する明確な約束」を盛り込んだ文書を採択したが，05年の会議は保有国と非保有国が対立し，実質的な合意が得られぬまま終了した。

(2) 従来，自衛隊の緊急発進（スクランブル）はロシア（ソ連）機が中心であったが，近年，中国機によるものが急増しており，平成14年度0，15年度2，16年度13件だった中国機による緊急発進回数が17年度は107件と前年の8倍に達し，ロシア（116件）と並ぶまでになった。『朝雲新聞』2006年4月27日。

(3) 政治・安保協力の枠組みではないが，経済を軸とした日中韓三国の実務レベルの協力枠組みとしては，現在，「日中韓経済協力共同研究」，「日中韓三か国環境大臣会合」，「日中韓ITワーキンググループ会合」，「日中韓郵政ハイレベル会合」等が存在する。

(4) 北東アジア地域でも，経済分野では局地経済圏あるいはサブリージョナルな地域的枠組みが芽生えつつある。例えば「環日本海経済圏構想」はその一つ。冷戦の終結，中国東北地方や旧ソ連極東地域での経済改革や経済開放，韓国の経済発展，日本海沿岸地方の地域開発志向等を背景に，北東アジア地域の経済交流が実現しつつあることから生まれたもので，日中韓北朝鮮がこれに関係する。「蓬莱経済圏構想」は，沖縄を核に台湾，中国，韓国，日本を含む自由貿易圏の創設をめざすもの。この他，東アジアの局地経済圏として，成長の三角地帯（シンガポール，マレーシア，インドネシア），華南経済圏（中国，NIEs），インドシナ経済圏（バーツ経済圏：タイ，ベトナム，カンボディア，ラオス，ミャンマー）等が存在する。野林健他『国際政治経済学・入門』（有斐閣，1996年）264

(5) EUでは加盟諸国共通の教科書作りが進められており，日本でも韓国との間で"歴史認識の共有化"に向けた取り組みが試みられつつある。ヨーロッパ共同教科書としては，Frédéric Delouche, ed., *Illustrated History of Europe*（Weidenfeld and Nicolson, London, 1992）等参照。

(6) 「和解というものは，悪い思い出を残した国民（ヨーロッパにおけるドイツ人，アジアにおける日本人）の努力を要求するだけでなく，自分を彼らの犠牲者と見なしている諸国民の努力をも要求するから，問題は複雑である。多くの中国人は，知識人・学生層を含めて，現在でもドイツがフランスに謝罪を表明したと誤解しており，それによって日本に対して謝罪を要求する権利を正当化できると考えている。しかしこれは事実に反する。このような考え方は，1970年のウィリー・ブラント首相の行為についての誤解を意味する。ワルシャワの強制収容所の記念碑の前で跪き，彼は静かに許しを乞うたが，それはヨーロッパの様々な国の国民に対してではなく，ナチ体制によって犯されたジェノサイドという人道に反した絶対的な罪の犠牲者であったユダヤ人に対してのみ向けられたものである。」ロベール・フランク『欧州統合史のダイナミズム』廣田功訳（日本経済評論社，2003年）155～6ページ。

第7章　東アジア共同体と日本の進路

1　東アジア共同体構想

　東アジア共同体の構想は、1997年のアジア経済危機の際、地域共通の問題に地域が共同で取り組もうという機運が生まれたことにその直接的な起源を求めることができる。この年、ASEAN+3首脳会議が発足し、1999年の第3回+3首脳会議では、「東アジアにおける協力に関する共同声明」が採択された。通貨・金融の分野では2000年の+3首脳会議で、経済危機への対処策として域内資金供与の仕組みを作ることが合意され (チェンマイ・イニシアチブ)、2国間のスワップ (通貨交換) 協定の束として危機対処のメカニズムが作られた。さらにやはり+3を枠として、アジア各国が現地通貨建て債券を発行し、米ドル建て以外の資金調達を可能にするアジア債券市場の創設も試みられている。東アジア・サミットもこのような流れの延長線上にある。+3システムを軌道に乗せたASEANでは、01～02年にかけてASEANの会合に日中韓がゲストとして招かれる+3を、各国が対等な立場で参加する「サミット」に格上げするアイデアが生まれた。そして04年11月、ラオスでの+3首脳会議で、「東アジアサミット」の05年開催が決定された[1]。

　いま東アジアの経済動態を見ると、北東アジアの日中韓、それに香港、台湾を加えた05年の国内総生産 (GDP) は8兆ドルを越えており、ASEANを含めれば9兆ドルにも達する。これは欧州連合 (EU) の13兆ドル、アメリカの12兆ドルに次ぐ数字で、既に世界第3位の経済圏がこの地域に生まれつつあることが窺える。域内の貿易・投資・技術移転等も急増しており、例えば域内の貿易状況は、1980年から2003年にかけて輸入が34％から51％、輸出が35％から60％に拡大し、域内間の貿易総額は域内全貿易額の約60％とEUのそれを凌駕している。また2国間及び多国間のFTA締結も活発化する等経済分野に限って言えば、既に東アジアには大きな共通実態が存在していると言える。

② ASEANとの連携をめぐる日中の駆け引き

　もっとも，経済関係の深化・発展が続いているといっても，東アジアという広範囲で協力体制を築くには，ASEANのみならず北東アジア諸国の積極的な関与が不可欠である。その点で注目されるのが，中国の動きだ。爾来国家主権の枠組みを重視する中国は，国際機関や地域協力機構との連携，協力には冷淡，消極的だった。しかしアジア通貨危機以降，中国はこうした姿勢を180度転換し，地域協力機構，中でもASEANに急接近するようになった。2000年11月の第4回ASEAN+3首脳会議で朱鎔基首相(当時)は，「中国・ASEAN自由貿易地域(ACFTA)」創設を語り，翌年11月の第5回+3首脳会議では今後10年間でACFTAを形成することを正式に提案。そして02年11月の第6回+3首脳会議で朱首相は，ASEANとの間で2010年までの中国・ASEAN自由貿易地域創設を含む「包括的経済協力枠組み合意」に署名した。中国がASEANを重視し，協調的な姿勢を打ち出すようになったのは，自国経済規模の拡大に伴う市場の獲得やエネルギーの安定供給，加えて，それまで円の経済圏といわれていたASEANを元経済圏に取り込むことで，東南アジアにおける日本の政治経済的な影響力を減殺することに狙いがあるものと思われる。また台湾の地域協力機構への進出を排除するという政治的な思惑も読みとれる。その意図はともあれ，こうした中国の対ASEAN接近政策が，共同体構想への関心を高めたことは確かである。そして東アジアサミット開催が議論されるようになると，主導権を確保すべく中国はサミット実現に積極的な姿勢を見せ，04年には「07年に中国での第1回サミット開催」を提案するのである。

　一方，日本はどうであったか。不意打ち的な朱鎔基首相のACFTA提案には驚いたものの，当初我が国は中国の方針転換が持つ意味合いを理解することに鈍感であった。もともと日本は二国間，多国間の経済協定締結の路線には否定的で，政策の中心はガットWTO体制の進捗に置かれていたからだ。だが94年以降，WTOは途上国やNGOのプレッシャーに押され，ラウンド交渉も進捗を見なくなってしまった。そのため，ガットWTOの擁護役ともいうべきアメリカやそれに追随する他の主要先進国も，WTOの推進で貿易自由化を達成するよりも，より容易な2国または複数国間の地域協定に活路を求めるようになり，現在の世界経済はEU，NAFTA等大規模な地域協力が進む一方

で，地域ごとに多くの国家間協定が締結されつつある。世界の貿易国の大半がFTA等の地域協定で複雑に絡みあったネットワークで結ばれ，WTOの本来の機能は麻痺状態にあるといっても過言ではない。このような流れの中にありながら，日本は2000年にシンガポールとの経済連携協定に乗り出すまで，ガットの無差別貿易自由化原則を貿易政策の基本とし，地域協定には消極的な立場をとっていた。

しかし，多角的自由貿易路線の停滞と二国間協定路線の拡大という現実に加えて，中国のASEAN急接近の意図が判明するにつれて日本もようやく危機感を抱き，これに対抗する動きを示すようになった。それが「東アジアコミュニティ(East Asian Community)」の構想である。02年1月，小泉首相(当時)は東南アジア諸国を訪問し，シンガポールで「東アジアのなかの日本とASEAN：率直なパートナーシップを求めて」と題する演説を行った。その中で小泉首相は，日本とASEANとの協力を核とするASEAN+3の枠組みにオーストラリア，ニュージーランドを加え，これらの国々が中心メンバーとなって「東アジアを共に歩み，共に進むコミュニティ」を築こうと提案した。そして(1)教育，人材育成分野での協力(2)2003年を「日本アセアン交流年」とする(3)日本・ASEAN包括的経済連携構想(4)東アジア開発イニシアティブ(IDEA)(5)国境を越える問題を含めた安全保障面での日本・ASEAN協力の強化，という五つの構想を発表した。この東アジアコミュニティの提案は，それまでのガット・WTOを中心とした多角的自由化政策から日本が地域主義を軸とした経済政策へと，それまでの政策を大きく転換させる節目となった。

さらに02年11月の日本・ASEAN首脳会議において，小泉スピーチの五つの構想の一つである日本・ASEAN包括的経済連携構想を具体的政策として提案し，各国首脳が署名した共同宣言において，貿易，投資科学技術，エネルギー等幅広い分野でFTAを含めASEAN全体との経済連携を10年以内のできるだけ早い時期に実現し，それと並行して2国間の経済連携を進める方針を打ち出した[2]。この日本・ASEAN包括的経済連携構想は，中国とASEANの包括的経済協力枠組み協定に刺激され，急遽その対抗案として打ち出されたものといえる。03年10月の第7回+3首脳会議で日本は，2012年までの包括的経済連携実現等を柱とする「日本・ASEAN包括的経済連携の枠組み」文書に署名

した。これは1年前に中国がASEANと締結したものと類似した文書で、中国に対する出遅れを取り戻すとともに、小泉構想具体化に向けた動きであった。そして同年12月に東京でASEAN特別首脳会議を開催し、「日本・ASEAN東京宣言」及びこれを実現するための100を超える具体的措置を取り纏めた「日本・ASEAN行動計画」が採択された。先の小泉スピーチで打ち出された東アジアコミュニティ構想は、東京宣言の中の「行動のための共通戦略」の一つの柱として取り上げられ、同コミュニティ創設に向け日本とASEANが中心となって協力することが強調された[3]。

3 東アジア共同体構想の諸問題
●中国の政策転換と日中の角逐

これまで東アジア地域協力の試みは、ASEAN+3の枠組がその軸となってきた。だが、より正確にその実態をいえば、それはASEAN+1の構図に留まっており、ASEANと中国、ASEANと日本は連携しても、日本と中国の間に連携、調整はなく、それぞれが別個単独、それどころか互いが対抗的な動きさえ見せている。中国が+3の枠組みを利用して自らの東南アジアおよび東アジア全域での影響力拡大を狙うのに対し、これを警戒した日本は「アメリカの役割は必要不可欠」との立場を示し、さらに豪州やニュージーランドもメンバーに加え、サミット参加国の拡大で対抗した。参加対象国を広げることによって、中国の影響力を抑制する考えである。05年5月、京都での+3非公式外相会議でインド、豪州、ニュージーランドの東アジアサミット参加が固まり、7月の+3外相会議で正式決定を見た。豪州等の参加が決まり、中国のサミットへの熱意は以前に比して冷めたかにみえたが、それでも「+3の協力メカニズムを重視し、インドやアメリカの関与を排除したい」中国と「サミットは、東アジア共同体構築に向けて大きな一歩になる」(小島駐シンガポール大使)と枠組みの拡大を狙う日本とは、その後もサミットの開催頻度等をめぐり激しい応酬を重ね、「日中とも共同体構想には積極的だが、乗っている列車が違う」(オン・ケニョンASEAN事務局長)ことが鮮明化した[4]。

05年12月、クアラルンプールで第1回の東アジアサミット(東アジア首脳会議:EAS)が開催され、サミットが東アジアの共同体形成において重要な役割を

果たし得ること，また開放的で包含的な上に透明で外部志向のフォーラムであること等をうたう「クアラルンプール宣言」が採択された。またこの会合にオブザーバー参加していたプーチン大統領が，ロシアの正式参加を強く求めた。参加国の範囲やサミットの性格規定が概ね日本の意向に沿う形で決着したことは日本外交の勝利とも映るが，中国の温家宝首相は会議後，「豪州等3か国に加えロシアの参加も中国は歓迎する，さらにアメリカやEUとの連携も強化すべきだ」と語り，メンバーの増加を容認する考えに転じた。日本が進める参加国拡大路線を逆手にとり，サミットの空洞・無実化を図る狙いと思われる。16か国 + α を束ねるこのサミットが果たして実質的協議の場になり得るのかという不安が呈され，しかも ASEAN 自身が域外国の拡大に消極的な状況の下で，拡大路線を推し進めてきた日本が今後，真に開放的で機能的な共同体構築への舵取りとリーダーシップを発揮できるかどうかがポイントである。東アジア共同体の構築を進めるうえで，ASEAN，日本，中国三者（さらに韓国を加えた四者）の緊密な連携・協力が不可欠だが，日中，日韓の間には過去の歴史認識や靖国神社問題等が横たわっており，さらには愛国主義教育やナショナリズムの高揚[5]，軍事大国化への懸念という問題も加わり，お互いが地域協力の実現に向けて歩調を合わせる体制は整っていない。地域協力というよりも東アジアにおける政治・経済的な主導権争奪戦と捉えた方が実態に近い現状では，域内協力のレジーム作りも同床異夢，そこに共通の理念やゴールを見出すことは困難である。

● **欠落する統合の基礎条件**

地域協力や統合の進展には，ドイッチェがいうような相互共感や連帯性，「我々意識 (We-feeling)」が関係諸国の間に必要であり，そのうえに協力・統合に向けた共通の「政治的意思」が関係諸国の間で共有されねばならない。戦後，ヨーロッパで統合協力が進展を見たのは，かって敵対国であった独仏が統合を共通の目標に抱いたことが大きかった。そもそも宗教や言語，文化の共通性や発展段階の均質性等ヨーロッパに存する統合促進の好環境を大きく欠いたアジアにおいて，しかも協力に向けた共通意思が伴わなければ，地域協力に展望が得られないことは火を見るよりも明らかだ。問題は共通意思だけではない。日中，それに ASEAN 三者の役割分担の明確化，あるいは相互補完的な状況が

伴わない限り地域協力は難しかろう。さらに域内に非民主主義国（独裁国家）が存在することも，協力関係の成熟化を阻害する要因となる。ヨーロッパにおける実践の経緯からもわかるように，関係国が民主主義政体を採っていることが，対等互恵という真の地域協力・統合を進めるための不可欠の前提である。だが北東アジアには北朝鮮や中国という社会主義政権がいまも存在し，朝鮮半島は南北に分断されたまま，台湾海峡を挟んで中台の緊張も続いている。一方でASEANに接近しながら，他方で軍事大国化路線を続ける中国の姿勢は，地域協力に向けた各国のインセンティブを萎縮させる負の要因となっている。そのうえ北東アジアには，域内各国の利害対立や軋轢の調整，仲介役を果たせる外交巧者の中小国も存在しない。

　ところで，東アジアではともすれば国家の発展や市場原理，マーケットの利害が共同体構想の中心となりがちだ。これに対しEUの場合，―それがEFTAとEUの決定的な違いでもあったが―通貨統合等経済だけに活動の目的が限られていたわけではない。欧州統合は，ドイツ問題の解決という共通課題実現のための枠組みでもあった。経済以外の目的があればこそ，ここまで統合が進展できたとも言える。欧州諸国は経済統合以上の機構作りをめざしており，経済以外の基本目標としては(1)ヨーロッパの安定的な平和秩序の創出(2)民主主義の安定(3)社会的安定等が挙げられる。さらにヨーロッパに比してアジアでは社会，市民レベルの国境を越えた活動や交流が非常に限定的で，地域協力の動きとなると極めて低調だ（社会的レベルでの統合活力の低さ）。それどころか，東アジアは地域協力や統合に竿さす民族主義やナショナリズムの伸張が著しい地域である。ヨーロッパでは，世界恐慌や世界大戦という深刻な惨禍を立て続けに受け，平和と安定への希求が強かった。いまのアジアにはそれがない。ヨーロッパの場合，国家を否定したわけではなかったが，国民国家がその正当性と機能を失う中で統合は進められた[6]。これに対しアジアでは，国家主義が台頭している。偏狭なナショナリズムを克服したヨーロッパに対し，アジアの多くの国ではナショナリズムが開花する段階にある。国家の枠組みが相対化しているヨーロッパとは違い，アジアでは国家こそがいまも絶対的な存在だ。この一点だけを見ても，東アジアでの共同体構築の作業がヨーロッパの模倣で事足りる程生易しい作業ではないことが認識されねばならない。

東アジア，特に北東アジア諸国間の連携可能性の低さに加えて，域外大国アメリカの存在も東アジア共同体構想の進展を難しくしている（東アジア共同体と対米関係）。まずアメリカがこの構想に消極的な立場を取っているという問題がある[7]。また東アジア共同体の進捗がアメリカとの関係にどのような影響を与えるかという点については予測が割れている。これを深刻視する意見が多い中，白石隆氏のように経済連携と安保連携の分離対処で対応可能という楽観的な見方もある[8]。だが，それほど単順にイッシューの分離が出来るであろうか。政治経済不離の時代において，経済では域内，政治絡みではアメリカを含ましめるというような政策実施の枠組み作りは容易ではあるまい。中国大国化の問題とも絡むが，アメリカを排除する（と受け止められかねない）格好での地域協力は，アメリカの警戒心を買うばかりか，自由貿易体制の発展という共同体本来の目標達成の観点からも弊害が大きかろう。さらに，地政学的な観点からも問題がある。中嶋嶺雄氏が説くように，東アジアを地政学的に捉えれば，そこには中国という大陸国家の大陸性（continentality）と韓国という半島国家の半島性（peninsularity），それに日本や台湾，シンガポールという島国国家の島嶼性（insularity）が混住している[9]。これは大陸国家を基調としての地域統合体であるEUとは大きな相違点であり，協力，統合の困難性が内在している。

　以上東アジアを取り巻く諸条件を眺めてみたが，要すれば，ASEANを中心に＋3の枠組みを軸とする経済協力の関係は今後も進展するだろうが，それはあくまでも「協力」であり「共同体」や「統合」とは次元，レベルが根本的に異なる関与の形態である。人種，宗教，文化，政治，思想等々あらゆる面で多様なこの地域において，共通の制度的，法的枠組みを構築することで統合をめざす制度的（連邦主義的）アプローチが妥当する余地は乏しく，また個別機能的なアプローチの積み上げを以てしても，東アジアという広域を一単位とする共同体の構築は早晩無理といわざるをえない。

4　東アジア地域協力と日本の姿勢

　いまアジアでは"共同体創設への胎動"と"中国の大国化"という，ともに世紀規模の二つの潮流が互いに交錯しつつ大きなうねりを作り出している。その中で日本は，今後アジアでの地域協力にあたって如何なる外交政策を採るべ

きであろうか。自由主義経済と民主主義を標榜する日本にとって，開放的な地域主義を基調とする域内協力や地域統合のレジーム構築に積極的な貢献寄与をなすことは，理念においても国益実現の観点からも極めて重要な国策といえる。だが既述のとおり東アジア共同体構想が多くの問題を内在させている以上，日本が優先し力点を置くべきは，より現実的，機能的な地域協力への取り組みである。

　そもそも我が国がアジア地域との協力・連携を深めるにあたっては，ドイツにとってのフランスのようなパートナーが域内に必要である。EUの場合，独仏が戦争の恩讐を乗り越えて統合の二本柱として機能してきたこと，またドイツがフランスとの協調関係を軸に周辺諸国と信頼関係を築いてきたことは既に見た。日本にとって相応しいパートナーの条件としては，まず地政的な親和性を備えている必要がある。また周辺諸国との協調や相互関係の中で自身の行動を律する国ではなく，衝突を恐れずに自らのビジョンや理念，国益を追求するタイプの国，簡単にいえば覇権国家ないし覇権志向の国は相応しくない。日本はメンバー間の対等な協力関係を軸に形成，運営される機構の構築をめざすべきである。このような点で，日本がパートナーを組む相手として中国を選ぶことには問題があろう。大陸国家の中国に対し，アメリカはアジアの域外ではあるが日本と同じ海洋国家であり，太平洋国家でもある。アメリカも覇権志向だが，中国とアメリカの決定的な違いは，民主主義国か否かという点だ。国家間協力を成功させるには参加メンバーが民主主義国であることが最低限の条件となる。海洋国家としての地政的共通性や，協議と調整を重視する民主政体の存在といった条件から見て，日本にとって相応しいアジア域内のパートナーとしては，ASEAN諸国や台湾が考えられる。日本は海洋国家，貿易国家としての自らの属性を踏まえ，太平洋を挟んでアメリカとの協力関係を維持発展させつつ，台湾～ASEAN～太平洋諸島，さらにインド洋周辺諸国との連携を強化し，海洋交易同盟とも呼ぶべきネットワークの構築に指導力を発揮すべきである。東アジア共同体の構想には，大陸国家と半島国家，さらに海洋国家を混住させるという地政的な問題が潜んでいることは先述したが，日本は大陸への深入りを避け，シーレーンネットワークを軸とする環アジア・太平洋島嶼協力メカニズム (Pan Asia Pacific Ocean Alliance) 実現の旗振り役になるべきである[10]。

その際，台湾との関係が問題になるが，民際レベルの活動を活発化させ，それを政府が間接的に支えていくアプローチが現実的であろう。

　無論こうした地域協力のシステムを築き上げても，それが有効に機能し得るためには，東アジア地域の政治軍事的な安定が不可欠であり，そのためには，中国が軍事大国という閉鎖的覇権主義的な途を歩まぬように働きかけていく必要がある。中国を民主主義と自由主義経済の根付いた開放社会に誘導するには，アメリカと連携しつつ「積極的関与」の方針を対中外交の明確な軸に据えることが肝要だ。日本と中国の関係こそは，東アジア共同体，北東アジア地域協力のいずれにとってもその成否を左右する大きなファクターである。両国が対立すれば，地域の安定は得られない。東アジアの地域協力を進展させるに当たって，日本は中国との対抗心を捨て，主導権争いをやめて協力関係を優先させるべきとの主張もある[11]。しかし，地域協力にせよ共同体構築にせよ，それが参加国の国益達成の手段・目標である以上，中国との対抗心や競争心を頭から否定排除するという発想は理にかなっておらず，現実的でもない。日本が競り合うのを止めれば問題が解決するという日本的謙譲の美徳は長期的に見れば問題を悪化させるだけに終わろう。求められるべきは競争，対立を恐れ，それを回避することではなく，両国が多くの問題で対立関係にあることを直視した上で，それを競争的共存の途へと誘導する外交努力と国家の力量である。

　ところで，地域協力を論じるに際して，日本のアジア外交に対するこれまでの姿勢が問われねばなるまい。端的に言えば，戦後の日本は一貫したアジア外交の方針を打ち出すことに失敗した。外交の3大方針として我が国は日米安保，国連外交と並んでアジア重視の基本原則を掲げてきたが，日本のアジア外交の実態はといえば，場当たり的な政策が目立ち，そこに長期的な視点や戦略的な配慮を読み取ることは難しい（"アジア外交"なるものの虚像）。国家としてアジア外交の目標もビジョンも持たないままに，域内各国との地域協力の推進や共同体の構築をめざすことは不可能である。また経済等国内の問題を常に対外関係に優先させる我が国の姿勢も改める必要がある。例えば日本政府のFTAをめぐる交渉姿勢を見ても，国内農産物の保護ばかりが優先され，アジア各国との互恵的な経済交流を深めようとする決意は感じ取れない。農業自由化だけでなく，外国企業の国内待遇や外国人労働者受入れ問題等でも消極的な立場を維

持している。地域協力の分野でリーダーシップを発揮する決意があるのであれば，こうした内政至上主義とも呼べるアプローチからは早急に訣別しなければならない。そうした取り組み努力がなされねば，共同体どころではない。ASEAN 諸国は日本ではなく中国に顔を向けることになるだろう。

　問題は何も政府の外交姿勢ばかりではない。国民全般の意識を見ても，例えば日本の労働市場をアジア諸国の労働者に開放するという心積もりが見えてこない。つまり，いまの日本には地域協力の進め方についての国民的なコンセンサスや合意が欠落しているのだ。協力を進めるには譲り合いの精神が求められるが，地域協力に対する自覚や認識の共有がないため，「この分野は譲っても域内諸国との連携を深化させるべし」という国民合意が形成されないのだ。ドイツの場合は，マルクを手放してでも統合推進の途を選んだのであり，その決意が他国への訴えかけとなり，また計画の信憑性（クレデビリティ）を高めもしたのである。我が国の現状をいえば，外国人犯罪の増加や治安の悪化等交流の拡大に伴う負の側面ばかりを危惧し，外国人移民や外国人労働者の受け入れはできれば一切拒絶したいというのが日本人一般の本音ではなかろうか。そこには，異文化間コミュニケーションに対する苦手意識や，少子高齢化等先行不安感に起因する現状維持，保守的な国民心情の高まりが見てとれる。さらに一民族一国家のミクロコスモスこそ，古来よりの日本本来の姿であり，また歴史的事実であり，かつ日本の原点だという我が国の歴史や国柄に対する思い込みやステレオタイプ，自己拘束的な日本像も影響している。日本に対するこうした閉鎖固着的なセルフイメージに支配され，開放社会構築の意欲を減殺させるのだ。しかし，日本は常に外に向かって門戸を閉じていたわけではない。高齢・成熟化が進む中，これまでの経済大国としての地位を維持し，あるいは付加価値大国としての座を堅固ならしめるためには，近隣諸国の資源を自国の国力育成のために積極的に取り込むだけの合理主義，柔軟性，開放精神が求められる。地域協力や地域統合において，日本が積極的なイニシアチブを発揮するためには，まずもって日本人全体の国家意識の大変革が必要であろう。

　地域協力に向けた合意形成や国家像の修正という大作業は，自然の成り行きや官僚に任せて事足りるものではなく，政治家のリーダーシップやイニシアティブの発揮が不可欠だ。そのため，これからの政治家は国家観や戦略，将来

ビジョンの持ち主でなければならず,その場その場の問題を巧みに裁いて軟着陸させる調整型の指導者では力不足だ。若い頃からアジアに触れ,アジア諸国の指導者と太いパイプを持ち,協力の方向や理念に関する共通認識を持つとともに,彼らと忌憚のない意見や情報の交換が出来る人材が必要である。アジア諸国とシンパシーを共有できる人材の養成が急がれる。

5 最後に

ヨーロッパにおいては,国家及びヨーロッパなるものへのアイデンティティクライシスと戦いながら,同時に,異教徒との共生の道を見出す試みが統合深化の営みの中で模索されている。一方東アジアにおいては,日々ナショナリズムの躍動が強まる中で,中国の軍事大国化と東アジア共同体の構築という相反する潮流が交錯する状況にある。それぞれに置かれた環境が抱える問題は異なるが,地域協力,地域統合を進めて行く上でいずれも克服せねばならぬ重要な課題である。ヨーロッパと東アジアというユーラシアの両端における模索と試練,そしてそれを乗り越えるための叡智の結集,それらが今後の世界平和と地域の安定という果実を手にするための必須のステップであり試金石であることは間違いない。

■注 釈

(1) 東アジアサミットの構想は,韓国の金大中大統領のイニシアティブで発足した東アジアビジョングループ(EAVG)が01年11月にASEAN+3首脳会議に提出した報告書の中で提案されたのが嚆矢といわれる。その後,東アジアスタディグループ(EASG)が検討を続けたが,サミット開催は長期目標とし,当面は+3の枠組みが最適だと結論づけた。またEAVGやEASGの設立に主導権を発揮した金大中大統領の退任に伴いサミット構想も一旦下火となる。しかし04年に入ると,翌年+3を開催予定のマレーシアがサミットを提案し,中国も07年に第2回の東アジアサミット開催の意向を表明し,俄かに現実味を帯びることになった。

(2) 2002年,小泉首相が提案した日本・ASEAN経済連携の趣旨は,モノ,サービスの貿易,投資の自由化に加え,貿易・投資の促進・円滑化措置,知的財産保護,人材育成,中小企業育成等通常の自由貿易協定(FTA)では対象としない分野の協力も含むものである。日本は既にフィリピン,マレーシア,タイと経済連携協定(EPA)について大筋で合意し,韓国とは現在交渉中である。またインドネシア,ASEANとの交渉も05年から始まった。

(3) 日本はオーストラリア，ニュージーランドの参加，アメリカのオブザーバー参加を提案したが，当初これを支持する ASEAN 加盟国はなかった。しかし 05 年に入るとインドネシアやシンガポールが日本案への支持を表明，またオーストラリアもそれまで難色を示していた東南アジア条約加盟へ態度を変え，サミットへの参加を決定した。
(4) 『朝日新聞』2005 年 12 月 4 日。
(5) 中国の江沢民政権は 1994 年に「愛国主義教育実施綱要」を発表し，反日教育を徹底するとともに，南京の大虐殺記念館や盧溝橋の中国人民抗日戦争記念館といった愛国主義教育基地を全土に建設し，日本への憎悪感情を煽りたてた。共産党支配の正当性維持と，貧富の格差拡大等国内矛盾から生まれる不満の目を外に転じるための政策であったが，これが戦争体験のない若い世代に定着，受容された結果，中国人の反日感情は旧世代のそれを凌ぐまでになり，しかも中国当局さえ管理できない程の危険な暴発エネルギーとなりつつある。一方韓国の盧武鉉政権も，国内政治基盤の弱さを補う政治的意図もあって 04 年に「反民族行為真相究明特別法」を制定し，日本統治時代の対日協力者を捜し出し，これを糾弾する政策を進めている。単なる歴史認識や屈折した民族感情だけではなく，現政権の内政上の都合や政治的意図から反日感情が利用されている実態の中で，北東アジアにおいて健全な地域協力の意識と機運を醸成することは非常に困難な状況が続いている。
(6) 欧州統合は主権国家システムを否定するものでは必ずしもなかった。統合と主権国家の関係は二率背反的なものではなく，共存ないし相互補完の間柄にある。フランスは ECSC によって自国の近代化計画のために不可欠なルール炭を安価で入手することが可能となったし，1958 年の EEC 発足では農業補助金の「ヨーロッパ化」により，西独にも財源を負担させることに成功した。統合が国益と合致しているからこそ，統合が進んだ。国家の枠組みを否定する形での統合は実現が困難なことは，アジアでも同じかそれ以上だということを正しく認識すべきである。
(7) 日本が構想する如く米豪等も含む開かれた共同体である限り，ブッシュ政権は東アジア共同体構想自体を否定はしないが，地域協力の枠組みとしては APEC の方を遥かに重要視している。佐藤孝一「『東アジア共同体』構想と日本」『アジア研究』第 52 巻第 3 号，2006 年 7 月，11 ページ。
(8) 「東アジア共同体構築と日米同盟の整合性については，プラグマティックに対応すればよい。東アジアにはアメリカの直接関与なしにこの地域の国々が共通に対処すべき問題がある。たとえば東アジアにおける通貨危機再発をどう回避するかはこの地域の問題であり，そのためにチェンマイ・イニシアチブが作られ，アメリカもこれを支持している。また ASEAN+1 の束として形成されつつある経済連携ネットワークにはアメリカは望めばいつでも入ることができる。しかし，東アジアの安定と繁栄の両方に関わる課題，たとえば安全保障，エネルギー協力などについては，アメリカの関与を求める必要がある。東アジアにおける共同体構築はヨーロッパとは違う。東アジアの地域協力においては，ASEAN を中心として分野別にネットワーク型に制度的仕組みが作られつつあり，肝心なことはそうしたさまざまの仕組みをどう組み合わせるかである。」白石隆「地球を読む」『読売新聞』2005 年 9 月 4 日。

(9) 『産経新聞』2005年8月1日。
(10) 森嶋通夫ロンドン大・大阪大名誉教授は,「東アジア共同体 (EAC)」の創設を提唱している。「16, 17世紀の頃には, 日本, 琉球, 台湾, フィリピン, インドネシアをつなぐ海洋公道を外縁とし, シンガポールから釜山に至るアジア大陸の海岸線を内縁とする半内海を舞台として, アジア貿易が行われていた。……この半内海は東アジアの北半分と南半分を連結するだけでなく, それはシンガポールから西にのびて, インド, ヨーロッパに続き, 南にのびてオーストラリアに続く。日本から東に伸びてアメリカ, 朝鮮から北にのびてシベリア・ロシアに続くことはいうまでもない。当然ながら, この案では主役を演じる最大の候補者は日本である。……東アジアの発展は, この半内海の活用を必要とし, また逆に半内海の活性化に成功すれば, 奥地は世界中の市場と結ばれる。」森嶋通夫『日本にできることは何か』(岩波書店, 2001年) 114～5ページ。
(11) 谷口誠『東アジア共同体』(岩波書店, 2004年) 40, 52ページ。

第3部　紛争と協力の攻めぎあう世界

冷戦後，米国防省は4年ごとに国防政策の見直しを行っているが，その2001年版（「QDR2001」）において，中東から北東アジアに至る弓状のエリアは「不安定の弧」と名付けられた。この地域は冷戦期から続く紛争（中東紛争，印パ紛争，中台紛争，朝鮮半島）を今日も抱えているばかりか，活発な国際テロ活動を行っているイスラム原理主義勢力の拠点でもある。さらにNPT体制に挑戦し，核保有をめざす野心国（フセイン政権下のイラクや現在のイラン，パキスタン，インド，北朝鮮）が全てこのベルト上に所在しており，東端には，軍事，経済大国への途を邁進し域内外を不安定化させている中国も控えている。

その中国にロシア，インド，そしてブラジルを加えた4か国は，近年BRICsと呼ばれている。このうちユーラシア大陸に位置する中露印の三国は，いずれも核兵器の保有国であり，冷戦後も軍事力の近代化と戦力の向上を図っている。また経済の発展にも大いに力を注ぎ，地域大国から世界大国に脱皮し，国際政治の場理で強い発言力を確保しようと欲する覇権（大国復活）志向の強い国々である。これら三国はアメリカ一極の世界構造を牽制する一方で，経済や技術，資本等国富増大のためにはアメリカや他のユーラシア覇権国家とも連携・協力する。だが，決して真の同盟関係を築くわけではなく，影響力発揮の面では互いに激しく牽制しあっている。

これに対し冷戦後世界において唯一の超大国となったアメリカも，その覇権と世界のパワーバランスを維持するためユーラシアへの関与を深めている。そのため，この地では覇権の拡張を巡り合従，連衡，遠交近攻のつばぜり合い，虚々実々の駆け引きが繰り広げられている。中露米印の四大国がユーラシア内陸部（コーカサス〜カスピ海〜中央アジア）で演じている激しいエネルギー利権の争奪戦もその一例に過ぎない。ブレジンスキーは，冷戦後のユーラシア大陸をグローバルな覇権闘争が展開されるチェス盤に例えたが，ユーラシアを舞台に展開される大国相互の協力と牽制，疑似同盟と想定敵の関係が重層・併存する複雑な絡みあいの構図は，敵か味方かという単純な二分法では律し切れない冷戦後の複雑な国際政治の構造的特色を如実に示している。不安定な弧のうち東アジアについては既に見たので，ここでは冷戦後のロシア情勢に触れた後，「中央アジア」と「南アジア」，「中東地域」を取り上げ，併せて民族紛争の絶えないアフリカを概観する。

第8章　四強角逐のインナーユーラシア

1 大国ロシアの復活

● 新生ロシアの混迷：エリツィン・議会保守派の対立と急進改革路線の失敗

　1991年12月25日，ソ連邦が崩壊すると同時に，ロシアはその国名をロシア連邦と改め，翌92年3月には域内20の共和国等とロシア連邦条約を調印した。エリツィン政権は92年1月，ガイダル第一副首相兼蔵相の指導の下に価格統制を撤廃し，価格の自由化を断行する等市場経済化に向けてショック療法と呼ばれる急進的な経済改革を実施した。しかし企業の民有化，土地私有化といった構造転換は進まず，92年1月の月間インフレ率は345％を記録，92年の年間インフレ率は2500％にも達する等激しいインフレと財政赤字の増大を招いた。貧富の差は拡大し，年金や賃金の遅配，未払いも続発，エリツィン政権の経済改革に対する批判が噴出した。また国家からの財政支援を失った国営企業の多くは，自己改革を行うことも企業間債務を履行することもなく，政府の改革に抵抗する姿勢を示した。

　こうした経済情勢の深刻化は，政治の混迷を招いた。反大統領派のハズブラートフ最高会議議長や旧共産党幹部等急激な市場経済化に反対する保守勢力が，ロシア議会を拠点にエリツィンの改革路線に強く抵抗したためである。やむなくエリツィンは意中のガイダルではなく保守中間派のチェルノムイルジン副首相を首相に起用したほか，経済改革のテンポを緩め，旧ソ連の経済官僚や国営企業幹部を相次いで副首相等に任命する等改革反対勢力（保守派）との妥協を図った。チェルノムイルジン新首相は早速国営基幹産業の保護と財政支援に乗り出し，急進的な市場経済への移行に歯止めをかけた。保守派が支配する議会との妥協を強いられた結果，エリツィン政権の急激な改革路線はわずか半年で骨抜きとなってしまった。

● 10月政変

　93年4月に国民投票を行い，高い支持率（投票者の58%）を得て議会に対抗する地歩を固めたエリツィンは，新憲法の制定により大統領権限の強化と議会に対する優位獲得を企図した。だが，反改革派が最高会議と人民代議員大会の過半数を制しており，憲法改正をめざすエリツィンになおも強く抵抗を続けた。93年9月，エリツィン大統領が議会の解散を命じる大統領令を発したことから，政府と議会の対立はさらに深まった。反発した議会側はエリツィンの措置は違憲行為だとして解散命令に応じず，逆に人民代議員大会の緊急会議を招集しエリツィンの罷免とルツコイ副大統領の大統領代行就任を決定，議員らはモスクワのソ連邦最高会議ビルに立て籠もり，支援にかけつけた市民達と徹底抗戦の動きを見せた。大統領側が同ビルを警官隊によって包囲し，電気，暖房の供給を停止して実力で議会を解体しようとしたのに対し，議会側もモスクワ市庁舎とテレビ局を占拠する等あくまで抵抗する構えを崩さないため，遂に10月4日，エリツィンはモスクワに非常事態を布告するとともに，軍隊を動員して最高会議ビルを砲撃，籠城していたハズブラートフ議長やルツコイ副大統領ら首謀者を逮捕し，議会を解体させた。この武力衝突による死傷者は800人にも上ったが，旧共産党系が主力を占める議会と，それを一掃しようとするエリツィン大統領との抗争の激しさとロシア政局の混迷の深さに，世界は強い衝撃を受けた。

　だが，この事件後も，アメリカはじめ西側各国は引き続きエリツィン大統領支持の姿勢を示した。西側諸国がいち早くエリツィン支持を明確にしたのは，ロシアが一日も早く政治混乱から脱出して市場経済体制を建設することが，冷戦終結後の世界新秩序確立に不可欠とみたからである。ロシア経済を再建しその巨大な市場を世界市場に編入することは，経済的にも政治的にも西側にとって将来的に計り知れぬプラスとなる。加えてアメリカとしては，依然大量の核兵器をかかえたロシアが無秩序状態か独裁体制に逆行する事態は絶対に防止せねばならず，一方西欧諸国が恐れたのは莫大な数の難民流出である。ロシアの混乱が続けばロシア革命の際と同様，夥しい難民が津波のように西欧に雪崩込むのは目に見えている。西欧各国は自らの国益から「エリツィン支持」を表明せざるを得なかったのである。

● 民主改革路線の後退

　議会との対立で大統領権限の弱さを痛感したエリツィンは，10月政変後，大統領の権限を強化するため憲法改正作業を急ぎ，93年12月に行われた国民投票の結果，大統領の首相任命権や議会解散権等大統領権限を強化した新憲法が採択された。しかし同時に実施された新議会選挙では，ガイダル率いる大統領与党の「ロシアの選択」が第一党の地位を確保したものの，ジリノフスキー率いる極右政党の自由民主党が第三党となる等保守勢力が台頭，エリツィン支持の改革派は議席全体の3割強に留まり，引き続き保守派との妥協を強いられることになる。さらに94年10月にはルーブルが暴落し，ロシア経済の脆弱さが露呈した。しかも経済の停滞やチェチェンでの苦戦に加え，エリツィンの健康状態が悪化し，この時期を境に改革の勢いは急速に失われていった。代わって秩序の回復を求め，あるいは大ロシア主義の復活を唱える声が強まっていく。

　95年12月の下院選挙では，反エリツィンのロシア共産党が第一党に躍進，チェルノムイルジン首相率いるエリツィンの与党「我がロシア」は惨敗した。チェチェン侵攻による政情不安や改革派の分裂に加え，経済改革で生活条件が悪化した年金生活者等の批判票が共産党に集まった結果であった。苦しい政局運営を強いられたエリツィンは，改造内閣に保守派を登用する一方，西側追随外交と非難されていたコーズィレフ外相や経済改革の中心人物であるチューバイス第一副首相らを更迭し，民営化凍結や国有企業温存を主張する共産党に譲歩した。そのため，市場経済移行をめざす経済改革のペースはさらに低下した。心臓発作で十分に執務をとれないエリツィンの支持率は3～5％にまで低下，ライバルの共産党党首ジュガーノフに大差を許す事態となった。

　この時，エリツィンの苦境を救ったのが，市場経済化の波に乗って急速に富を蓄えた新興財閥であった。エリツィン陣営は支援を受ける新興財閥からの資金を基に，大規模な選挙キャンペーンを実施，アメリカからも選挙のプロを招いて派手な選挙戦を展開した。96年6月の大統領選挙では，ジュガーノフを抑えエリツィンが第1位を占めたが，過半数には達しなかった。7月に行われた決選投票では，第3位のレベジ候補を安全保障会議の書紀に抜擢することで自陣営に取り込み，過半数 (53.8％) を制したエリツィンが辛うじて再選を果たした。

● 大西洋主義外交から国益重視・全方位外交へ

　新生ロシアの誕生直後，エリツィン政権はコーズィレフ外相の下，西側諸国との協調路線を外交の軸に据えた。民主化と市場経済化を早急に達成するためには欧米各国の支援と協力関係の維持が不可欠であったからだ（欧米協調路線：大西洋主義）。91〜92年にかけてエリツィン大統領とコーズィレフ外相は米英独仏加等西側諸国を歴訪し，西側の一員たらんとする新生ロシアの意欲を説いて回るとともに，92年2月のブッシュ大統領との会談で米露両国は，「新しい同盟関係」にあると宣言した。また同年4月には国際通貨基金（IMF）への加盟を実現し，240億ドルの経済支援取り付けに成功。さらに5月にはSTART Iの新議定書が，93年1月にはSTART IIがアメリカとの間で調印された。

　しかし，西欧型モデルを模倣しただけではロシア社会を短期間に欧米化させることが不可能なことが分かり始めると，ロシア国民の幻想は一転失望と不満に変わり，西欧的価値観重視の風潮に代わってスラブ民族主義的な機運がロシア国内で盛り上がるようになった。欧米至上主義のエリツィン外交にも，国内保守派を中心に欧米追随，あるいは旧ソ連時代の同盟国切り捨てとの批判が浴びせられた。そのため92年秋以降，欧米一本槍の外交は影を潜め，CIS諸国を含めたロシアの国益を重視する外交路線へと軌道修正が図られた（バランス重視路線：ユーラシア主義）[1]。国益擁護の外交路線転換を勢い付けたのが，NATOの東方拡大問題であった。さらにチェチェン侵攻やロシアのイランへの核反応炉売却疑惑等により，94〜95年にかけて米露関係は悪化し，エリツィンはこれを「冷たい平和」と揶揄した。コーズィレフから外相を引き継いだプリマコフは，病気がちのエリツィンに代わり外交の主導権を握り，ユーラシア主義（欧米以外のCIS諸国，中国，日本，アジア，中近東にも目を向けるべき）に基づいた国益重視の路線を推し進め，アメリカとの「対等性」確保や「大国にふさわしい全方位外交」を強調，米一極支配を非難するとともにユーゴ紛争ではミロシェビッチを支持した。またNATOの東方拡大に警戒感を強め，（それに対抗する意味も込めて）CIS諸国との統合推進に動き，ベラルーシ，カザフスタン，キルギスタンとの間でCIS統合強化条約が調印された（96年3月）。97年5月末には，ウクライナと黒海艦隊協定や友好協力パートナーシップ条約が相次いで調印され，ソ連崩壊後，核の管理やクリミア半島の帰属問題等拗れていた両

国の関係も安定に向かった。中国とは「21世紀に向けた戦略的パートナーシップ」宣言 (96年4月) や懸案であった東部国境確定問題の解決 (97年11月) に動いた (中国との戦略的パートナーシップ関係の推進もユーラシア主義の一環)。北朝鮮とはコーズィレフ時代に悪化した関係の修復に努め、日本とは北方領土問題解決と平和条約締結に向けたクラスノヤルスク会談 (97年11月) や川奈合意 (98年4月) を実現、さらに APEC への加盟 (98年) 等アジア諸国とも積極的な外交を展開し、欧米を牽制する動きを見せた (全方位路線)。

● エリツィンからプーチンへ

かろうじて大統領再選を果たし政権2期目を立ち上げたエリツィンだが、選挙戦の疲労も加わって彼の健康状態は急速に悪化し、96年11月には心臓のバイパス手術を受ける事態となった。政局の流動化と自らの権力失墜を恐れたエリツィンは手術直前、チェチェン紛争の処理等に手腕を発揮した国家安全保障会議書記のレベジを (彼の人気が高まったため) 突如解任した (96年10月)。クレムリン復帰後の98年3月には、5年余にわたり彼の改革を支えてきたチェルノムイルジン首相はじめ全閣僚の解任に踏み切った。権力への執着を見せるエリツィンは、自分の地位を脅かす危険があると見るや、チェルノムイルジンの後任として首相代行に任命したキリエンコもわずか半年で解任。その後も、首相に登用したプリマコフやその後任ステパシンも相次いで罷免し、99年8月、連邦保安庁長官兼安全保障会議書記のプーチンを首相代行に任命した。

同年12月の下院選挙では共産党が大きく議席を減らし、新たに結成された政権与党「統一」がチェチェン問題でのプーチン人気によって一躍第二党に踊り出たほか、改革派の右派勢力同盟も第4位に躍進した。この結果、与党「統一」に改革派勢力等をあわせた大統領支持グループが野党を上回り、新生ロシア発足以来初めて、政権側が議会の多数を獲得することに成功し、政府と議会の対立関係は議会優位から大統領優位の下に安定へと向かうことになった。選挙後の99年12月31日、任期を残してエリツィンは突然大統領辞任を表明し、プーチン首相を大統領代行に任命するとともに、自身の後継者に推薦した。全く無名の存在だったが、野心を感じさせず職命に忠実なプーチンならば政界引退後も影響力を維持し、自身やファミリーの地位も安泰との計算がエリツィンに働いたものと思われる。

辞任演説でエリツィンは「明るい未来に一挙には行けなかった」ことを詫びたが、ショック療法と呼ばれた急速なロシアの市場改革は完全な失敗に終わった。それどころかロシアの国民総生産は過去8年間で半減し、アメリカの1/10にまで低落した。露国民の7割近くが、エリツィン改革を成果よりもマイナスの方が多かったと受け止めた。エリツィン政権下の約10年間は、共産党独裁の旧体制から民主主義と市場経済に基づく新体制への移行期であった。エリツィンは旧体制を打倒した点では多大な功績を残したが、新体制への移行に伴う混乱を終息できず、国民の不安定な経済生活も解消することができなかった。エリツィンは打ち壊し屋ではあったが、新生ロシア建設のクリエイターではなかったのである。

● プーチン政権の誕生：強いロシア復活に向けて

大統領代行になったプーチンは2000年1月1日、チェチェンを電撃訪問し、テロ勢力の殲滅とロシア統一を守り抜く決意を強調した。3月の大統領選挙では共産党のジュガーノフ党首を大差で破り、5月に第2代のロシア大統領に就任した。選挙による平和的な政権交代は、ロシア史上初の出来事であった。

ウラジーミル・ウラジーミロヴィッチ・プーチンは1952年10月7日、レニングラード(現サンクトペテルブルグ)に生まれた。祖父はレーニンとスターリンの料理人、父は鉄道車両工場の工具で、母親も掃除婦、配達員等として働いた。家庭は貧しく、貧素な共同アパートでの生活だった。75年にレニングラード大学法学部を卒業したプーチンはKGB (国家保安委員会)に勤務し、85～90年には東独で諜報活動に従事した。ベルリンの壁崩壊後の90年1月、故郷に戻ったプーチンはKGBを退職(予備役大佐に編入)、母校レニングラード大学の学長補佐(国際交流担当)となり、次いでサンクトペテルブルグ市の渉外委員会議長や首席助役等を務め、国営企業の民営化や外国資本の誘致に取り組んだ。96年に市長が汚職疑惑で再選に破れるやクレムリンに移り、大統領府副長官や連邦保安庁長官、安全保障会議書記を経て首相に指名された[2]。少年時代に始めた柔道は有段者の腕前で、76年にはレニングラード市のチャンピンになったこともある。

革命家のエリツィンとは異なり、プーチンは現実主義的な政策実務家タイプの指導者であった[3]。ロシア国民が彼に期待したのは、体制の移行に伴う社

会秩序の混乱終息と経済生活の安定であった。プーチンも内政問題の解決を最重要案件と捉え，露経済の再生や貧困との戦い，国民生活の向上を優先課題に掲げた。また「法の独裁」というスローガンの下に，社会安定のための法治国家建設を打ち出すとともに，大国ロシアの復権と強い国作りの必要性を強調し，ロシアの伝統的価値を重視すると宣言した。プーチンのめざす"強いロシア"とは，単なる軍事大国志向ではなく，新生ロシアの経済発展と政治的安定を可能とする統治能力の高い連邦国家の実現である。

● 国内集権化と多極化外交

プーチンは，大統領を中心とする中央集権体制の強化に取り組んだ。エリツィン政権は保守勢力との支持獲得競争に勝利するため，地方自治体への大幅な権限委譲を進めたが，これは連邦国家の一体性確保を困難にするばかりか，統一された経済改革を進める上でも大きな弊害であった。強い国家を復活させるには中央と地方の関係を見直し，政治体制の集権化を復活させる必要があると考えたプーチンは，自治体の上に全国7つの連邦管区を設け，そこに強い権限を持つ大統領全権代表を配置して中央の地方に対するコントロールを強めた[4]。また州知事や共和国大統領，議会議長等地方行政府のトップと上院議員の兼任を禁じたり，大統領が地方の行政首長を罷免できるようにした。エリツィン時代に強くなり過ぎた地方のボスの影響力を中央から排除するためであった。さらにプーチンは，エリツィン時代に政権と癒着し，石油，ガス，電力，メディア等基幹産業を手中に収めロシアの政治を左右する勢力となりつつあった新興財閥（オリガルヒ）の力をそぐため，国有資産横領や脱税等の容疑でその総帥を次々と逮捕するとともに，財閥の傘下で政府批判を続けるマスコミの抑圧・統制も断行，KGBや軍の幹部を重要ポストに積極的に登用する等権威主義的な体制の確立を進めた[5]。一方，チェチェン紛争では独立勢力との一切の妥協を排し領土不可譲の姿勢を誇示し，あるいはエリツィン時代に制定されたばかりの国歌を廃し旧ソ連時代の国歌を復活（2000年12月）させた。大国ロシアを意識した彼の政策には保守層を中心に国民から高い支持が集まり，エリツィンが苦労した議会との関係も，「統一」をはじめ与党勢力が過半数を確保したことで安定に向かう。

こうしてプーチンは，短期間に地方（連邦管区の設置や連邦院の再編等），議

会（政権支持勢力の優位，上院の権限縮小），政党，財界（マスコミを支配下におく寡占資本家の政治的影響力排除）の掌握に成功し，安定した政権運営に途を開いた。"上からの改革"をめざす点，強力な国家権力・強い指導者を志向する点で，プーチン政治はロシア政治の伝統を継承したものといえる[6]。プーチン人気の背景には，経済の好調さも影響していた。過去10年間縮小を続けていたロシア経済だが，インフレは沈静化し，最大の外貨収入源である石油・ガス等の国際価格高騰で99年以降プラス成長が続いている。

　ところでエリツィン政権末期，NATOの東方拡大やユーゴ空爆，チェチェン問題を巡りロシアと欧米の関係は冷却化し，露国内にも強い反米感情が溢れていた。そのためプーチン政権初期の外交も，アメリカの一極支配に反対し世界の多極化を促すとともに，ロシアが多極世界の一つの極となることが目標に据えられた。CIS諸国との関係強化や戦略的パートナーでともにアメリカ一極支配に反対する中国との提携を緊密化させ，さらに北朝鮮やキューバ，ベトナム，中東との関係を重視する姿勢も見せた。プーチン政権の「多極化外交」もプリマコフ路線（全方位外交）の延長に位置するものといえるが，プーチン最大の関心はロシアの国力復興，特に国内経済の再建にあり，そのためには欧米との協力関係維持が不可欠なことも彼は強く認識していた。それゆえ，国内右派への配慮や大国ロシアの発言権確保の必要から戦術的に牽制を加えつつも，拗れた欧米との関係修復を進める機会を窺っていた。そして9.11事件が，その絶好の機会をプーチンに提供したのである。

● 9.11事件と米露関係の好転

　01年9月11日，アメリカで同時多発テロ事件が起きたが，事件発生後，G8首脳の中で最も早くブッシュ大統領に電話を入れたのはプーチン大統領であった。これを対米関係改善の好機と捉えたプーチンは，対米支持の考えをいち早く表明。「ロシアは対テロ対策で米国と共同行動をとる用意がある」との声明を出す（9月22日）とともに，24日のテレビ演説では「対米支援5項目」((1)テロ情報提供(2)人道援助のための領空通過容認(3)中央アジア諸国（ウズベキスタン，キルギスタン）の軍事基地使用容認(4)国際的な捜索・救援活動への参加(5)アフガニスタン北部同盟への軍事支援）を発表し，対アフガン作戦に関して中央アジア諸国による基地提供と旧ソ連地域への米軍進駐を容認した[7]。またプーチンは，アメリカ

の武力行使やテロリストへの資金封鎖に関する国連決議を支持する考えも明らかにした。西側の仲間入りを果たすことで経済の建て直しや軍事費の削減を実現するとともに，国際的な批判を浴びているチェチェン問題での理解を取りつけたいとの思惑からであった。ロシアからの分離独立を求めているチェチェン人はイスラム教徒であり，チェチェンの過激派武装勢力はアルカイダとの協力関係が指摘されていた。ロシアが苦しんでいるチェチェン紛争を対国際テロ作戦の一環として世界に認めさせようとの作戦だ。事実，チェチェン問題に関する欧米のロシア批判は影を潜めた。さらにプーチンは，核弾頭の削減と引換に，それまで反対していたミサイル防衛構想も容認するようになった。

　対米協力への外交方針転換には軍部等国内の反発もあったが，その見返りにロシアが得たものは大きかった。まずNATOとの関係が修復され，その東方拡大（第2次拡大）を容認する代わりにNATOの意思決定に参画するようになった。ロシアは西側の一員となったのである。02年6月には念願のG8への正式メンバー入りが認められた。6月末カナダのカナナスキスで開かれたG8サミットで，ロシアは名実ともにG8メンバーの地位を獲得した。各国首脳はロシアでの初のサミット開催（06年）やサンクトペテルブルクでのサミット特別会合開催（03年）で合意。対米協調の大きな成果であった。またカナナスキスサミットでは，ロシアの化学兵器の廃棄や老朽化した原子力潜水艦の解体等支援のため，向こう10年間で最大200億ドルの支援をロシアに行うことも決定された（グローバルパートナーシップ）。さらにサミットに先立つ6月6日，ブッシュ大統領は米政府がロシアを「市場経済国」と認定する決定をしたことをプーチンに伝えた。市場経済国の認定を受けたことで，ロシアのWTO加盟に道が開けたのである。

● 冷却化する米露関係

　政治的安定を取り戻し，また原油高を背景に経済成長も順調な中，10年間でGDPを倍増させるという壮大な目標を打ち出したプーチンは高い支持率を維持，04年3月の大統領選挙は事実上の信任投票となり，70%を越える得票率で再選を果たした。しかしイラク戦争を境に，米露関係は徐々に冷却化していく。イラクへのアメリカの武力行使に国際社会が懸念を示す中，プーチン政権は仏独等とともにアメリカのイラク攻撃に反対の立場を取り続けた。また開

戦後，戦局がアメリカ優位に進むにつれイラク復興のあり方が論議されるようになったが，ここでもロシアは独仏と同様，国連が中心的な役割を担うべきだと主張し対米批判の姿勢を崩さなかった。

　さらにイラク戦争後，米露関係はますます冷え込むことになった。エネルギー企業やマスメディア，市民社会に対する国家統制の強化，ウクライナ大統領選挙（04年12月）に対する政治介入等プーチン政権の非民主主義的な政策をアメリカが問題視するようになった。04年のベスランでの学校占拠事件後，プーチン大統領が地方自治体首長の直接選挙制度を廃止したことも民主化後退の印象を内外に与えた。共和国大統領や州知事といった地方首長の選出に関しては96年に地元住民の直接選挙制が導入されたが，プーチンはこれを廃止し（04年12月），大統領が推薦した首長候補を地方議会が承認するという事実上の大統領任命制度に変更したのである。地方権力の腐敗や汚職を根絶し，対テロ対策等国家の統治能力向上を図ることが目的と説明されたが，アメリカはこれを民主化の後退だとして批判。第2期ブッシュ政権のライス国務長官は「ロシアの内政プロセスに注意を払う必要がある」と述べ，警戒心を示した。05年2月にスロバキアで開かれた米露首脳会談ではブッシュ大統領もロシアの民主化促進を強く求めた。民主化後退問題に加え，ロシアによるイランへの核エネルギー開発協力や，旧ソ連圏での民主化政変劇へのアメリカの関与疑惑等も米露関係に影響した。米露関係の冷え込みに伴い，ロシアは中国やインドに接近し，米一極主義を牽制する等再び多極化路線を志向する気配を強めている。

2 多民族国家ロシアの民族問題：チェチェン紛争

　ロシア連邦には，ロシア人以外の民族の居住地域に設定された21の共和国と1自治州，10自治管区等が存在する。旧ソ連時代，ロシア人に征服支配され，あるいは領地替えを強制された諸民族の反露感情は非常に強く，ソ連解体の前後から独立を求める動きや民族対立が各地で表面化した。現在も多民族国家ロシアにおいて民族問題の処理は，極めて重要かつ困難な課題である。旧ソ連圏のうち，まずロシア連邦以外の共和国を見ると，アゼルバイジャン共和国では，アルメニアへの編入を求めるナゴルノカラバフ自治州側が共和国と対立，アルメニア義勇兵がナゴルノカラバフ自治州を支援し武力衝突が続いた。その

後，94年5月にOSCEの仲介で停戦合意が成立したが，完全に安定した状態とはいえない。またタジキスタン共和国では，アフガニスタン領内に拠点を持つイスラム勢力とロシアの支援する政府側(旧共産党勢力)が対立し，94年12月には国連タジキスタン監視団(UNIMOT)が派遣された。グルジア共和国でも，共和国からの独立を求めるアブハジア自治共和国とグルジア政府との対立(93年8月には国連グルジア監視団UNOMIGが派遣され，94年4月に停戦協定が成立)に加え，同共和国内南オセチア自治州もロシア内北オセチア共和国との統合を求めてグルジア政府と対立している。さらにモルドバ共和国では，ドニエストル川東岸地区に居住するロシア系住民が同地区の独立を求めて共和国と対立，ウクライナでもクリミア自治共和国がロシアへの帰属を目指している。そしてロシア共和国でも，タタールスタンの独立要求や北オセチア，イングーシ両共和国間の領土紛争等国内に多くの民族問題を抱えているが，最大の問題は，ロシア南部コーカサス地方に位置するチェチェン共和国の独立闘争である[8]。

● 第1次チェチェン紛争

ロシア連邦の一構成国であるチェチェン・イングーシ共和国は，黒海とカスピ海に挟まれた北コーカサスに位置する。国土面積は岩手県程で，約80万人の住民の7割がイスラム教徒(スンニー派)のチェチェン人で占められている。19世紀，対トルコ戦争に備えてロシアが北コーカサスの植民地化に乗り出したため，チェチェン等の山岳民族は半世紀にわたり抵抗(カフカス戦争：1816～64年)したが，結局はロシアに併合されてしまう(1864年)。ロシア革命の際，彼らは独立戦争を起こすが，赤軍に鎮圧され，旧ソ連統治時代，チェチェンはロシア共和国内の自治共和国となる。その後独ソ戦争が始まると，ドイツに協力したという理由で，多くのチェチェン人がスターリンにカザフスタンやシベリアに強制移住させられている(1944年)。戦後，フルシチョフのスターリン批判を機に人々が故国帰還を許され，自治共和国が再建されたのは1957年のことである。

80年代後半，ソ連の支配体制が動揺を来すやチェチェンは独立への動きを強め，90年11月には主権宣言を行い自治権の拡大を主張，保守派クーデター失敗後の91年10月，選挙で初代共和国大統領に選ばれたドダーエフはチェチェンの完全独立を宣言(11月)，以後，ロシア連邦への加盟を拒み続けている。

冷戦末期，ソ連からの分離独立を推奨していたエリツィンは，新生ロシア発足とともに一転チェチェンの独立に反対し，非常事態宣言を発して内務省国内軍を派遣する。この時は最高会議の同意が得られず部隊は撤退したが，94年8月に武力衝突が本格化した。11月にはロシアの支援を受けた反ドゥダーエフ勢力が首都グロズヌイを攻撃したが，準備不足や情勢判断から作戦は失敗。しかしエリツィン大統領はチェチェンに最後通告を発し，12月には国境を封鎖，そして憲法秩序の回復を名目に6万人の露軍（露国防軍と内務省軍）をチェチェンに侵攻させた（第1次チェチェン戦争）。

「1個空挺連隊があれば，2時間で首都グロズヌイを制圧できる」とグラチョフ国防相は豪語したが，ドゥダーエフ政権の頑強な抵抗に遭い作戦は難航，95年2月にようやく露軍はグロズヌイを制圧するが，その後もチェチェン側はテロ活動で抵抗を続けた。OSCEの仲介で7月にはドゥダーエフ派の武装解除と露軍の段階的撤退で合意が成立したが，再び戦闘が再開。その後，大統領選挙を控えたエリツィンが強硬路線を修正，また強硬派のドゥダーエフ大統領が露軍のロケット攻撃で死亡した（96年4月）こともあり一旦停戦合意が実現するが（96年6月），大統領選挙後に破棄された。だが96年8月，チェチェン独立派がグロズヌイの奪回に成功し，衝撃を受けたエリツィンはレベジ国家安全保障会議書記長を大統領特別代表に任命し，新たに独立派の指導者となったマスハドフ参謀長との和平交渉に当たらせた。その結果，8月31日に和平合意（ハサヴユルト合意）が成立，チェチェンの法的地位の問題は2001年まで棚上げとし，露軍を撤退させチェチェン臨時政府が設立されることになった。97年1月の大統領選挙ではロシアの望む穏健派のマスハドフが当選し，エリツィンはマスハドフとの間で停戦を定めた和平条約に調印する（97年5月）。しかし，急激な市場経済化による政治経済の混乱に加えて，チェチェンでの苦戦がエリツィン政権の基盤を揺るがすことになった。

●第2次チェチェン紛争とプーチン政権

ロシア連邦からの分離独立を求め，第1次紛争に事実上勝利したチェチェンであるが，その後，対露闘争の中心だった一般市民に代わってイスラム原理主義に傾倒した強硬派外部勢力の関与と影響力が強まり，バサエフ司令官もこれら外国人グループと合流したためマスハドフ大統領の政治的影響力は弱体化す

る(チェチェンのイスラム化)。そしてプーチンが政治の表舞台に登場するまさにその時，再びチェチェンで火の手が燃え上がった。99年8月，バサエフ司令官隷下のチェチェン武装勢力約千人が隣国のタゲスタン共和国に突如侵攻し，イスラム国家の樹立を宣言したのだ。これを主導したハッタブ野戦司令官らは，イスラム原理主義の国家建設をめざすワッハビズム(ワッハブ派：中央アジアで生まれた地下的なイスラム復興運動)の信奉者であった。その2日後，首相に指名されたプーチンはチェチェン武装勢力を掃討するため，露軍に大規模な攻撃開始を命じる(8月13日)。一方，モスクワでは8月下旬～9月上旬にかけて，ショッピングセンターやアパート等を狙った爆発テロ事件が続発し200人以上の市民が死亡した。プーチンはこの事件をチェチェン武装集団の犯行と断定したうえで，彼らはカスピ海から黒海に至るイスラム国家建設をめざし，石油や天然ガス資源を略奪しようとしていると非難し，一切の話合いに応じず断固その殲滅を図ると宣言した(第2次チェチェン戦争)。

　9月22日，ロシアはチェチェン国境を封鎖し武装勢力を封じ込め，翌日からは首都グロズヌイや軍事拠点への空爆を開始。10月初旬には地上軍を進め，チェチェン北部を占拠した。翌年2月露軍はグロズヌイを制圧し，一部地域を除いてチェチェン共和国を連邦政府軍の支配下に置いた。大統領に就任したプーチンはチェチェン共和国を連邦の直轄統治とし(6月)，暫定政権の代表に穏健派のイスラム指導者アフメド・カディロフを任命しマスハドフの排除に出た。南部山岳地帯に退いたチェチェン武装勢力は頑強な抵抗を継続，モスクワでも爆弾テロ事件が相次いだ。紛争の再燃で20万人以上の難民が発生し，グロズヌイはじめ各都市は徹底的に破壊された。ロシアは国際的に厳しい批判を浴びたが，ロシア国民のプーチンへの支持は高まった。

　しかし，テロリストとの交渉を拒否したプーチンは，2年以上続く闘争でも紛争解決の糸口が掴めないでいた。そうした折に同時多発テロ事件が発生する。事件後プーチン大統領は対テロ作戦に向けた対米支援5項目を発表したが，この演説の最後でチェチェンの武装勢力に対し，国際テロ組織との関係を断ち切るよう促すとともに，武装解除と対話を呼びかけた。10月末，マスハドフ大統領の側近からロシアに予備交渉の打診があり，11月には第2次紛争勃発来初の和平交渉が開始された。しかし，チェチェン側が交渉による紛争の正常化

を求めたのに対し、連邦政府があくまで武装勢力の無条件武装解除を主張して譲らず話合いは決裂した。アフガニスタン戦争が続く中、12月にロシアは再び武装勢力への攻撃に踏み切り、02年1月には大規模な武力衝突へと発展。OSCEが紛争の仲介に動いたものの、露側の抵抗で交渉は進展を見なかった。

01年12月31日、国民に向けた新年のテレビ演説でプーチンは、チェチェン問題が国際テロとの戦いの一環というロシアの主張が国際社会から理解されたと自信を示し、02年4月の大統領年次教書演説では「掃討作戦の終了（軍事的勝利）」が宣言された。にも拘らず、5月にはタゲスタン共和国での対独戦勝パレードで地雷が爆発し44人が死亡したほか、8月にはグロズヌイ近郊でチェチェン武装勢力によって露軍の輸送ヘリコプターが携帯型ミサイルで撃墜された（約120人死亡）。さらに10月にはモスクワの劇場占拠事件で130人近い犠牲者を出し、12月にもグロズヌイの共和国庁舎が爆破される（46人が死亡）等独立派の抵抗は激化した。

劇場占拠事件後、プーチンは軍事（掃討作戦の強化）、政治（共和国憲法制定の迅速化、国民投票の実施）の両面で武装勢力との対決姿勢を鮮明にさせ、03年3月にはチェチェンがロシア連邦の一部であると明記した共和国憲法の是非を問う住民投票が実施された。その結果95%が同憲法を承認し、10月の大統領選挙では、連邦直轄統治体制下の行政府長官でプーチンの支持を受けたカディロフ（親露反独立派）が当選した。カディロフは元イスラム教聖職者で、1万人の私兵（カディロフツィ）を組織し分離独立派のリーダーとして長年チェチェン独立のために戦ってきたが、内戦による国土崩壊を嫌いロシア（独立反対）側に転じた人物。プーチンとしては親露の現地政権を樹立して紛争を極小化したいところであったが、カディロフ大統領に対する地元民の支持は極めて低調で、04年5月にはグロズヌイでの対独戦勝パレードの最中に爆殺される。カディロフの後継者を選ぶ大統領選挙が実施され、やはりロシアが後押しするアルハノフ内相が当選したが、その直後に旅客機2機の爆破（04年8月）やオセチア共和国ベスランでの小学校占拠事件（04年9月、330人以上が死亡）が発生、テロは止むことなく執拗に繰り返されており、和平実現の目処は全く立っていない。チェチェン紛争は依然ロシア内政上最大の問題である。

● 紛争の今後

　ロシアは何故，チェチェンの独立を認めようとしないのであろうか。北方領土交渉の姿勢からも窺えるように，ロシアは大陸国家の伝統から領土の拡大・保持に極めて執着の強い国柄だ。共和国の在り方としてモスクワは最大限の自治を保証する方式を主張するが，チェチェン側はあくまで完全独立を主張し続けており平行線のままだ。またチェチェン共和国は，バクー等コーカサス地方とロシアを結ぶ交通，運輸，地政学上の要衝である。さらにチェチェンでは原油が産出されるほか，カスピ海沖油田で産出する原油をロシアや欧州に運ぶパイプラインの通り道にもあたっており，チェチェンの独立を認めればロシアは石油や外貨獲得のドル箱を失うことになる。しかもチェチェンのイスラム武装勢力はチェチェン独立に留まらず，ダゲスタン共和国等周辺地域も取り込んだ広域イスラム国家の樹立をめざしており，ロシアにとって問題はチェチェンだけでは済まないのだ。強いロシアの復活をめざすプーチンとしては，連邦の分裂は絶対に認められない選択肢だ。ロシア人が減少傾向にある中，非ロシア系イスラム勢力の拡大は大いなる脅威といっても過言ではない。クレムリンは，武装闘争を展開しているのは国際的なテロ集団で，一般のチェチェン市民とは別だとして，軍事行動を正当化している。

　ソ連の崩壊で一時民族としての自信を喪失したロシアだが，石油価格の高騰がもたらす経済の好調さを背景に，大国ロシアのナショナリズムが蘇っている。そのような環境が続く限り，プーチンの後継者も強いロシア実現の路線を継承するものと考えられ，ロシアが安易な譲歩を示す可能性は少ない。プーチン大統領は06年7月，郷里のサンクトペテルブルグで念願のサミット開催を成功させたが，その直前，チェチェン独立派武装勢力のバサエフ司令官殺害を公表した。バサエフはベスラン学校占拠事件やモスクワ劇場占拠事件等の首謀者といわれ，彼の殺害は対テロ戦での大きな勝利となった。だが武装勢力による報復テロの脅威は残るし，チェチェン政策で見せるプーチンの強硬姿勢には国際世論の批判も強まっている。チェチェン紛争がロシア対チェチェン独立派の戦いに限定できなくなりつつあるなかで，ロシアがコーカサス～中央アジアにおけるイスラム過激派をどのように抑えるかがポイントである。

3 中央アジアの覇権と協力：上海協力機構の政治力学

　ブレジンスキーは，コーカサス〜カスピ海〜中央アジアに至る地域は，世界で最も不安定ながら地政的には極めて重要なエリアだとして「ユーラシアバルカン」と名付けたうえで，次のように述べている。

　「ユーラシア・バルカンは，外縁地帯（中東〜南アジア）と比べ，大きな違いがひとつある。それは，力の真空地帯であることだ。ペルシャ湾や中東の諸国の大半も不安定であることに変わりはないが，……ひとつの覇権国（アメリカ）が支配しているために，不安定さが緩和されている。これに対し，ユーラシア・バルカンは，ヨーロッパ南東部に位置する本家のバルカンに共通する面を持っている。地域各国の政治体制が不安定なうえ，近隣の強国同士が相手に地域覇権を握らせまいとして，この地域に介入することになりがちである。本家のバルカンは，ヨーロッパの覇権抗争で地政上の目標になりうるものであった。現在のユーラシア・バルカンも地政上，重要な意味を持っている。この地域を通って，ユーラシア大陸で最も豊かで工業化の進んだ西端と東端を直結する輸送網を作る動きが始まっているからだ。さらに，少なくとも三つの隣接する強国（ロシア，トルコ，イラン）にとって，安全保障と長年の野心の観点から重要な意味をもっており，最近では中国も政治的な関心を示すようになってきた。しかしそれ以上に，ユーラシア・バルカンは経済的に計り知れない価値を持っている。世界の天然ガスと石油の埋蔵量のうち，かなりの部分がこの地域に集中しているほか，金鉱石等重要な鉱物資源が豊富にある。……アジアの急速な経済成長に伴い，新たなエネルギー資源の探査と開発が既に切実な課題となっているが，……各国がこの地域に野心を抱き，企業が利権を争い，歴史を根拠に領有権を主張する動きや帝国主義的な拡張主義が再燃し，国際対立が激化している。」[9]

　しかも域内各国はいずれも経済の後進性に加えて，領土や宗教，民族問題等を抱えており，極めて脆弱な地域である。そのアジア内陸部の地域協力機構に上海協力機構 (Shanghai Cooperation Organization: SCO) がある。中国にロシア，それに中央アジア3か国（カザフスタン，キルギス，タジキスタンでいずれも旧ソ連から独立した国々）が加わって，1996年4月に発足した上海ファイブを前身とし，2001年6月にウズベキスタンが加盟し上海協力機構に改組された。02年には

ウズベキスタン
90年以来カリモフ大統領の政権が継続。05年5月のアンディジャン騒擾事件を契機に、人権状況に批判的な欧米との関係が冷却化し、ロシアへの接近傾向が強化。

カザフスタン
05年の大統領選挙において、90年以来現職にあるナザルバーエフ大統領が再選（任期7年）された。好調な経済にも支えられ、政権基盤は強固。

キルギス
05年2月の議会選挙に端を発した野党勢力主導の大規模デモにより14年間続いたアカーエフ政権が崩壊。7月の大統領選挙でバキーエフ元首相が当選（任期5年）。

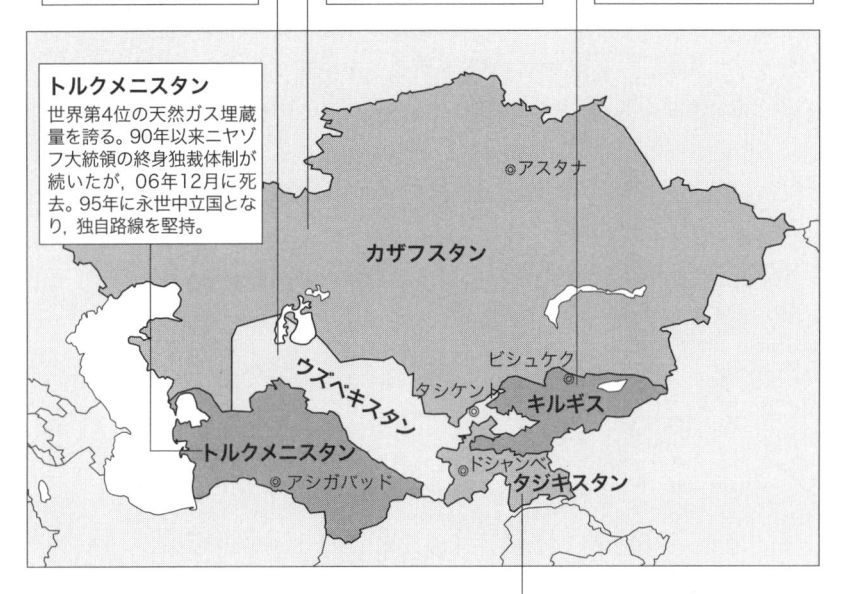

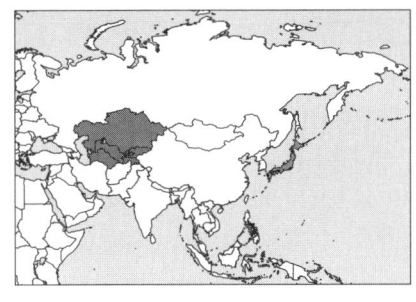

トルクメニスタン
世界第4位の天然ガス埋蔵量を誇る。90年以来ニヤゾフ大統領の終身独裁体制が続いたが、06年12月に死去。95年に永世中立国となり、独自路線を堅持。

タジキスタン
97年の和平合意達成により、独立直後から続いた内戦が終結。94年から現職にあるラフモノフ大統領の下、政情は近年安定。

出典：『外交青書2006』（外務省，2006年）100ページを基に作成

図 8-1　中央アジアの政治情勢

規約に当たる SCO 憲章が制定され，それまでの会議組織から常設の協力組織へ発展した。もともと上海ファイブは，中ソの国境兵力削減と国境画定に関する委員会の活動を引き継いだもので，本来は国境をめぐる種々の争点を解決する話合いの場であったが[10]，99 年の首脳会合（於キルギスの首都ビシケク）以後は，タリバン等イスラム過激派（原理主義者）の取締まりと反テロ対策に重点が置かれるようになった。アフガニスタンからの難民流入問題を抱え込む恐れのあるカザフスタン，キルギス，タジキスタンを中国やロシアが支援するという格好で共同防衛のあり方等を協議するとともに，この機構を通じて中央アジア諸国と連携を図り，イスラム過激派の動きを封じ込めようというのがその狙いだ。中国がイニシアティブを発揮して，04 年からは常設事務局（北京）と地域テロ対策センター（RATS）（ビシケク）が活動を開始した。これまでに 3 回，イスラム過激派勢力によるテロを想定した合同軍事演習も実施されている。中国政府がテロ対策に関心を見せるのは，新疆ウィグル自治区に居住するウィグル人のムスリム（イスラム教徒）が，タリバンの支援・連携の下に漢民族支配に叛旗を翻し，独立に向けた反政府運動を激化させることを強く懸念しているからだ。チェチェン問題を抱えるロシアにとっても，中央アジアに拠点を置くイスラム過激派の摘発，取締りは至上課題である。05 年 7 月の SCO 首脳会議では，「テロリズム，分離主義及び過激主義との戦いにおける SCO 加盟国の協力と理念」と題する共同宣言が採択され，各国の政治を不安定化させるこれら脅威と戦うため，テロリストやテロ団体の共通一覧表を作成し，それら組織に支援を行わないこと等反テロや反分離主義の連携強化が打ち出された。

　中国が SCO にコミットするもう一つの大きな理由は，資源の確保にある。アメリカに次ぐ世界第 2 位のエネルギー消費大国に成長した中国は，既に石油の輸入国となっており，石油輸入の 6 割以上はマラッカ海峡経由で中東から運び込んでいる。しかし危険分散を図るため，沿海部は中東の石油に依存しつつも，西部・内陸地区へは中央アジアから石油・天然ガスを搬送させようと考えている。そこでカスピ海沿岸の大型油田を抱えるカザフスタンからパイプラインで石油を輸入することを計画し，あるいはロシアと共同でシベリアの油田開発に参画することも合意されている。エネルギーの確保と供給源及び輸送ルートの多角化という観点から，中国は上海協力機構を通じて中央アジア諸国との

連携を深めようとしているのだ。06年6月の首脳会議（上海）でもエネルギー問題が議題の中心となった。胡錦濤国家主席は実務者協議の課題として，「エネルギー問題の多国間ネットワーク構築」を提案し，プーチン大統領もSCOエネルギークラブの創設を提唱した。さらにパキスタンのムシャラフ大統領は，同国経由でイランの天然ガス・パイプラインを中国に繋ぐ計画を支持する意向を示す等各国からSCO諸国間のエネルギー連携の必要性が強調された。

　こうした一方で，この枠組みには中央アジア諸国とロシアが連携し，共に中国にあたるという思惑も込められている。中国と手を携えながらも，他方で中央アジアへの中国の影響力増大に歯止めを掛けたいというのがロシアの本音である。まさに同床異夢だ。さらに中央アジア諸国には，大国との友好関係を維持しつつも，それに頼りきることなく，自立を目指したいという願望もある。例えばウズベキスタンにSCO加盟国のカザフスタン，キルギス，タジキスタンを加えた中央アジア4か国は，「中央アジア共同体」の創設で合意している（01年12月）。4か国はこれまで「中央アジア経済共同体」を構成していたが，新組織は経済にとどまらず，政治や安全保障等幅広い分野での地域協力推進を目的とし，イスラム原理主義拡散防止の狙いも織り込まれている（ウズベキスタンや日本人鉱山技師拉致事件（99年8月）が起きたキルギス等はイスラム過激派の活動が活発な地域である）。同じSCOのメンバーでありながらも，中国，ロシア，そして両大国に挟まれた内陸諸国と，三者の思惑が複雑かつ微妙に交錯している。

　ところで同時多発テロ事件後，イスラム過激派勢力の駆逐という共通利益からアメリカとも円滑な関係を見せていた中露両国だが，その後，ともにアメリカと距離を置き始め，それに伴ってSCOも米一極主義に対抗する反米同盟の色彩を強めつつある。同時多発テロ事件が起きた後，米政府はアフガニスタン戦争遂行のための軍事拠点を確保するため，中央アジア各国に協力を求めた。これに応えキルギスやウズベキスタン，タジキスタンは国内における米軍の駐留を認め，カザフスタンも米軍機の領空通過を容認した。ユーラシア内陸部への米軍進出というかつてない事態を本来なら中露とも強く嫌うはずだが，この時は両国とも過激派対処を優先させこれを容れた経緯がある。言い換えれば，それだけ中露がイスラムテロの脅威を重大視していたということである。

　しかしその後，アフガニスタンでの戦闘も山場を越え，また03年に入りグ

ルジアやウクライナで民主親米政権が相次いで誕生した。中東民主化構想を推し進め、コーカサスにも親米民主化勢力を植えつけようとするアメリカの関与と干渉があったのではないかと中露は疑いを抱いたが、さらにキルギスで政変が勃発（05年3月）、ウズベキスタンでもアンディジャン騒擾事件（05年5月）が起きたため、アメリカが中央アジアにも手を伸ばしつつあるとの警戒心が一層強まった[11]。そのため05年7月、カザフスタンの首都アスタナで開かれた首脳会議でSCOは、アフガニスタンでの対テロ作戦は既に活発な局面を過ぎたとして、「SCO加盟国は、対テロ連合参加者がSCO加盟国領内におけるインフラ施設の暫定使用と部隊駐留の最終期限を明確にする必要があると考える」との表現を共同声明に盛り込み、事実上米軍の撤退を要求した（同年11月、米軍はウズベキスタンから完全撤退）[12]。この首脳会議の直前に開かれた中露首脳会談（7月1日）では、胡錦濤主席とプーチン大統領が「社会発展のモデルの押しつけへの反対」等を盛り込んだ共同声明に署名し、ブッシュ政権の民主主義拡大路線を否定する姿勢を鮮明にさせた。政変後のキルギスを除き、ウズベキスタン、カザフスタン、タジキスタンでは旧ソ連末期以来の長期政権が続き、反政府勢力への弾圧等強権的な政権姿勢で共通している。SCOの対米批判には、これら現政権の正当化や延命、そしてアメリカの介入排除の意図が込められている。06年の首脳会議で採択された「結成5周年宣言」でも「政治・社会体制や価値観の違いが他国の内政に干渉する口実とされるべきではなく、社会発展のモデルは"輸出品"にはなり得ない」「ダブルスタンダード（二重基準）を認めず、論争は相互理解を基礎に解決されるべきである」等の表現が盛り込まれ、中央アジアへのアメリカの政治介入を強く牽制している。

　対米関係が冷え込むのに比例して、中国、あるいはSCO重視の動きを強めるロシアはSCO諸国との軍事協力を進めている。05年8月には台湾有事を想定した中露の大規模な合同軍事演習（「平和の使命2005」）がウラジオ及び山東半島とその周辺海域で実施された。ロシアはウズベキスタンとも初の共同演習を実施した（05年）ほか、タジキスタン駐留軍を正式な軍事基地に格上げする計画を持ち、03年に空軍基地を開設したキルギスには南部に新たな軍事基地建設も検討中と伝えられる。またロシアのバルエフスキー参謀総長は、07年以降インド等SCOオブザーバー参加国も含めた合同軍事演習を計画中と語って

いる。演習の目的は対テロに限定されるというが，こうした動きはSCOの軍事機構化に繋がるとの懸念を生んでいる。さらにプーチン大統領は05年11月，カザフスタンやタジキスタン，キルギス，ベラルーシといった親露的な旧ソ連構成国で作る集団安保機構の参加国には最新型ミサイル防衛システムを提供する用意があると表明したほか，各国軍人の教育やロシア製兵器の安価での供与，対テロ緊急展開や平和維持を目的とした特殊部隊の創設，集団防衛をめざす統一指揮系統の構築等も各国に提案している。CISが親露，反露に二分され形骸化が進むなか，それに代わりロシアはSCOを土台として東のNATOともいえる新たな地域安保機構構築を構想しているのではないかとの観測もなされている。

　そのうえ，SCOは加盟国拡大の動きも見せている。05年7月の首脳会議では，インド，パキスタン，イランの3か国をSCOのオブザーバー国として承認した。モンゴルも04年にオブザーバー参加の地位を得ている。06年6月の首脳会議ではこれら諸国の正式加盟への具体的手続きは採られなかったが，近い将来正式にメンバー入りすることは十分に考えられる。印・パ両国の加盟はカシミール紛争の解決に期待感を抱かせる反面，核開発疑惑を巡ってアメリカと対立しているイランを敢えて加えることは，当然アメリカの反発を招くだろう。中露がインド加盟を進める背景には，市場の獲得という経済上の理由だけでなく，アメリカのインド接近を阻止，牽制するという両国の政治的思惑が透けて見える[13]。05年6月にウラジオストクで行われた中露印の3国外相会談では「多極的な世界の建設をめざして協力する」ことをうたい，米一極支配を懸念する共同文書が発表されている。

　今後SCOがユーラシア大陸諸国を包含する一大連合体へと発展すればその性格や影響力は一変し，これまでの中露の国境管理や対テロ連携等に留まらず，国際政治を左右する機構となろう。中東～アジアの民主化推進を外交の柱に据えるアメリカと，中央アジア各国の強権体制を擁護しアジア・ユーラシアへのアメリカの影響力排除を企図する中露の覇権争いが熾烈化するなか，大陸国家の連合体としてSCOが反米（軍事）機構化する危険性もある。テロやイスラム，民主主義，それにエネルギー問題と世界の関心がこの地域に集まる中で，各国の政治・経済・軍事の利害を調整し，中央アジアに民主と開放の枠組みを築く

ことが上海協力機構の果たすべき課題といえよう。

④ 21世紀のグレートゲーム
● CIS の創設と二つのグループ

　ロシアと旧ソ連邦構成諸国との間には様々な地域協力機構が存在するが，その核となるのが独立国家共同体（Commonwealth of Independent States: CIS）である。CIS は旧ソ連邦諸国のうち，バルト3国を除く12か国によって構成されている。CIS はソ連崩壊直前の1991年12月8日，エリツィン・ロシア共和国大統領，シュシュケビッチ・ベラルーシ最高会議議長，それにクラフチュク・ウクライナ大統領の3人がミンスク郊外で調印した CIS 創設協定に根拠を持っている。その後旧ソ連を構成した11か国（グルジアを除く）が加わり，改めて CIS 創設協定議定書とアルマータ宣言が調印された。CIS の目的や機構等を規定する CIS 憲章（1993年）によれば，政治・経済・環境・人道・文化，その他の分野における協力，加盟国の全体的かつバランスの取れた経済的・社会的発展と国家間協力及び統合，国際平和と安全保障のための協力，非核化・軍縮，各国市民の自由な移動と交流等が目的に掲げられている。CIS の最高意思決定機関は加盟国大統領からなる国家元首評議会で，その議長はロシア大統領が務めてきた。このほか，分野別の大臣級評議会や50以上の部門別協力機関，また2000年にはテロ対策センターが設置された。

　ところで，CIS はもともとソ連の平和的解体とその事後処理のために応急的に作られた枠組みで，将来における加盟国の主権委譲や国家統合等が目標に掲げられているわけではなく，地域協力機構としてのビジョンは不透明である。また旧ソ連時代から連邦を構成する各共和国とロシア（スラブ人）との緊密の度合いは濃淡様々で，それが今日も尾を引き加盟国の間に EU のような共通の理念や一体感が伴っているとは言い難い。そのため CIS には足並みの乱れが目立っている。例えば発足当初，ロシアは旧ソ連軍を CIS 統合軍として一元的に継承する考えだったが，ウクライナやアゼルバイジャン等が独自軍の創設に着手したため，それに反対だったロシアも露軍の創設を決定する。結局 CIS は統合軍の建設を断念し，集団安保機構作りに構想を転じ，1992年5月，タシケントで集団安全保障条約が締結された。当初の加盟国は6か国（アルメニ

ア，カザフスタン，キルギス，ロシア，ウズベキスタン，タジキスタン)。名称は集団安全保障条約だが，実際には共通の敵に対する加盟各国の集団防衛を目的としている。その後ベラルーシ，グルジア，アゼルバイジャンが加わったが，アゼルバイジャン，グルジア，ウズベキスタンが99年に脱退した。独立志向を強めるウクライナや中立政策を標榜するトルクメニスタン，モルドバは最初から参加していない。現在の加盟国数は発足当初と同じ6か国(アルメニア，ベラルーシ，カザフスタン，キルギス，ロシア，タジキスタン)である。

　エリツィン政権は当初大西洋主義外交を進めたが，国内の批判，反発を踏まえ旧ソ連圏重視に転換，それに伴いロシア主導のCIS運営が前面に押し出されるようになった。そのため，ロシア中心のCIS運営に同調する国(ベラルーシ，カザフスタン，キルギス，アルメニア，タジキスタン等)と，ロシアから距離を置こうとする国(アゼルバイジャン，キルギス，ウクライナ，モルドバ，トルクメニスタン，ウズベキスタン等)にCISは事実上二分されていく(トルクメニスタンはCISの原加盟国だが，永世中立を宣言したため加盟資格を停止し，客員参加となった)。経済的自立が困難か，防衛力が不十分等の理由でロシアの支援を不可欠とする国々が前者に属し，CIS集団安保条約加盟6か国がこれに該たる。後者には黒海艦隊や統合軍創設を巡り対露関係を悪化させたウクライナや，ロシアのアルメニア支援を不満に思うアゼルバイジャン等分離主義運動や民族問題等でロシアとの関係が緊密ではなかったか，敵対してきた国々が該たり，その多くは欧米に目を向けNATOやEUへの参加をめざしている。

　前者の親露派諸国の動向を見ると，96年にロシアとベラルーシ，カザフスタン，キルギスが「経済及び人道領域における統合深化に関する条約」に調印した。各国は関税同盟を結成し，98年にはタジキスタンを加え，2000年には「ユーラシア経済共同体」を創設している。これにアルメニアを加えた6か国は集団安保条約のメンバーでもある。ロシアと緊密な関係を維持しているベラルーシは，ロシアと連合国家創設条約を締結している(1999年)(ロシアにとって，中央およびバルト諸国と国境を接し，またロシアの飛び地カリーニングラードからも近い距離にあるベラルーシの地政学的価値は大きい)。ロシアとベラルーシの「連合国家」は，自国の領土主権，憲法を維持しつつも，共通の通貨，軍事ドクトリン，国家予算，国境政策等を持つことを予定している。また同時多発テロ事件を契

機に，対テロ対策の構築を目的に集団安保条約の活性化が試みられている。ロシアのイニシアチブにより集団安保条約を集団安保条約機構に衣替えすることが決定され (03年4月)，常設事務局や統合本部の設置，それに緊急展開集団軍の創設が決まった。中央アジアでは，カザフスタン，キルギス，タジキスタンがロシアと緊密な関係を維持しているが，中でもカザフスタンがロシア最大の同盟国だ。ロシアとの国境線が非常に長く，国内に多数のロシア系住民を抱えていること，ロシアが最大の貿易相手で対露経済依存度が非常に高いこと等のため，ロシアと友好関係を保つことはこの国の至上命題である。ロシアもウズベキスタンの影響力に歯止めをかけるため，カザフスタンを重視している。

これに対し，ロシアから距離を置く4か国 (グルジア，ウクライナ，アゼルバイジャン，モルドバ) は，集団安保条約に参加せず，それぞれの頭文字をとって97年にGUAMというグループを結成する。GUAMはシルクロードの復興と経済発展，旧ソ連諸国の主権と独立の強化等を目的とし，紛争解決，テロ対策等の安全保障，エネルギー供給，欧米との協力等ロシアの影響力を排除する形で多方面にわたって協力することを目指している[14]。99年にはウズベキスタンが加わり，GUUAMとなった。アゼルバイジャンとグルジアはNATO入りの意思を表明し，NATO主導のコソボでのPKO活動に40人余の派兵を行う等関係強化に努めている。アメリカやEU諸国もGUAMの創設を歓迎し，多額の経済援助を行っている。ロシアを牽制するとともに，この組織のメンバーが，ロシアとイランを避けての石油パイプライン建設に関わる地域の国々であるからだ。

● CIS諸国に対するロシアの掌握力低下

プリマコフ外相以来，CIS諸国との連携を重視するロシアだが，近年この地域で政権交代や政治変動が相次いでいる。2003年11月のグルジアでの「バラ革命」がその発端で，04年12月のウクライナにおける「オレンジ革命」がこれに続いた。まず2003年11月，グルジアでは議会選挙結果は偽りだったとする集会の圧力で，シェワルナゼ大統領が退陣に追い込まれ (バラ革命)，翌年1月の大統領選挙ではバラ革命を主導したサアカシュヴィリが新大統領に選出された。彼は国内に残る露軍基地の早期撤退を要求する等前政権の親欧米路線の継続を明らかにしている。クチマ大統領の任期満了に伴い実施された04年11

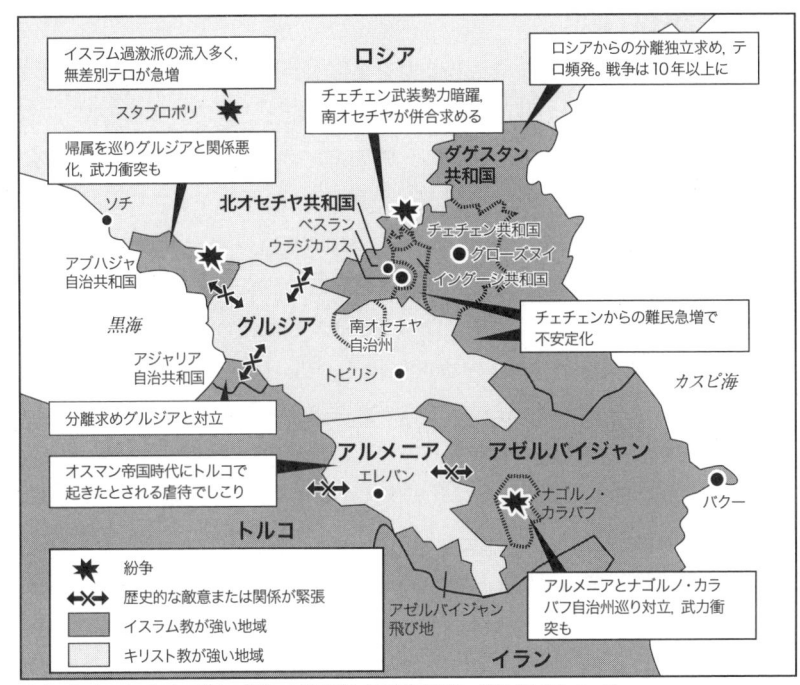

第 8 章　四強角逐のインナーユーラシア　211

図 8-2　現代の火薬庫コーカサス地方

地図内の注記：
- イスラム過激派の流入多く，無差別テロが急増 — スタブロポリ
- ロシアからの分離独立求め，テロ頻発。戦争は 10 年以上に
- チェチェン武装勢力暗躍，南オセチヤが併合求める
- 帰属を巡りグルジアと関係悪化，武力衝突も — ソチ
- ダゲスタン共和国
- 北オセチヤ共和国 — ベスラン／ウラジカフス
- チェチェン共和国 — グローズヌイ
- イングーシ共和国
- アブハジア自治共和国
- 黒海
- グルジア
- 南オセチヤ自治州
- チェチェンからの難民急増で不安定化
- アジャリア自治共和国
- トビリシ
- カスピ海
- 分離求めグルジアと対立
- オスマン帝国時代にトルコで起きたとされる虐待でしこり
- アルメニア — エレバン
- アゼルバイジャン — バクー
- ナゴルノ・カラバフ
- トルコ
- アルメニアとナゴルノ・カラバフ自治州巡り対立，武力衝突も
- アゼルバイジャン飛び地
- イラン

凡例：
- ★ 紛争
- ⇔ 歴史的な敵意または関係が緊張
- イスラム教が強い地域
- キリスト教が強い地域

出典：『テキストブック　社会・経済・国際事情』(実務教育出版, 2005 年) 134 ページ

月のウクライナ大統領選挙では，親露派のヤヌコヴィッチ候補（当時首相）が当選したが，開票は不正だったとする大規模な抗議運動でやり直し選挙が行われ，12 月には親欧米路線をとる野党のユーシチェンコが大統領に選出された（オレンジ革命）。グルジアとウクライナの親米政権誕生に続き，05 年 3 月には中央アジアのキルギスでも政変が起こり，14 年間政権を担当したアカーエフ大統領が失脚，親米派のバキーエフが新大統領に当選する（チューリップ革命）。5 月には，ウズベキスタンのアンディジャンで反政府暴動が発生[15]。さらに同年 10 月には，永世中立国トルクメニスタンが CIS の脱退を表明（准加盟国となる），12 月に入るとキエフで GUAM メンバーのウクライナ，グルジア，モルドバに加え，バルト 3 国，東欧のルーマニア，スロベニア，マケドニアの 9 か国が地域フォーラム「民主的選択共同体」を発足（アゼルバイジャン，ポーランド，ブルガリアも設立総会に代表を送っている）させる等ロシアの CIS に対する掌握力が弱

化する事件が相次いだ。

　ロシアは一連のカラー革命で大きな力を発揮した民間民主団体やピープルズパワーの背後に，米政府の関与・支援があったと疑っている。米政府関与の真偽はともかく，アメリカのコーカサス〜中央アジア地域に対する政策は，対アフガン作戦やテロ掃討戦の後方支援基地確保に加え，(1)(中東での民主化を拡大する形で)域内諸国の民主化と市場経済化の促進(2)エネルギー分野への進出(開発とパイプライン建設の参加)，さらに(3)親米化を進めロシアを牽制し，その影響力を減殺することにある。アメリカはバラ革命で民主化を果たしたグルジアのサーカシビリ大統領をホワイトハウスに招く一方，06年3月の選挙で3選を果たしたルカシェンコ大統領に対しては，選挙運営の公正さを欠いたとしてベラルーシに在米資産の凍結，米企業との取引禁止等の経済制裁を発動している(06年7月)。またライス国務長官がカザフスタンやキルギス(05年10月)，チェイニー副大統領がカザフスタンを訪問(06年5月)する等要人を派遣し交流を深めつつある。(2)に関しては，1999年3月，米議会が「シルクロード戦略法」を成立させた。これはカスピ海周辺から中国西部国境に至るユーラシア回廊と呼ばれる地帯をロシア，中国，イランの勢力圏から切り離し，アメリカの影響下に置くことを目指したもので，具体的には石油とガスの輸送ルートでロシアの専売を崩すこと，イランを通過しない東西のパイプライン構築を進めること等が戦略目標に入っている。

　中露の影響力拡大に対抗してアメリカが構想しているのが，中央アジアから南アジアを経由してインド洋に出るパイプラインルートの確立だ。イランやロシア，中国を経ず，しかも石油や天然ガス等の豊富なエネルギー資源の輸出先が拡大すれば，域内諸国の中露への依存を下げることができるからだ[16]。ロシア，イランを通らないパイプラインの第一号として，05年5月，英国主導の下にアゼルバイジャンの首都バクーと地中海沿岸のジェイハン(トルコ)を結ぶパイプラインが開通している。06年4月，カスピ海油田・ガス田を抱えるアゼルバイジャンのアリエフ大統領が訪米した際，ブッシュ大統領はエネルギー協力を確約，パイプライン建設等エネルギー輸送施設の整備でアメリカが大規模な支援を行うことで合意している。両国の念頭にあるのはいうまでもなく，ロシア，イラン回避ルートのパイプライン建設である。

これに対しロシアも，CIS 諸国のロシア離れを食い止めようと必死の巻き返しに出ている。GUUAM に対抗するため，ロシアは「旧ソ連空間に真の統合を実現する」との名目でカザフスタン，キルギス，ベラルーシ，タジキスタンとともに CIS 関税同盟をユーラシア経済共同体 (EAEC) に改組 (2000 年 10 月) したほか，05 年には中央アジア協力機構 (CACO) をロシア主導の EAEC に統合することを決定，またウズベキスタンを EAEC に招き入れる等域内協力で主導権を発揮している。さらにプーチン大統領はアゼルバイジャン，アルメニア，グルジア，ロシアのコーカサス 4 か国による「コーカサス 4」創設を提案したが，これは GUUAM を切り崩すとともに，この地域での欧米主導の民主化援助プロジェクトに対抗する目的もある。

　一方，イスラムテロの脅威が高まったことから，GUUAM メンバーのウズベキスタンや共産党政権が誕生したモルドバは，ロシアに接近する姿勢を見せている。従来ロシアを警戒し，欧米寄り路線をとってきたウズベキスタンが 01 年頃からロシアとの距離を縮める動きに出たのは，この国がイスラム解放党やウズベキスタン・イスラム運動 (IMU) という過激派反体制勢力に頭を悩ませているためだ。アメリカや OSCE がカリモフ政権の強権的政治体制や市場経済化の遅れに公然と批判の目を向けるようになったことも対露関係改善の動機になったとみられる。ウズベキスタンは上海協力機構に加わる一方，02 年には GUUAM の活動の一時的参加停止を発表し，05 年 4 月には脱退している。04 年 10 月のカリモフ・プーチン会談では「ウズベキスタン・ロシア戦略的パートナーシップ条約」を締結，中央アジア協力機構へのロシアの参加も決定している。またウズベキスタンは 05 年 5 月に発生した反政府暴動への武力鎮圧でアメリカから非難を浴びた。そのためウズベキスタンは領内に駐留する米軍の撤去を要求，11 月に米軍は完全に引き上げた。これにかわりウズベキスタンはロシアと共同防衛や有事の際の軍施設相互使用等を規定した同盟関係条約を締結，両国の関係を戦略的パートナーシップから同盟関係に格上げし，ロシア寄りを鮮明化させている。06 年 1 月にはユーラシア経済共同体に加盟し，同年 6 月には CIS 集団安全保障条約に復帰した。中央アジア最大の人口 (2700 万人) を持つウズベキスタンの両機構への参加はロシアにとって大きな政治的得点となった。このほかにもロシアは，キルギスに空軍基地を開設する (03 年)

等中央アジア～コーカサス諸国との軍事協力も積極的に進めている。

　ロシアの切り崩し作戦に，GUAMの側も負けてはいない。06年5月，親欧米路線を強めるウクライナ，グルジア，モルドバ，アゼルバイジャン4か国の大統領はキエフで首脳会議を開き，これまでの4か国の協力体GUAMを「民主主義と経済発展のための国際機関」に格上げし，米欧との協力を進める地域機構を創設することで合意した。同機構の設立宣言では，民主主義の拡大と安全保障確保のためにEU，NATOとの関係強化をめざすことがうたわれており，ロシア離れとNATO，EUへの接近，協力が強まるだろう。既に4か国は欧米の協力を得てアゼルバイジャンの石油をヨーロッパに送るパイプライン整備等を進めており，エネルギーを用いたロシアの恫喝外交に対抗，結束する姿勢を強めている。

　対するロシアは，グルジアやモルドバの最有力輸出品であるワインの全面禁輸等経済制裁を強めるとともに，反露の先導役であるウクライナにも圧力をかけている。ウクライナはエネルギーの大半をロシアに依存している。そこでロシアのガスプロム社は石油ガスの国際価格高騰を口実に，売却先のウクライナ国営ガス会社に対し，天然ガスの価格（千立方メートル当たり50ドル）をヨーロッパ向け価格に近い価格（230ドル）に値上げする旨を通告，それまでの3倍以上の価格であるため両国の交渉は難航した。06年1月1日，突然ロシアはウクライナへのガス供給停止を発表し圧力をかけた。ウクライナ経由のパイプラインでロシアからガスを輸入している西欧諸国がこの措置に強く反発，憂慮の念を示したため，ロシアも程なくウクライナと合意に達したが，この出来事はエネルギー戦略発動によるロシアの恫喝と受け取られた。ロシアがヨーロッパに輸出する天然ガスの3/4はウクライナ経由のパイプラインで供給されており，ウクライナはロシアから中継輸送費を受け取っている。プーチン大統領はドイツのシュレーダー首相と，ウクライナを迂回してロシアの天然ガスをバルト海を通って直接ドイツに供給するパイプラインの建設（北ヨーロッパ・ガスパイプライン）で合意しているが，これもウクライナを締め上げる作戦の一つである。他方，天然ガス供給の3割をロシアに依存しているEU諸国は事件後の06年6月，エネルギー調達先の分散多角化を図るべく，イランやロシアを通らず，カスピ海からトルコを経て，さらに東欧（ブルガリア，ルーマニア，ハンガ

リー) を経由しオーストリアに至る天然ガスパイプライン (ナブコ・パイプライン) の建設着工を決定した。これが完成すれば東欧・南欧での独占供給態勢が崩れるため, ロシアのガスプロム社は黒海の海底を経由してトルコに天然ガスを供給中のブルーストリームパイプラインの延伸案をハンガリーに打診する等対抗策を打ち出している。

　ロシアからの圧力を受けるウクライナでは, 06年3月の議会選挙で親露の「地域党」が第一党となり, 親露反露各派の激しい組閣・連立工作が続いた後, 8月に親露派を軸とする4党連立内閣 (地域党, 大統領与党の「我らのウクライナ」, 社会党, 共産党) が誕生し, オレンジ革命の際の大統領選挙やり直し投票でユーシェンコに破れたヤヌコビッチ地域党党首が首相に就任した。4党が合意した基本原則では, 大統領が推進するNATO加盟問題については「必要な手続きを経て国民投票で決める」ものとされたが, 憲法改正で大半の閣僚指名権を得る等首相権限が強化されたこともあり, NATO加盟や対露政策をめぐり, 親欧米派大統領と親露派首相の対立が表面化する可能性が強い[17]。エネルギーの獲得や政治的影響力の拡大を狙い, ロシア, アメリカを筆頭に, 中国やEU, さらに近隣のトルコ, イランも加わりコーカサス～中央アジアにかけて各国の活発な駆け引きが繰り広げられている。こうした諸国の画策は, 19世紀末から20世紀初めにかけてロシアと大英帝国の間で行われた「グレートゲーム」の再来に譬えて, 近年では「第2次グレートゲーム」と呼ばれ始めている。

● CISの将来

　CISの統合が進まない理由は, 加盟国全体に共通の理念や目標, それに敵が存在しないためである。それどころか, CIS加盟国が相互の脅威になっている現実もある。グルジアやモルドバ等は国内の民族紛争を抑えるためロシアに依存せざるを得ないが, ロシアそのものにも強い脅威を感じている。ロシアを中心に軍事統合が進めば進む程, 却って対露脅威が高まるという皮肉な問題を抱えている。ロシアの軍事・経済・政治的な影響力が余りにも大きいこと, 地政環境や歴史的経緯等からロシア主導のCISに対する参加の度合い, 濃淡が国によって多様であり, さらにはロシア自身が他の加盟国の脅威となっている面があること, 民主主義の定着が未だ不十分なこと等を考え併せれば, 当面, CISがバランスのとれた求心力の高い地域協力機構に発展する可能性は非常に

しかし，ロシアが他国に対し図抜けた影響力を持っているがゆえに，逆にCIS諸国がロシアから一斉に離脱する事態も考え難い。ウクライナがCISから離脱したくても出来ないのは，エネルギーをロシアに頼らざるを得ないからである。ロシアに安全保障やエネルギー供給の多くを依存する以上，ロシア以外の旧ソ連構成諸国がロシアから容易に自立できる環境ではない。またロシアから距離を置き欧米との連携に将来を託そうとする国の場合も，欧米が掲げる人権や民主主義の基準を満たし，それを受容できるかどうかという問題もある。結局，ロシアとの関係を軸に発展を目指す国と欧米志向のグループを併存させたまま緩やかかつ曖昧な枠組みとしてのCISを通して，ロシアがこの地域の主導権発揮をめざす状況は変わることがないであろう。

⑤ 南アジアの政情とインドを取り巻く国際環境

　南アジアには，地域の安定と発展を妨げる三大紛争が存在する。一つはインドとパキスタンのカシミール紛争，二つ目は中印紛争。そして三つ目が，スリランカにおけるタミル人紛争である。このうちカシミール紛争はヒンズー教とイスラム教の宗教対立に印パ両国のヘゲモニー争いも絡み，1947年以来，3回にわたって大規模な武力紛争が生起している。冷戦後の1998年にも両国の核保有と核実験が引き金となり，再び緊張が高まった。次に中印紛争だが，ともに古代文明発祥の地としての誇りを持ち，互いにアジア第一の覇権大国を志向してきたインドと中国はもともと強いライバル関係にある。しかも両国間には国境帰属を巡る対立があり，領土問題が絡んでくる。さらに1950年以降中国がチベットを武力併合し，59年のチベット動乱では，中国軍の支配に蜂起して破れたダライ・ラマ14世がインドに亡命し庇護を求めたことも重なって，1962年には中印間で大規模な軍事衝突が勃発，折からの中ソ対立でソ連が中国封じ込めの目的でインドに接近したことも加わり，以後，中印両国の厳しい対立が続いてきた。

　だが近年，この南アジアの政治地図にも変動が生まれつつある。まずアメリカが中国の軍事政治的影響力の拡大を牽制するため，アジアのもう一つの大国インドに接近している。中露に抗し，あるいは中露関係に楔を打ち込むために

インドの地政的価値を最大限に利用しようと考えている。06年3月，インドを訪問したブッシュ大統領が，核拡散防止条約(NPT)未加盟のインドとの間で，民生用の原子力開発分野で協力を約す米印原子力協定に署名したのはそれを物語る良い例だ[18]。アメリカがインドに近づくいま一つの狙いは，巨大マーケットの獲得であり，インドを"第二の中国"と見るものである。英国植民地としての長い歴史から英語理解の下地もあり，中国よりも人や企業の進出が容易との計算も働いている。

これに対抗して中国もやはり市場の獲得とアメリカの進出排除を目的に，想定敵国であるインドに敢えて接近し，関係改善を急いでいる。エネルギーや安全保障，国連改革等を話し合う「中印戦略対話」が04年1月から始まったほか，05年4月には温家宝総理が訪印する等両国首脳の相互訪問も活発化し，両国国防相の会談で軍事交流の促進がうたわれた(06年5月)。経済面でも06年1月，海外油田の共同開発やエネルギー分野の協力で合意が成立。7月には，インド北東部シッキム州と中国チベット自治区を結ぶナトゥラ峠の中印国境貿易ルートが44年ぶりに再開された。両国は国境交渉を継続中だが，インド側専門家の予測では，同ルートの貿易総額は2010年には35億3500万ルピー(約88億円)，20年には57億4千万ルピーにまで拡大すると見込まれている。インドだけでなく，中国はかねて親しい間柄のパキスタンとも関係を深めており，パキスタン南部から中国西部を結ぶ石油パイプライン建設や中パ連絡道路であるカラコルムハイウェーの拡張整備，戦闘機，戦車の共同生産等エネルギー，経済，軍事の各分野での協力関係の推進を図ろうとしている。

ユーラシアにおけるもう一つの大国ロシアも，冷戦下，旧ソ連時代からのインドとの緊密な関係を活かし，一方で中国を牽制しつつ，他方では米一極体制を牽制する意図から中国と歩調を合わせるかのようにインドに政軍経の各面で積極的なアプローチを見せている。巨大市場としてのインドの魅力に着目する点は，ロシアも米中と同じだ。工業化が進めば，インドは石油をはじめロシア天然資源の格好のお得意先となるからだ。米印間で原子力協定が結ばれた直後，ロシアのフラトコフ外相が訪印し，インドのタラプル原発に核燃料60トンを提供することをシン首相に約した。タラプル原発はアメリカの援助で建設されたが，74年にインドが核実験を行ったのを受け，アメリカが燃料供給を停止

していた。この燃料提供合意は，米印接近を警戒するロシアが核分野でアメリカに先手を打ったものである。各国から秋波を送られる側のインドとすれば，それぞれの申し出を天秤に掛け，また巧みな駆け引きと交渉戦術を操り，自らの持つ経済的，戦略的な価値をなるべく高く売りつけることで各国から最大限の利得を引き出そうとするであろう。

　米中露印の四大国が南アジアで虚々実々のバーゲニングを展開する中で，域内大国のインドが中国経済の成功例に刺激を受け，近代化と経済成長実現のため外国企業・資本の誘致等に本腰を入れ始めたこと，またそれに負けじとパキスタンも経済開発に意欲を見せていることから，カシミール紛争に対する両国の姿勢にも近年変化の兆しが見える。インドもパキスタンも南アジアでの覇権争奪ゲームを止めたわけではない。政治的な影響力の拡大に軍事力が果たす意義を十分に認識し，核やミサイル開発等軍備の増強にはこれからも精力を割くであろう。しかしその一方で，カシミールの小競り合いが大規模紛争へと拡大する事態を憂慮し，紛争を顕在化させないための種々の努力やアプローチが近年試みられるようになっている。インド亜大陸が戦場となれば両国とも経済のテイクオフが遅れるばかりか，流れ込みつつある欧米の資本は一挙に引き上げてしまう。つまり先進国からの外資・外貨の導入や技術支援を安定的に獲得するためには，南アジアが平和の地に生まれ変わらねばならないことが自覚され始めたのである。具体的には，03年4月にインドのバジパイ首相がパキスタンに対話を呼びかけたことが契機となり，話合いに向けた両国の動きが急ピッチで進んだ。04年には，カシミールでインドパキスンの間にバスの運行が再開された。これはスリナガル（カシミールのインド側）とムザファラバード（パキスタン側）を結ぶもので，第1次印パ紛争以来実に57年ぶりのことである。翌年6月には2ルート目として，インド支配地域のプーンチとパキスタン支配地域ラワラコートを結ぶ直行バスも運航を始めた。06年2月には，インド西部ムナバオとパキスタン南部コクラバル間の鉄道運行も再開されている。第2次印パ紛争以来中断されていたルートだ。政府間に限らずインドのクリケットチームがパキスタンを訪問する等民間ベースの交流も活発化している。こうした戦略環境の変化を受けて，地域の協力と安定促進のための機能発揮を期待されるのが，次に見るSAARCの枠組みである。

緊張が緩和に向かい，また話合いの機運も高まってはきたが，残念ながらカシミール問題解決に向けた具体的提案が検討される段階にはまだ至っていない。しかし，紛争の継続が近代化と経済発展をめざす両国の双方に致命的な打撃を与える現実を冷静に認識し，かつ，経済成長で得られた利得が広く社会に還元されるようになれば，平和に向けた努力はやがて報われるであろう。その際，注意すべきは過激派による国際テロの動きだ。過激派勢力はテロ行為で両国の関係を再び対立悪化させ，カシミール紛争の長期化と暴力による一方的解決をめざそうとしている。死者200人近くを出した06年7月のインド，ムンバイでの列車同時爆破テロはその例であり，この事件で再び印パ間に不信の感情が高まり，予定されていた両国の包括対話第3ラウンドの外相，外務次官級協議等が一時無期限延期に陥ってしまった。その後幸いにも対話プロセスは復活し，印パ首脳会談(06年9月)では両国がテロ対策の共同機構を設置することも合意されたが，印パ両国に芽生えている平和協力の胎動を阻害し，再び対立と憎悪の世界に引き戻そうとするテロ組織の活動を封じることが，この地域の平和と安定実現の重要な鍵となろう。

● 厳しい対立が続くスリランカ紛争

印パ，中印に対して，スリランカにおけるタミル人の紛争は沈静化する気配を読み取り難い。スリランカでは，同島北部に居住するタミル人が多数派のシンハラ人による統治，支配に強く反発し，自治を求めての暴力闘争を繰り広げている。闘争の中心勢力は「タミル・イーラム開放の虎(LTTE)」と呼ばれるテロ組織で，過激な破壊行為を重ねている。04年末の津波災害の際には，復興に向けてスリランカ政府とLTTEの間に協力と信頼の関係が芽生えるかと期待がもたれたが，やがて復興支援物資の配分等を巡り対立が再燃，05年11月にはスリランカで強硬派のラジャパクセ大統領が就任し，LTTEの政府軍に対する攻撃が激化した。その後ノルウェーの仲介努力で，06年2月には停戦実施に向けた協議が開始されたが，直後にLTTE側がボイコットして頓挫し，再びLTTEと政府の間で激しい戦闘が再開され，5～6月には大規模な海上戦闘や空爆も行われた。中印，印パの紛争が沈静化しつつあるのに反して，スリランカの紛争だけはなぜ同じ歩調をとらないかといえば，この地が経済開発や外国資本の投下先になっていないことが理由の一つに挙げられる。スリラ

ンカにも多くの外国資本が進出し，近代化の槌音が響くようになれば，絶え間のない流血や民族紛争から蒙る経済的なダメージを域内外の各国が憂慮し，沈静化に向けた努力が重ねられるであろう。

日本は「平和の定着」という観点から，第6回和平交渉（2003年3月）や「スリランカ復興開発に関する東京会議」（同年6月）の開催等を通して，スリランカ和平プロセスの促進に積極的に関与，尽力している。こうした和平仲介の努力も無論重要なアプローチであるが，例えばスリランカに多くの外国資本を誘致，投下させ，この地域の紛争拡大が当事者ばかりでなく，多くの関係諸国にも甚大な被害を及ぼす構造になれば，紛争回避が最大の共通利益となり，平和の定着も加速されるだろう。そのためには単発的な経済・技術援助やODAではなく，スリランカが経済先進国にとって魅力的な投資の対象先と映るよう地域全体を生まれ変わらせるための構造的なアプローチが必要である。

● 地域協力の萌芽：南アジア地域協力連合（SAARC: South Asian Association for Regional Cooperation）

バングラデシュのジアウル・ラーマン大統領が1980年に提唱し，85年12月に発足した地域協力連合。加盟国はインド，パキスタン，バングラデシュ，スリランカ，ネパール，ブータン，モルディブの7か国。事務局をネパールのカトマンズに置き，首脳会議を年1回，外相理事会を年2回以上開くことになっている。05年11月の首脳会議でアフガニスタンの加盟が原則承認されたほか，日本と中国のオブザーバー参加が合意されている。加盟国の拡大やオブザーバー参加資格の付与を認めたのは結成以来初めてである。政治的な立場は微妙に異なるものの，ASEANの経済的成果に刺激されて，ASEAN類似の地域経済協力組織を作り挙げることがSAARCの当初の目標であったが，周辺諸国に封じ込められることをインドが警戒したため，発足までに5年の歳月を費やすことになった。

発足から10年を経過した95年5月，インドで開かれた第8回会議で「南アジア特恵貿易協定」が締結された。これは域内貿易の自由化をはかるため南アジア自由貿易圏を作り上げることを目標に，さしあたり食料品，繊維等26品目の関税を引き下げて域内経済の活性化を図ろうとするもので，地域経済連合体としての第一歩を記したといえる。最近では，南アジア7か国が関税削減を

通して経済統合を目ざす南アジア自由貿易圏（SAFTA）創設に向けた話合いが重ねられており、04年1月の首脳会議ではSAFTAの枠組み協定が採択され、06年の発効から10年以内に一定の物品を除き関税を0〜5％に削減すること、2020年までの経済連合実現や南アジア開発銀行設立に向けて努力すること等が確認された（イスラマバード宣言）。SAFTAは、06年1月に正式発足している。だが、加盟各国がいずれも発展途上の段階にあるため、発足当初に期待された程の経済効果は未だ上がっていない。地域的な経済協力体制構築の前提として、まず域内各国がそれぞれの経済力を向上させ、地域全体の経済水準を高めることがまず必要と言える。05年の首脳会議では、06年からの10年を「貧困軽減の10年」と位置づけ、貧困削減基金の設立等各国が貧困対策で協力することがうたわれた（ダッカ宣言）。

　ところで、経済中心の地域協力機構とはいえ、SAARCも南アジアの政治情勢と無関係ではあり得ない。89年にスリランカで開催予定の第5回首脳会議はタミル人過激派問題を巡りインドとスリランカの関係が悪化したため開けず、また92年12月にダッカで予定されていた第7回会議も、インドにおけるヒンズー教徒とイスラム教徒の宗教暴動のために1年も遅れてしまった。経済水準の低さに加えて、宗教や民族対立等根深い紛争要因を抱え込む地域ゆえに、域内協力の進展は容易な術ではない。もっとも、前述したように南アジアにも冷戦終焉後、新たな動きが胎動している。まず97年の第9回SAARC首脳会議（モルディブ）では、会議の場を利用してインドのグジュラル首相とパキスタンのシャリフ首相が8年ぶりの印パ公式首脳会議を行い、信頼醸成措置として両首相間のホットライン設置で合意に達した。また核実験の相次ぐ実施で印パ関係が一挙に緊張した98年には、SAARCの開催も危ぶまれたが、コロンボで予定通り開かれ、両国の緊張緩和努力を内外に印象づけた。01年暮れに起きたインド国会襲撃事件を契機に印パ両国の関係が悪化した際も、SAARCの場（02年1月の第11回首脳会議）を利用して両国が非公式接触を試み、関係悪化に一定の歯止めをかける機会となった[19]。

　その後、インド側カシミールでイスラム過激派による越境テロが頻発したが、03年に入り印パ間で大使の交換やバス運行再開、停戦ライン（LOC）沿い停戦合意等関係改善に向けた動きが出る中、04年1月にイスラマバードで開催さ

れた第12回のSAARC首脳会議では，会期中にバジパイ首相とムシャラフ大統領の会談が実現し，両国の対話が開始されることとなった．印パの首脳会談は2年半ぶりであった．この時の会談内容は公表されなかったが，共同声明では関係正常化に向けてカシミール問題を含む複合的対話を実施することが明記され，2月から対話が開始された．同年5月，インドでは国民会議派を中心とする新連立政権が生まれたが，複合対話は継続され，9月の国連総会ではインドのシン首相とパキスタンのムシャラフ大統領の会談が行われ，対話の継続が再確認された．同年11月には和平推進の一環としてカシミールに駐留するインド軍の一部が撤退，さらにカシミールの直行バス運行が再開された翌05年4月にはムシャラフ大統領が4年振りにインドを訪問し，シン首相との共同声明で，和平プロセスを後退させない旨の決意が表された．05年11月の第13回首脳会議では，前年のスマトラ沖地震や同年10月のパキスタン北部地震を受け，緊急救援や防災に取り組む枠組み作りが論議され，早期警戒や災害対策のための地域プログラム策定で合意している．対立因子を数多く抱えるこの地域において，域内各国が一堂に会するSAARCの存在は，未だ限定的にせよ，関係諸国にコミュニケーション回路やメッセージ発信機会を提供することで，相互不信の払拭や信頼の醸成を促す等一定の政治的な機能を担いつつあるといえる．

■注 釈

(1) 松井弘明「ロシア外交の転換」『国際問題』1997年7月号（No.448）2〜14ページ．
(2) プーチンの経歴等は，ナタリア・ゲヴォルクヤン他『プーチン，自らを語る』高橋則明訳（扶桑社，2000年），ロイ・ドメドヴェージェフ『プーチンの謎』海野幸男訳（現代思潮新社，2000年）等参照．
(3) 「私はプーチンと何度か面談したあと，この人物は愛国者であること，だが，ショービニズム（排外的愛国主義）の思想とは無縁であること，左翼，右翼いずれの思想にも染まっていないことが理解できた．ある問題について彼が政治的に親近感，あるいは反感を抱くかは，その問題がロシアの国益になるかどうかにかかっていること，彼がロシアの国益をよく理解していることは明らかだった．」エヴゲニー・プリマコフ『クレムリンの5000日』鈴木康雄訳（NTT出版，2002年）6ページ．
(4) 上野俊彦『ポスト共産主義ロシアの政治』（日本国際問題研究所，2001年）199〜200ページ．木村明生『ロシア同時代史：権力のドラマ』（朝日新聞社，2002年）262〜7ページ．

(5) 新興財閥とマスコミに対する統制強化については，山内聡彦『ドキュメント　プーチンのロシア』（日本放送出版協会，2003年）第5章参照。
(6) 木村汎はプーチン政治を"管理される民主主義"あるいは"民主的中央集権主義"等と称される伝統的なロシア政治と同じ範疇に位置づけている。木村汎『プーチン主義とは何か』（角川書店，2000年）197ページ。
(7) 松井弘明編『9.11事件以後のロシア外交の新展開』（日本国際問題研究所，2003年）17ページ。
(8) チェチェン紛争の経緯については，徳永晴美『ロシア・CIS南部の動乱』（清水弘文堂書房，2003年）第1部，大富亮『チェチェン紛争』（東洋書店，2006年）等参照。
(9) Z. ブレジンスキー『地政学で世界を読む』（日本経済新聞社，2003年）205～6ページ。
(10) 96年4月26日，ロシア，中国，カザフスタン，キルギス，タジキスタンの5か国首脳が上海に集まり，「国境地域における軍事分野の信頼強化協定」に調印したのが発端で，97年4月24日，5か国はモスクワで「国境地域における軍事力相互削減協定」に調印，以後，上海ファイブと呼ばれるようになった。
(11) ブレジンスキーは，アメリカに挑戦し得る覇権大国がユーラシア大陸に出現するのを阻止するため，アメリカはロシア連邦の周縁部にあたるコーカサス地方や中央アジアというその柔らかい下腹部に積極的に関与し影響力を拡大することで，ロシアの勢力伸長を牽制すべしと説いている。Z. ブレジンスキー，前掲書，第5章。
(12) ウズベキスタンは05年5月に発生した反政府暴動への武力鎮圧でアメリカから非難されたこともあり，この共同宣言を受けてハナバード基地からの米軍撤退をアメリカに要求し，米軍は完全にウズベキスタンから引き上げた（11月21日）。これと入れ代わるように，ウズベキスタンはロシアと共同防衛や有事の際の軍施設相互使用等を規定した同盟関係条約を締結（11月14日），両国の関係を戦略的パートナーシップから同盟関係に格上げし，ロシア寄りを鮮明化させた。防衛研究所編『東アジア戦略概観2006』（防衛研究所，2006年）163ページ。そのためラムズフェルト米国防長官は急遽キルギスとタジキスタンを訪れ，米軍駐留延長の方向で両国を説得したと言われている。
(13) オブザーバー参加国の中でもパキスタンのムシャラフ大統領は正式加盟に意欲を明言したが，インドは唯一，会議に首脳の派遣を見送った。06年3月の原子力合意をはじめ関係緊密化が進むアメリカの意向に配慮したものと思われる。アメリカと中露の双方から秋波を送られているインドとしては，両陣営のいずれか一方に近接するのではなく，両者を天秤にかけ，キャスティングボートを握ることで最大限の利得を引き出そうとするであろう。『朝日新聞』2006年6月16日。
(14) CIS, SCO（上海協力機構），GUUAM以外にロシア～コーカサス～中央アジア諸国が作る地域機構には以下のようなものがある。
①CIS集団安全保障条約機構（OCST）：92年にCIS集団安全保障条約に参加したロシア，ベラルーシ，アルメニア，カザフスタン，キルギス，タジキスタンによって，機構化を図る目的で2003年に設立された。
②中央アジア協力機構（CACO）：2001年，政治，経済および文化・人道分野における相互関係の拡大深化を目的に，それまでの「中央アジア経済共同体」を発展解消し，設

立された。加盟国はウズベキスタン，カザフスタン，タジキスタン，キルギス。04年の首脳会議でロシアの加盟が認められ，共同市場創設に関する決定がなされた。

③**ユーラシア経済共同体**（EES）：95年に発足。ロシア，ベラルーシ，カザフスタン，キルギス，タジキスタンが加盟。将来的にはEUのような国家連合の機構を目指す。05年には，CACOとの統合とウズベキスタンの加盟が決定している。

④**カスピ海協力機構**（CASCO）：イランの提唱で，イラン，ロシア，トルクメニスタン，カザフスタン，アゼルバイジャンの5か国が参加する会合。92年に発足。トルコとイランは中央アジアコーカサス諸国の独立直後，言語，宗教面の近さを武器に競って関係強化をはかり，イランがCASCOを提唱したのに対し，トルコは「黒海経済協力機構」設立を提唱している。しかし両国とも資金や技術力に限界があり，あまり機能していない。

⑤**アジア相互協力信頼醸成会議**（Conference on Interaction and Confidence-Building Measures in Asia: CICA）：OSCEのアジア版として，1992年にカザフスタンのナザルバエフ大統領が提唱し，99年に第1回の外相会合が開かれた。地域安保に加え，国連憲章に基づく国民間対話の促進や対テロ・麻薬密輸対策，グローバライゼーションの成果配分の不均等是正等を目的とし，メンバーは中露，アフガニスタン，カザフスタン，キルギスタン，インドパキスタン等16か国。将来における常設機構化をめざしている。02年6月には最初の首脳会議がカザフスタンのアルトマイで開かれ，印パ両国を念頭に，紛争の平和的解決やアジア非核地帯構想を支持するアルトマイ宣言と反テロ宣言を採択している。

⑥**黒海経済協力機構**（BSEC）：1992年にトルコ，ロシア，ウクライナ，アルメニア，ルーマニア，ブルガリア，アゼルバイジャン，グルジア，モルドバ，アルバニア，ギリシャの11か国で発足，98年に正式な経済機構となる。第1回首脳会議では，地域の通信・交通網の整備・経済活動の促進を宣言した黒海経済協力宣言，民族紛争をOSCEの原則に基づいて解決する方針をうたったボスポラス宣言が出されている。04年には新たにセルビア・モンテネグロが参加。常設事務局はイスタンブール。

(15) ウズベキスタンのカリモフ大統領は旧ソ連時代の1989年から長期政権を維持。非民主的な強権の体質も他の旧ソ連諸国と共通しているため，当初は中央アジアの「民主化ドミノ」現象という見方もあった。しかし野党支持者がピープルズパワーを爆発させたキルギス等とは異なり，反乱はイスラム勢力によるものであったため，ブッシュ政権もカリモフ政権への厳しい批判を控えた。カリモフ政権はイスラム過激派が煽動したと主張しているが，関与したといわれるイスラム解放党は否定している。ロシアは直ちにカリモフ政権を支持，ラブロフ外相は「アフガニスタンのイスラム原理主義勢力タリバンが暴動に参加していた」と指摘した。

(16) 05年6月，中国海洋石油が，米石油業界第9位のユノカル買収に名乗りを上げ，これに対し，エネルギー安全保障の観点から米下院が本件買収差し止めを求める法案を可決して注目されたが，中央アジアのパイプラインに投資しているユノカルを中国企業が買収すれば，アメリカがテロとの戦いで同盟関係にある中央アジアで中国が影響力を増しかねないとの懸念がある。05年7月に米国防総省が発表した中国軍事力に関する

報告書では，中国の軍事力増強のみならず，そのエネルギー戦略にも強い警戒感を表明している．05年8月，中国石油天然ガス集団はカザフスタンに油田の権益を持つカナダの石油会社を買収すると発表，また建設中であったカザフスタンと中国を結ぶ石油パイプラインが05年10月に完成した．

(17) 06年9月，ブラッセルのNATO本部を訪問したヤヌコビッチ首相は，NATO加盟交渉の一時棚上げの意向を表明した．06年12月，キエフに飛んだプーチン大統領はユーシェンコ大統領と会談し，エネルギーの安定供給等関係改善を進めることで合意した．

(18) 米印原子力利用合意：事実上の核保有国であるインドが核施設を軍事用と民生用に分け，民生用は国際原子力機関 (IAEA) の査察を受ける代わりに，アメリカが民生用の原子力技術や燃料を提供するというもの．中国を牽制するという目的に加え，長期的にはNPTに加盟していないインドをNPTの不拡散体制に引き寄せる効果も期待できるが，アメリカのパキスタンやイラン，北朝鮮に対する姿勢との違いから「二重の基準（ダブルスタンダード）」との批判も呈されている．

(19) SAARCはその憲章で二国間の問題を持ち出すことを禁じているが，パキスタンのムシャラフ大統領は04年1月の首脳会議における晩餐会での演説で，紛争や緊張が域内の健全な発展を妨げていると指摘し，こうした問題を避けたり無視することなく正面から取り組む重要性を強調し，今後憲章を発展させて二国間問題を話し合えるメカニズムを作ることが必要だと述べ，SAARCでもインドパキスタン両国の問題を取り上げるよう求めた．『読売新聞』2004年1月5日．

第9章　混迷の中東・アフリカ

1　パレスチナ問題とアラブ・イスラエル紛争
●ディアスポラ

　ユダヤ人が歴史に現れるのは紀元前18世紀頃で，メソポタミアの周辺にいたハピルあるいはイブリーと呼ばれる遊牧民をその祖先とする。旧約聖書創世紀に従えば，アブラハムを族長とするユダヤ人の祖先はメソポタミア南部のウルを出てユーフラテス川流域を北上後，西南に進路を取って紀元前16世紀頃にパレスチナ（カナーン）の地に入る。やがてアブラハムの孫ヤコブに率いられたユダヤ人支族が飢饉のパレスチナを逃れてエジプトに移住し，その後，モーゼに率いられてシナイ半島を放浪した後パレスチナに帰りつく。これがユダヤ人にとって最初の離散（ディアスポラ）であった。

　紀元前1020年頃，サウルがパレスチナのユダヤ人を統一して王国を興し，2代目のダビデ王がエルサレムを首都に定めた。3代目ソロモン王の時期，古代ユダヤ王国は最盛を迎えるが，ソロモン王の死後，北部のイスラエル王国と南部のユダヤ王国に分裂（前928年？）し，前者はアッシリアに（紀元前721年），後者はバビロニアによって（紀元前586年）それぞれ滅ぼされる（バビロン捕囚）。二度目の離散である。その後，400年ぶりにユダヤ人は国を持つ（マカベア（ハスモン）王朝：前142〜前63年）が，やがてローマの属州となり，66年にはローマとの間でユダヤ戦争が勃発。時のローマ皇帝はネロであった。凄惨な戦いの末にローマ軍がエルサレムを陥落（70年）させ，73年にはマサダ要塞も陥ちてユダヤは敗北する。ローマに破れた後の135年，ユダヤ人はパレスチナから追放され，ここに2千年に及ぶユダヤ民族三度目のディアスポラが始まった。その間，キリストを裏切り処刑に追い込んだ民族として，ユダヤ人はキリスト教世界で差別と迫害を受け続けるのである。

●シオニズム

　時代は下り 19 世紀の後半，ヨーロッパでは反ユダヤ運動が強まり，1894 年にはパリでユダヤ系将校ドレフュスが人種的偏見の犠牲になった。これを取材したユダヤ系オーストリア人のヘルテルが，パレスチナにおけるユダヤ国家建設を主張した。このユダヤ人国家再建運動はシオニズムと呼ばれる。シオン (Zion) とは，現在のエルサレム城壁の南麓にある地名で，聖書に登場するシオンの山は有名である。彼の考えに共鳴した人々によってスイスのバーゼルで開催された第 1 回シオニスト会議 (1897 年) では，「ユダヤ民族のため公法上保障された郷土をパレスチナに建設する」というバーゼル綱領が採択された。

　シオニズム運動がヨーロッパで高まりを見せた時期，オスマントルコの支配下にあったアラブ世界でもナショナリズムが盛り上がっていた。第 1 次世界大戦が勃発するやアラブ人は英国支援の下に独立を企図，英国もオスマントルコの後方を攪乱するためにアラブ人の協力が必要だった。1915 年 10 月，カイロ駐在の英国高等弁努官マクマホンはメッカの太守フセインに対し一連の書簡において，アラブのオスマントルコへの抵抗と引換に，パレスチナを含む東アラブ地域での戦後における独立支持を約束した（フセイン・マクマホン往復書簡）。これを踏まえフセインは 1916 年 6 月，アラブの独立を宣言しトルコへの反乱に踏み切る。しかし，一方で英国はユダヤ人財閥からの援助をあてにし，また在米ユダヤ人の力でアメリカの対独参戦を促す意図からシオニズム運動に好意を示し，1917 年 11 月，バルフォア外相はユダヤ人代表ロスチャイルド男爵に宛てて，書簡の形でユダヤ人のパレスチナ建国（厳密には"国家"という表現を用いず"ナショナルホーム"の設立）に英国は最善の努力をすると宣言したのである（バルフォア宣言）。

　さらに英国は 1916 年 5 月，フランス，ロシアとの間で戦後におけるオスマントルコ崩壊後の勢力圏分割を定めたサイクス・ピコ協定（秘密協定）を締結し，トルコ国境に関する小アジアの利権をロシアに認める一方，イラクからパレスチナに至る地域の大部分とアナトリアの一部を英仏の勢力範囲として分割（現在のイラク北部からシリア，レバノンはフランスの，イラク中・南部からヨルダン，パレスティナ南部は英国の統治地域あるいは勢力圏とする），またエルサレムを含むパレスチナ北部は国際管理下に置くことを取り決めた。戦後，レバノンはフラン

スの，パレスチナ (= 現在のイスラエル) は英国のそれぞれ委任統治領に編入された。一方，シオニストの働きかけによって国際連盟と英国との間で調印されたパレスチナ委任統治協定ではバルフォア宣言の内容が盛り込まれたため，パレスチナへのユダヤ人の移住が増大，30年にわたる英国の委任統治の間にユダヤ人入植地は10倍以上に増え，人口もパレスチナの1/3を占めるに至った。これに伴いアラブ人との軋轢も強まった。両者の対立やアラブ側の反乱に苦慮した英国は，パレスチナをアラブ，ユダヤ双方に分割する提案を行うが解決策は得られなかった。

● イスラエル建国と中東戦争

第2次世界大戦後，英国はパレスチナ問題を国連に委ねると宣言し，この問題は英国の手を離れ国連に移った。1947年11月，国連総会はパレスチナにアラブ，ユダヤ双方の国家を樹立させ，エルサレムとその周辺を国際管理下に置くというパレスチナ分割決議案を採択した。しかし，内容がユダヤ側に有利だとしてアラブ側が拒否し，採択直後からアラブ住民とユダヤ住民の間に小競り合いが続発しパレスチナは内戦状態となった。1948年5月14日，26年にわたる英国の委任統治が終了して英軍が撤兵し，イスラエル共和国の独立が宣言されたが，翌15日，シリア，レバノン，エジプト，ヨルダン，イラクの各国軍がパレスチナに侵攻，第1次中東戦争が生起した。独立直後の侵攻にイスラエルは崩壊の危機に陥ったが，休戦期間中にアメリカからの支援を仰ぎ戦局を逆転させ，戦争はイスラエルの勝利で終わった。その結果，イスラエルはパレスチナ分割決議で認められたよりも20％以上広い領土を獲得し，パレスチナの8割近くを支配下に置いた。他方イスラエルに土地を奪われた90万を越えるパレスチナアラブ人は，難民としてアラブ諸国に流れ込んだ。

その後，これまで四度にわたりアラブ・イスラエルの間で中東戦争が繰り広げられてきたが，なかでも第3次中東戦争 (1967年) でイスラエルはその支配地域を大きく拡大させ，スエズ運河に至るシナイ半島全域やガザ地区を占拠したほか，ヨルダン領であった東エルサレムを含むヨルダン川西岸全域，さらにシリア領であったゴラン高原の占領に成功する。この戦争で新たに40万人のパレスチナ難民が発生，その総数は150万人に達した。パレスチナ国家建設と郷土帰還の訴えが強まるなか，PLOの議長に就任 (69年) したヤセル・アラファ

トは，イスラエルに対するテロ活動を活発化させていった。第4次中東戦争(1973年)ではアラブ産油国が石油戦略を発動し西側陣営に乱れを生じさせたが，戦局は奇襲を仕掛けたアラブがイスラエルを苦境に追い込んだものの，イスラエル軍の反攻を許し挽回はならなかった。相次ぐ中東戦争は冷戦と連動し，アメリカがイスラエルを支援し，ソ連がアラブを支援する構図が出来上がっていく。

　しかし，第4次中東戦争の敗北でソ連に不信感を抱いたエジプトのサダト大統領は，西側寄りに外交方針を転じるとともに，単独イスラエルに乗り込んで関係改善に動いた。これをアメリカのカーター大統領が仲介し，エジプト・イスラエルの平和条約締結とパレスチナ自治機関の設立等を定めたキャンプデイビッド合意が成立(1978年)し，パレスチナ自治は挫折したものの，エジプトとイスラエルの平和条約は締結された(79年)。だがこの結果，2正面作戦の恐怖から解放されたイスラエルはアラブ諸国に対して戦略的優位を占め，以後，攻勢的な姿勢を強めるようになる。またエジプトは他のアラブ諸国から孤立し，サダト大統領は1981年に暗殺される。その後80年代後半に入ると，パレスチナ問題解決のめどが一向に立たないことから，PLOの武装闘争路線には反発が強まった。さらにインティファーダ(87年)によってPLOの指導力は大きく低下。そのためアラファトはテロの放棄とイスラエルの生存権承認へと方針を大転換させた(88年)。しかし湾岸危機でPLOがイラクを支援したため，アラファトはアラブ世界からも孤立した。一方，冷戦が終わったことによって，パレスチナ問題は米ソ対立と連動しなくなった。

2 冷戦後の中東和平

●オスロ合意

　PLOの穏健化と冷戦終焉という環境変化によって，パレスチナ和平交渉は大きく前進を見た。まず湾岸戦争後の91年7月末，米ソ両首脳は中東和平会議を共同主催することで合意。さらに建国以来一貫してパレスチナ人との直接対話を拒絶していたイスラエルの翻意にアメリカが成功した結果，91年10月30日，スペインのマドリードで全当事者，即ちシリア，レバノン，ヨルダン・パレスチナ合同代表団代表(=PLOが排除されたための措置)，エジプトのアラブ

諸国とイスラエルが初めて一同に相見える中東和平会議が開催された。この全体会議に続き，同年12月以降ワシントンに舞台を移し，イスラエルと周辺アラブ諸国（パレスチナ，シリア，レバノン，ヨルダン）との個別二国間交渉が開始されたほか，水資源，難民，経済開発，環境，軍備管理・安全保障の5分野に関する多数国会議が92年1月にモスクワで始まった。この中東和平プロセスにおける最大の焦点は，安保理決議242号[1]を基礎に，イスラエルが占領地のヨルダン川西岸，ガザ地区，ゴラン高原をアラブ側に返還し，見返りとして安全に生存し得る保証をアラブ側がイスラエルに与える"領土と平和の交換"，そしてパレスチナ人に対する自治権の付与が実現するか否かにあった。しかし，イスラエルのシャミル政権（与党保守連合リクードが主導する右派政権）は安全保障上の要請から占領地の返還を拒絶，逆に入植地建設を促進して事実上の占領地併合を強行する姿勢を崩さなかった。また（88年にイスラエルの生存権を認め，テロの放棄宣言を行っているにも拘らず）PLOをテロ組織と決めつけて，話合いの当事者から排除した。

　そのため交渉は忽ち停滞に陥り，事態の打開に向けてノルウェーの社会学者ラーセンやホルスト外相らが密かにイスラエルとPLOの仲介工作に乗り出すようになった。92年6月，イスラエルの総選挙でシャミル政権が敗北，代わって和平交渉推進をうたうラビン率いる労働党主体の連立政権が誕生した。15年ぶりに第一党に返り咲いた労働党は，第3次中東戦争以来，イスラエルの安全保障上さほど重要でない占領地（原理主義勢力の拠点ガザ地区やユダヤ人入植者のいないエリコ等ヨルダン川西岸の一部）はパレスチナ側に返還してもよいとの立場に立っていた。このラビン政権の登場で，イスラエルとPLOの話合いに弾みがついた。93年1月，イスラエル政府はそれまで法律で禁止していたPLOとの接触を解除し，以後ノルウェー政府仲介の下，1～8月にかけて14回にわたりイスラエル・PLOの間で密かに直接交渉が行われた[2]。その結果，イスラエルがPLOをパレスチナ人の代表と認め，それと引換にPLOが暫定自治の段階的実施により入植地問題やエルサレムの扱いを先送りすることで妥協が成立，また相互の平和共存も承認された。93年9月13日，ラビンイスラエル首相とアラファトPLO議長はワシントンでクリントン大統領が司会の下，歴史的な握手を行い，「パレスチナ暫定自治協定共同宣言」（暫定自治合意）に調印した[3]。

アラブ諸国からの資金援助打ち切りによる財政危機や政治的影響力の低下から脱するため，イスラエル殲滅からテロと暴力行為放棄へと戦略を転じたのに続き，アラファトはイスラエル占領地の一部での先行自治案にPLOと自らの存亡を賭けたのである。経済不振に悩むイスラエルにとっても，未解決のパレスチナ問題を抱え続けることは自国の経済開発にマイナスであるばかりか，交渉が長引けばPLOに代わって占領地で力を増しつつあるハマスやアルジハード等の原理主義過激派がその勢力を拡げることになる。そうなればガザ地区等占領地の治安は一層悪化し，ヨルダン，シリア等近隣諸国との和平達成も不可能となる。当事者双方のこうした思惑が，包括的和平への歩みを大きく前進させたといえる。オスロでの事前交渉を踏まえて「オスロ合意」とも呼ばれるこの自治合意の要点は，イスラエル・PLOの相互承認を前提に，ガザ地区・ヨルダン川西岸からのイスラエル軍の撤兵と同地におけるパレスチナ人の暫定自治承認，それに占領地の最終的地位を将来交渉に委ねることであった。暫定自治の枠組みは，イスラエル軍撤兵後，まずガザとエリコで先行自治を開始（第1段階）し，第2段階で自治の範囲をエリコ以外の西岸全体に拡大する。パレスチナ住民全員は自治政府の管轄下に入る。また第2段階に入る前にパレスチナ人の選挙によって自治評議会が選出される。この評議会はイスラエル占領地に住むパレスチナ人の国家と内閣にあたるもので，暫定自治政府から各種の権限を引継ぐ。第3段階では暫定自治期間（5年間）終了後の西岸，ガザ地区の最終的な地位を定める交渉を暫定期間3年目までに開始し，エルサレムの扱いや入植地問題等解決が困難なものも全て第3段階で交渉することとされた。パレスチナ問題を直接の対象とし，ユダヤ人とパレスチナアラブ人の共存問題に初めて具体的な枠組みを設定したオスロ合意の成立によって，中東和平は新たな段階に入った。

　暫定自治協定調印直後，アメリカでパレスチナ援助国会議が開催され（93年10月），パレスチナ支援のために米政府は5年間で5億ドル，日本政府は2年間で2億ドル，ECは5年間で6億ドルそれぞれ拠出することが決まった。その後，ヨルダン川西岸の聖地ヘブロンでイスラエル人入植者によるパレスチナ人大量殺傷事件（94年2月）が起こり予定より遅れたが，94年5月に「ガザ地区及びエリコ地域に関する先行自治実施協定」（カイロ協定）が調印され，イス

```
オスロ（暫定自治）合意
 1  合意内容
    ＊イスラエルとPLOの相互承認を前提
    ＊ガザ地区，ヨルダン川西岸からの撤退
    ＊撤退後，ガザとエリコで先行自治
    ＊エリコ以外の西岸全体で自治
    ＊5年間の暫定自治実施後，最終地位交渉で決着
 2  合意の行き詰まり
    ＊ガザ，ヨルダン川西岸での自治実施，自治政府成立
    ＊ラビン暗殺（95年），ネタニヤフが入植地拡大，テロ増加
    ＊99年5月，暫定自治の期間終了，最終地位合意に至らず
```

ラエル軍が両地区から撤退して暫定自治の第1段階（先行自治）が開始され，7月にはアラファトが25年ぶりにガザに帰還した。次いで95年9月には拡大自治協定（オスロ2）が結ばれ，ヨルダン川西岸まで自治区域が拡大された[4]。96年1月にはパレスチナ暫定自治区で第1回の総選挙が実施され，評議会のメンバーが選出され，代表（自治政府議長）にはアラファトが選ばれた。一方，先行自治の動きを受け，ヨルダンのフセイン国王とイスラエルのラビン首相がワシントンで初の首脳会議を行い，両国間の戦争状態終結をうたうワシントン宣言に署名（94年7月），94年10月にはイスラエル・ヨルダン平和条約に調印した。この年，ラビン首相とペレス外相，アラファト議長にノーベル平和賞が贈られている。

●難航する暫定自治合意の執行：ラビン暗殺とネタニヤフ政権の出現

暫定自治合意の成立後も，パレスチナでは暴力行為が絶えなかった。暫定自治だけでは不満なイスラム教原理主義組織ハマス等パレスチナ過激派はイスラエル人入植者やイスラエル治安部隊へのテロを続け，イスラエルも暴力でこれに対抗した。そのため暫定自治の実施は当初計画よりも遅れがちとなった。そうしたなか，和平交渉の推進者であったラビン首相がイスラル過激派の青年によって暗殺された（95年11月）。ユダヤ教過激派やユダヤ人入植者の多くは，神から与えられた"約束の地"をラビンが手放すことに怒りを覚えたためである。後継首相には外相で穏健派のペレスが就任したが，96年5月の総選挙で

は中東和平プロセスの見直しを主張する右派政党リクードのネタニヤフに破れる。

　新たに発足したネタニヤフ政権は、イスラエルの安全保障を強調し、パレスチナ独立国家の樹立に反対、自治協定で合意されているヘブロンからのイスラエル軍撤退を実行しないばかりか、逆に労働党政権が凍結していた入植地の拡大・建設を推し進めた。さらに96年10月、イスラム教の聖地に隣接する場所の地下に「嘆きの壁」に通じる観光用トンネルを貫通させた。パレスチナ側との紛糾を考慮して労働党政権が建設を中断させていたものを強行させたのである。パレスチナ住民は聖地冒涜として反発、自治交渉に対するネタニヤフ政権のタカ派姿勢への不満が一挙に爆発し、パレスチナ住民、自治警察とイスラエル軍が衝突、死者70人以上、負傷者千人以上を出し、94年の暫定自治開始以来最悪の事態となった。事態沈静化のためクリントン大統領が仲介に入り、97年1月、ネタニヤフ、アラファトの首脳会議で、西岸ヘブロンからのイスラエル軍撤兵合意（ヘブロン合意）が成立したが、その後、アラファトがエルサレムをパレスチナ国家とイスラエルの共同首都とすることを提案、これにネタニヤフ政権が反発し、パレスチナ住民の多い東エルサレムにユダヤ人大規模住宅の建設を強行（97年3月）、さらに7月にはパレスチナ自治政府との和平交渉を凍結した。98年10月、クリントン大統領はメリーランド州ワイ・プランテーションにネタニヤフ、アラファトを招き3首脳会談を行い、自治政府によるテロ対策強化と引換に、西岸占領地からのイスラエル軍の追加撤兵と自治政府への権限移譲地域を13％拡大させるワイリバー合意が締結された（10月23日）[5]。しかし同合意についてネタニヤフ政権は閣内の意思統一が図れず、またパレスチナ側のテロ取締りが不十分であることを理由に撤兵を中断、和平交渉も事実上の停止状態となった。

　1999年5月4日、オスロ合意に基づくパレスチナ暫定自治期間は終了したが、事態のエスカレートを避けるためアラファトはイスラエルからのパレスチナ独立宣言を行わなかった。同じ月、イスラエル首相の公選で、故ラビンの後継者といわれる和平推進派のバラク労働党党首がネタニヤフを破り当選、バラクは首相就任後、ワイ合意の進展に取り組む姿勢を見せ、99年9月5日、イスラエルとパレスチナ自治政府はエジプトのシャルム・エル・シェイクで、ワ

表9-1 パレスチナ問題年表

1897年	第1回世界シオニスト会議：パレスチナにユダヤ人国家建設の決議
1915年	フセイン・マクマホン往復書簡
1916年	サイクス・ピコ秘密協定
1917年	バルフォア宣言
1933年	ドイツにナチス政権誕生。パレスチナへのユダヤ人移民急増
1947年	国連総会，パレスチナ分割案を決議 (11月)
1948年	イスラエル建国宣言 (5月)。第1次中東戦争 (5月)，パレスチナ難民発生
1956年	第2次中東戦争 (10月)
1964年	パレスチナ解放機構 (PLO) 創設 (5月)。
1967年	第3次中東戦争 (6月)。東エルサレムを含むヨルダン川西岸地区・ガザ地区・ゴラン高原をイスラエル占領。安保理決議242号採択 (11月)
1969年	アラファト，PLO議長に就任
1970年	ヨルダン内戦。PLO，本拠をレバノンに移転
1973年	第4次中東戦争，石油戦略発動。安保理決議338採択 (10月)。
1975年	レバノン内戦
1978年	キャンプ・デイビッド合意成立 (9月)。アラブ諸国，対エジプト断交
1979年	エジプト・イスラエル単独平和条約締結 (3月)。
1980年	エジプト・イスラエル国交樹立。
1982年	シナイ半島エジプトに返還 (5月)。レバノン戦争。PLOレバノンから撤退
1987年	ヨルダン川西岸・ガザ地区で第1次インティファーダ開始 (12月)
1988年	アラファト，イスラエルの生存権承認と安保理決議242，338受諾表明
1991年	中東和平会議マドリードで開催
1993年	イスラエルとPLOがパレスチナ暫定自治協定（オスロ合意）調印 (9月)
1995年	パレスチナ自治拡大協定（オスロ合意Ⅱ）調印。ラビン首相暗殺
1996年	パレスチナ評議会選挙，アラファトが自治政府議長に就任
1999年	PLO独立宣言延期決定。オスロ合意による暫定自治期限切れ
2000年	シャロンリクード党首イスラム教聖地に入り第2次インティファーダ
2003年	米政府，中東和平の「ロードマップ」を提示
2004年	アラファト死去。
2005年	アッバスが自治政府議長に就任。イスラエル・自治政府が停戦宣言。イスラエルがガザから撤退。
2006年	自治政府ハマス政権成立。イスラエル，ガザ・レバノンに侵攻

イリバー合意の完全実施や最終地位交渉の再開，2000年2月13日までにパレスチナの最終地位に関する枠組み合意，同年9月13日までに最終合意到達をめざすとの協定に調印する（「シャルム・エル・シェイク合意」）。そして11月から

最終地位交渉がもたれたが，エルサレムの帰属問題で話合いは難航，「第3次中東戦争でイスラエルに占領された東エルサレムをパレスチナ国家の首都にする」との立場を取るパレスチナ側と，エルサレム全体を「イスラエルの恒久不可分な首都」と主張するイスラエル側の見解が真っ向から対立した。2000年7月にはクリントン大統領の呼びかけで，キャンプデイビッドにおいてアラファト，バラク，クリントンの3首脳協議が行われたが，ここでも合意には至らなかった。クリントンが仲介してバラクが提案した最終地位案に，アラファトが最後まで同意しなかったためと言われている(6)。

この結果，アラファトは最終期限（2000年9月13日）までに交渉が纏まらなくとも一方的に独立を宣言する姿勢を見せたが，これにイスラエルが反発，アメリカやEUもパレスチナ側に支持を与えなかったため，やむなく同年11月15日まで独立の延期と交渉継続を決定した。ところが9月28日，イスラエル野党リクードのシャロン党首が武装した護衛を伴って，帰属問題の焦点である東エルサレム旧市街区にあるイスラムの聖地「神殿の丘」への訪問を強行した(7)。ここにはイスラム第三の寺院アル・アクサモスクと岩のドームがあり，この挑発的な行為がパレスチナ側を強く刺激した。そのため，91年のマドリード和平会議以降中東和平交渉の中でも最大の案件であったパレスチナの最終地位に関する交渉は期限切れで頓挫し，再びインティファーダが再開される事態となり（第2次インティファーダ），混乱のなかバラクは辞任する。

● シャロン政権とイラク戦争後のパレスチナ情勢：自爆テロと軍事侵攻の連鎖

01年2月の首相選挙では，和平交渉推進を唱えるバラクを抑えて，「和平と治安の両立」を訴えた右派リクード党首のシャロンが勝利した。シャロン政権が発足するや，イスラム原理主義組織ハマス等過激派は自爆テロを頻繁に繰り返した。イスラエルはテロ取締りに消極的なアラファト及びパレスチナ自治政府を非難するとともに，ヘリコプターによるミサイル攻撃でPFLPのムスタファ議長を殺害する等軍事攻撃でテロに報復した。同時多発テロ事件後，シャロン政権はアメリカの対テロ戦争の論理を援用するようになり，PFLPがイスラエルのゼエビ観光相を暗殺するや，対テロ自衛戦争として自治区への本格的な侵攻に踏み切り，イスラエル軍が西岸6都市を占領。またパレスチナ自治政府をテロ組織と認定（01年12月）し，アラファト議長との関係を断絶する等強

図 9-1　中東紛争の構図

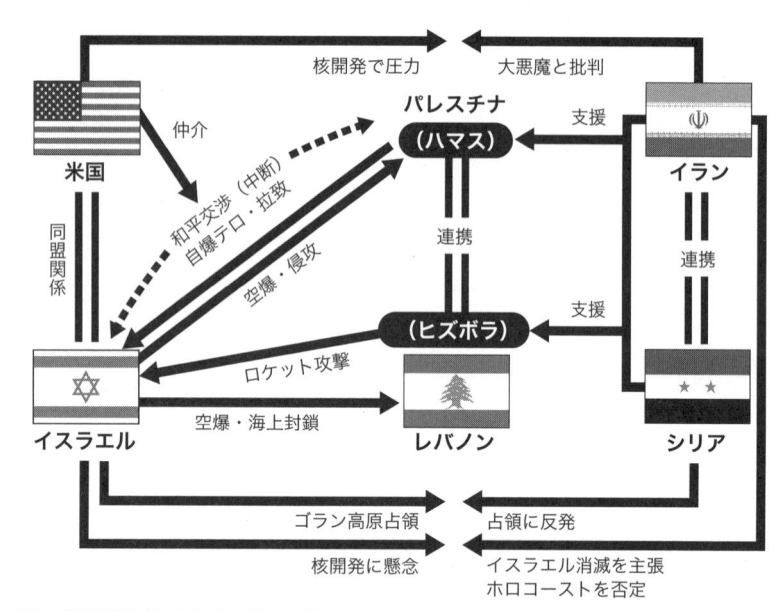

出典：『朝日新聞』(2006 年 8 月 4 日) より作成

硬姿勢をエスカレートさせた。02 年 3 月には 82 年のレバノン侵攻以来の大規模な軍事作戦を敢行し，ヨルダン川西岸ラマラにある自治政府議長府を攻撃し，長期間アラファトを監禁状態に追い込んだ (防衛の盾作戦)。こうした事態の悪化にも拘らず，クリントン政権とは対照的に，ブッシュ政権は中東和平の実現にイニシアティブを発揮しなかった。

　イラク戦争終結後の 03 年 4 月，イスラエル，アメリカの支持の下にパレスチナ自治政府の初代首相に穏健派のアッバスが就任した。これを受けブッシュ政権は 4 月 30 日，パレスチナ国家の樹立と和平構想実現に向けた「ロードマップ」を提示し，イスラエル，パレスチナ双方から基本的合意を取りつけた[8]。ロードマップは和平計画を 3 段階に区分し，05 年までにパレスチナ紛争を終結させるというものである。イラクを打倒したこの時期にロードマップが示された背景には，中東和平に対するアメリカの積極的な姿勢を示し反米感情を抑える必要があったこと，イスラエルの脅威であったフセイン政権が倒れイスラエルを交渉の場に引き出し易くなったこと等が指摘できる。6 月にはブッシュ，

アッバス，シャロンの三者会談がアカバで催され，アメリカの関与も本格化するかに見えた。しかしその直後，再びハマスの自爆テロとこれに対するイスラエルの報復が繰り返されるようになった。またアッバス自治政府首相がアラファトとの権力闘争に疲れ辞任（9月）。同じ9月にはシャロン政権がアラファトの追放を閣議決定するとともに，テロからイスラエル市民を守るという名目で西岸に分離壁の建設を強行し始めた。壁は第3次中東戦争以前の境界線から大きく西方にはみ出したもので，イスラエルの支配拡大と入植地の固定化をめざすものと批判されている。

　翌04年にアラファトが死去し，アッバスが後任の自治政府議長に就任した。これをイスラエルや欧米は歓迎し，第2次インティファーダ以来途絶えていたイスラエル・パレスチナの首脳会談が4年半ぶりに実現（05年2月），シャロンとアッバスは暴力の停止と停戦を宣言した。またシャロンは同年9月，ガザ地区からの撤退を実現させた。ガザを放棄することで，ヨルダン川西岸の入植地は極力死守するという戦術だったが，新党カディマを立ち上げた直後，シャロンは病に倒れる。一方，06年1月のパレスチナ評議会議員選挙でハマスが過半数を制し政権を掌握，穏健なアッバスとハマスの対立が表面化する。イスラエルの生存権を認めないハマスの強硬路線を変化させるべく，アッバスは住民投票の実施を決意し，ハマスも折れて一旦合意が成立しかけたが，これを不満とするハマス内部の過激派がイスラエル兵士を誘拐した。イスラエルが人質奪還のためにガザに軍隊を進めると，レバノンに拠点を置きイランと関係が深い過激派勢力ヒズボラもイスラエル兵士を誘拐したため，イスラエル軍が大挙レバノンに侵攻する事態となった。停戦監視のために国連レバノン暫定軍（UNFIL）が増派され，10月にはイスラエル軍も占領地から撤退したが，過激派のハマスと穏健派のアッバスの支持母体である旧主流派ファタハによる統一政権が出来ないため，パレスチナでは不安定な状況が続いている。

3 パレスチナ和平を阻む諸問題

●エルサレム帰属問題

　パレスチナ国家の樹立と中東和平の実現には，多くの難問が立ちはだかっている。交渉の進展を難しくしている主要な案件には，(1)聖地エルサレムの帰属

(2)ユダヤ人入植地の扱い(分離壁を含む)(3)パレスチナ難民の帰還・補償,それにイスラエルの安全保障確保や水資源の配分問題等がある。また当事者双方の内部事情や仲介役を努めるべきアメリカのスタンス等も影響している。

　まずエルサレム問題だが,エルサレムは旧市街,旧市街を含む東エルサレム,新市街と呼ばれる西エルサレムからなり,旧市街を除く東エルサレムにはパレスチナ人が多く住み,西エルサレムの住民は大部分がユダヤ人と,ある程度住み分けができている。しかしパレスチナ国家の首都に想定されている1 km²程の旧市街には,ユダヤ教(古代ユダヤ神殿の城壁跡でユダヤ教第一の聖地「嘆きの壁」),キリスト教(キリストが磔にされたゴルゴダの丘に立つとされる聖墳墓教会),イスラム教(イスラム教第三の聖地「岩のドーム」)それぞれの聖地が含まれている。47年の国連パレスチナ分割決議では,エルサレムはいずれの領地にも属さず国際管理下に置かれる予定であった。しかし第1次中東戦争の結果,休戦協定(49年3月)でエルサレムは東西に分割され,西エルサレムはイスラエル,城壁で囲まれた旧市街を含む東エルサレムとヨルダン川西岸がヨルダンの配下に入った。第3次中東戦争(67年)ではこれら地域もイスラエルが占領することになった。アラブ側は占領地からの撤退を規定した安保理決議242号を根拠に東エルサレムの返還を主張。アラファトも長年,エルサレムを首都とするパレスチナ国家の樹立を公約してきた。

　だがイスラエルは東西併合を果たしたエルサレムを自らの恒久首都と宣言(80年)し,その不分割性をアピールする。また「大エルサレム構想」を掲げて,旧市街の周辺にユダヤ人入植地を建設し,エルサレム市への併合を行っている。エルサレムにおけるユダヤ人支配を強めようとするイスラエル政府は,東エルサレムのハルホマに大規模な入植地の建設を決定(97年2月)し,国際的な非難にも拘らず建設を強行した。現在,イスラム教聖地の管理はイスラム教徒が行っており,イスラエル側にはこれを制限主権に高めることで妥協を図ろうとの考えもあるが,パレスチナ側はこれに応じておらず,一方,国連分割決議のようなエルサレムの国際管理案にはイスラエルが強く抵抗している。

● パレスチナ国家の領域画定と入植地の扱い,難民問題

　エルサレムだけでなく,ヨルダン川西岸におけるイスラエルとパレスチナ国家の境界線画定問題もある。クリントン大統領が仲介した2000年の交渉で

は，イスラエルはヨルダン川西岸の90％をパレスチナ側に委譲する提案を行い，それまでの88％から譲歩したといわれている。しかし個別具体的な線引交渉を要するのは120箇所以上もあり，ユダヤ人入植地の整理統合も厄介な問題だ。占領地には約200の入植地が存在し，その人口は20万人，イスラエル総人口の3％程度を占める。冷戦が終焉する90年前後にソ連からのユダヤ人移民が増加したことに加え，右派のリクード政権がヨルダン川西岸をイスラエル領とみなす大イスラエル主義を採り，入植地を大幅に拡大させた。一般に占領地への入植は国際法上違法行為とみなされるが，イスラエルが敢えて入植地を拡大し続けてきたのは，安全保障上の必要に加え，それを領土交渉での取引材料にする狙いがあるからだ。ユダヤ人入植者は他所への移住を厭い，またイスラエル軍の保護を受けられなくなることを恐れ和平の進展に強く反対している。仮にパレスチナ国家が樹立されても，各地に散在する入植地が撤去されなければ国家の体を成さなくなる。そのうえイスラエル政府はテロ対策を名目に，入植地の周囲に長大な分離壁を築いている。壁の存在は事実上のパレスチナ分断策に他ならない。

　ところでパレスチナ難民は現在，国連パレスチナ難民救済事業機関（UNRWA）に登録されている1948年発生の難民（その子孫を含む）だけでも400万人程が存在し，さらに第3次中東戦争で生じた難民が80万人程度おり，彼らの多くは周辺諸国のキャンプ等で暮らしている。国連はUNRWAを設立して救援活動を実施してきたが，パレスチナ国家が出来れば大量の難民がイスラエルに帰還することになる。しかしイスラエルは難民の帰還やその権利を認めることに消極的で（パレスチナ国家の領域となるガザ，ヨルダン川西岸への帰還には応じる可能性がある），彼らへの補償問題も未解決のままである。

●イスラエル・アメリカの強硬姿勢

　パレスチナ和平実現を阻むいま一つの理由は，イスラエルが強硬姿勢をとり続けていることにある。イスラエルはエジプトとの単独和平以後，アラブに対して戦略的優位を占めるようになったが，イラクのフセイン政権崩壊でその優勢はさらに高まった。入植地や分離壁の建設，報復攻撃の実施，レバノンへの侵攻等はこうした優位性に基づく行動であり，自治政府やアラブ諸国との融和を妨げている。他方パレスチナ側ではアラファトの指導力が低下し，彼の死後

も強力な指導者が不在で，その隙を突くようにハマスのような過激派が台頭しつつある（アルアクサ・インティファーダ以後の自爆テロはハマスが主導）。ハマスは単なる過激武装集団であるだけでなく，パレスチナ住民の福利や生活支援等にも積極的に取り組んでいるため，根強い支持者を擁している。アラブ，イスラエル双方のこうした事情から，テロと報復・軍事侵攻の連鎖が続くのである。

しかも，アメリカが和平実現に熱心ではないという事情も加わる。アラファトがエルサレムの主権の扱いで譲歩せず仲介努力は失敗したが，クリントン政権は和平実現に熱心だった。これは，アメリカのユダヤ票（全体の3％程度）が基本的に民主党支持のためだ。これに対しブッシュ政権は親イスラエルの立場を維持している。ブッシュ陣営を支援する福音派等キリスト教右派がイスラエル支持を打ち出していること（イスラエルのパレスチナ支配で"キリスト再生"が実現すると信じている），ネオコンにイスラエルの影響力拡大路線を支持する者が多いこと，さらにパパ・ブッシュが湾岸戦争後，和平促進（マドリード和平会議）のためイスラエルに圧力をかけたためにユダヤ票を失い，大統領選挙敗北の一因となったことをブッシュ・ジュニアが教訓にしていること等が理由といわれる。アメリカにとって中東の民主化拡大とイスラエルの安全保障確保は，同義となっているのだ。

4 湾岸地域：イラク復興とイラン核開発問題

●イラク戦争と復興

湾岸地域の安定を左右する問題としては，イラク復興やイランの核開発疑惑，それにサウジアラビアの民主化要求等が挙げられる。まずイラクだが，冷戦終焉直後の90年8月，イラクのサダム・フセインは突如クウェートを侵略し世界を驚愕させた。米軍を主とする多国籍軍が翌年クウェートを解放したが，湾岸戦争の終了後もフセイン政権は存続し，大量破壊兵器の開発疑惑を明らかにするための国連査察を妨害したため，アメリカとの関係は改善されなかった。2001年の同時多発テロ事件発生後，アメリカは首謀者のビン・ラディンを匿っているアフガニスタンのタリバン政権を攻撃し，これを崩壊させた。さらに，国際テロと大量破壊兵器の恐怖が結びつくことを嫌ったブッシュ政権は03年3月20日，兵器隠匿の明確な証拠が無いとして仏独露等が反対したにも拘らず，

また安保理の明確な授権も無い中でイラクへの軍事攻撃に踏み切った。戦闘は米軍の優位で推移し，4月9日バクダッドが陥落し，24年間に及んだフセイン政権は崩壊した。イラク戦争後の03年6月，連合暫定施政当局 (CPA) が発足し，翌年3月にはイラクが民主制に移行するまでの政治プロセスを規定した「移行期間のためのイラク国家施政法」(基本法) が制定され，(1)イラク暫定政府の発足(2)国民議会選挙の実施および移行政府の発足(3)憲法草案の制定及び同案に対する国民投票の実施(4)国民議会選挙の実施及び正式政府の発足について，それぞれの実施期限が定められた。6月には基本法で定める復興のための政治プロセスを支持するとともに，駐留する多国籍軍の任務，期限等を明確化させた安保理決議1546が採択された。そして6月下旬，基本法に従いCPAからイラク暫定政府 (ヤワル大統領，アラウィ首相) に統治権限が移譲された。その間イラク国内では，フセイン政権の残党ともいえるスンニー派イスラム勢力が米軍を主体とする多国籍軍の駐留に抵抗し，各地で反米テロや武装闘争を活発に展開，それと並行して，人口では多数を占めながらもフセイン統治下では迫害されていたシーア派勢力とスンニー派の対立もエスカレートしていった[9]。そのため予定通り国民議会選挙を実施するため，暫定政府は04年11月，クルド人地域を除くイラク全土に非常事態宣言を発令，"スンニートライアングル"の中核都市で反米武装闘争の拠点ファルージャでは，米・イラク軍が大規模な軍事作戦を実施した。

　05年1月30日，スンニー派不参加のまま国民議会選挙が行われ (投票率約58%)，イラク・イスラム革命最高評議会 (SCIRI) やダアワ党等16のシーア派政党の連合体である統一イラク同盟が第一党 (得票率48%)，クルド同盟が第二党 (得票率25%) となった。この選挙結果から，どの派閥も単独では政権を担当できないこと，またスンニー派を民主化プロセスに参加させる必要性が認識された。3月に暫定国民議会が開催されたが，移行政府の閣僚ポスト，特に石油権益が絡むポストでは各勢力の争いが激化した。4月下旬にようやくタラバニ (クルド愛国同盟) が大統領，ジャファリ (ダアワ党首) が首相に就任，他に副首相4人，閣僚32人からなる移行政府が発足した。7月にはイラク特別法廷でフセイン元大統領らが事実上起訴された。訴追手続きは04年から始まっていたが，法廷の準備不足等で遅延していた。治安対策の上でも裁判の早期開始

が好ましいと移行政府が判断したものである。さらに憲法草案が国民議会 (8月) 及び国民投票 (10月) でそれぞれ承認された後, 同年12月には憲法に基づき国民議会選挙が行われた。スンニー派が初めて選挙に参加した結果, シーア派の統一イラク同盟が第一党, クルド同盟が第二政党の座をそれぞれ維持したが, スンニー派のイラク合意戦線が第三政党に躍進, またスンニー各派全体では275議席中55議席を獲得し, その声を無視できないことが改めて示された。

　選挙後, タラバニの大統領再任は早期に合意されたが, ジャファリ首相の再任問題を巡り各派が対立, 統一イラク同盟がジャファリを推すのに対し, クルド同盟やイラク合意戦線が反対したため新政権の発足が難航した。またシーア派とスンニー派の武力抗争も激化していった。結局, ジャファリに代わり, 同じ統一イラク同盟を母体とするマリキが新首相となることで妥協が成立し, 06年5月, イラク正式政府がようやく誕生した。マリキは, ジャファリ前首相が代表を務めるシーア派政党ダアワ党の副党首でジャファリの側近。フセイン政権崩壊後, バース党関係者の公職追放を審査する脱バース党化委員会を率いる等シーア派の政治主張に忠実で, スンニー派から反発を受けた過去も持つ。首相指名後, マリキは特定の会派に偏ることなく,「国民融和政権を樹立する」と表明した。フセイン政権の崩壊後3年ぶりに誕生したイラク正式政府は, 議会制民主主義を採る共和国体制で, 大統領, 内閣, 国民議会 (定数275) で構成される。いずれも任期4年。議会の権限が非常に強いのが特徴で, 議会解散権, 首相罷免, 大統領解任の権限も議会が握る。大統領は象徴的な存在で, 行政の実質的な権限は首相に集中している。

　こうして正式政府が発足した後も, 各地の武装闘争は後を絶たない。もともとイラクは, 英国の植民地政策の一環で産み落とされたいわば人造国家。国境線は無造作に引かれ, イスラム教シーア派, スンニー派, クルド人, その他トルクメン人等の少数派民族等多様な民族, 宗派を抱え込むことになった。そのため,"イラク国民"としての意識が非常に希薄で, 王政や社会主義, 個人独裁といった強権政治によって秩序を保ってきた経緯がある。それがフセイン政権の崩壊により, 抑えつけられていた各民族・宗派の主張と利害が一挙に噴出し, 互いの欲求とエゴが露骨に対立する状況にある。そうしたイラクの真の復興と国作り, それに民主制の定着を図ることは容易な作業ではない。

イラク戦争前，アメリカは十分なイラク研究を行わず，独裁者フセインを倒せば民衆は米軍を歓迎し，容易に民主政権が誕生するとの極めて楽観的な図式を描いていた。英国から独立したアメリカがそうであったから，当然他の国でも同様の展開になるはずだという発想だ（歴史家ジョシュア・ミッチェルは，これをジョージ3世症候群と呼ぶ）。そのうえ，2500万の人口を擁し，しかも混乱に陥っているイラクの全土を，わずか十数万程度の米兵で秩序維持から戦後復興を果たすことは不可能であった。最低でも40〜50万程度の地上軍の投入が不可欠というのが軍事専門家の認識だったが，最新兵器と少数の兵士によって短期間でアフガニスタン戦争でタリバン政権を打倒した自信や，冷戦後世界に相応しい大胆な軍制改革をめざすラムズフェルド国防長官の信念もあり，展開兵力は25万人に抑えられた（イラク攻撃時の兵力は米英併せて28万人で，これは湾岸戦争の時の多国籍軍70万人の半分以下）。イラク軍が大規模な直接戦闘を避けたこともあり，戦争は短期間で終了したが，逆に抵抗勢力の地下潜伏を許したために，戦争終決から4年近い歳月を経過したにも拘らず一向に治安は回復せず，戦闘の巻き込まれやテロの犠牲となった民間人は3万3千人以上に上る。アメリカは米軍撤収のめども立たぬまま，徒に兵力の逐次投入の愚を重ねているのが現状だ。イラク人自らの政権が発足し，アメリカやNATOの指導の下にイラク国軍や警察組織の育成も進められているが，その絶対数が不足しており，内戦に陥る危険性が常に囁かれている。シーア派主導のイラク政権の安定性や政治的方向性が不透明ななか，石油利権や権力を巡る民族宗派間の対立激化，現状に反発するスンニー派勢力やシリア，イランから流入する外部武装勢力によるテロ事件の続発等国内情勢の混迷に終止符が打たれる見通しは立っていない。

　一方，イラクにおける米兵の死者は既に3000人以上に達している。米兵の死者の増加に伴い，米国民はブッシュ政権の対イラク政策に反発を強めており，米軍の早期撤退を求める世論も高まっている。大統領への支持率も日を重ねる度に低下更新を続ける中，いまもイラクには13万余の米軍が展開しているが，イラク駐留経費の増大がアメリカの国防計画や危機管理態勢にも深刻な影響を及ぼしている。しかし政治プロセスでの進展は見られても，イラクの治安状況は依然劣悪で，社会的安定が確立される見通しが立たない限り，発足したばかりの正式政府の治安面の後ろ楯となっている米軍の駐留は当分継続せざる

を得ないだろう。イラクの安定と復興，それに民主化の実現は，イラク一国の問題だけではなく，世界経済の生命線ともいえる産油地帯全体の安定実現に直結している。エネルギーを巡る世界不安を招かないためにも，イラクの治安回復と復興は全ての先進国が関与すべき重大案件である。イラクの戦後復興と民主化の実現が，自由主義諸国と国際テロ集団との戦いの帰趨を決する天王山ともなっていることを忘れてはいけない[10]。

ただ，米軍を引き上げれば問題が解決するものではないのと同様，米軍の駐留継続だけで事態の抜本的改善が望めないことも事実だ。そもそもブッシュ政権が進めてきたアメリカ的な民主主義の早急な押しつけでは，この国を真の民主国となすことは困難であり，国家の改造には政治・経済・社会・文化に及ぶ幅の広い復興計画が求められている。米軍を軸とした秩序維持の軍隊に加えて，今後は平和構築能力，即ち，国土復興や行政，教育，衛生等幅広い分野での協力支援が行える軍民の複合組織がこの国に投入されなければならない。そのため，第3世代型PKOの派遣等先進各国が国連及びアメリカと連携し，軍事に限らず経済・技術等それぞれが得意とする幅広い分野で長期的な視点から根気よくサポートする姿勢と枠組みを築きあげ，イラクの国作りに参加していく必要がある。

● イランの核開発問題

従来イランはIAEAの査察を受けていたが，近年秘密裡にウラン濃縮装置を設置・稼働させる等核兵器の開発・保有をめざすかのような動きを強め，疑惑が深まっている。イラン当局は，自らの原子力開発はあくまでも平和利用が目的だと主張しているが，石油資源の豊富なこの国が原子炉保有を急ぐのは如何にも不自然との心象が拭えない。イランはやはり核兵器保有国になりたいという強い野心を持っていると見るべきであろう。ではその理由は何か。

イランとイラクは，古くからこの地域で互いに覇を競い合う関係にある。イラン・イラク戦争を仕掛けイランを苦しめたフセイン政権が崩壊したいま，イラクに代わって湾岸及び中東世界の覇権を握る機会を得たイランとしては，まず自らが核大国になる必要がある。イランが核に拘るのは，フセインの失敗があるからだ。フセインは核保有の野心をちらつかせ核の恐怖で世界を威嚇しながらも，実際には保有しておらず，結局は手にすることができないうちにアメ

リカの軍事力によって打ち倒されてしまった。イランがフセインの失敗から得た教訓は，核開発計画の放棄，断念ではなく，逆に一刻も早くそれを手に入れることであった。一度核を取得すれば，以後アメリカも国際社会も簡単には手を出さなくなり，名実ともに地域大国の座を占め得るからだ。イランには，核保有を宣言した北朝鮮にてこずるアメリカや中国の姿が目に映えたのであろう。さらにイスラエルの核に対抗し，またイスラエルを恫喝するためにも，核の保有は不可避の選択と考えられている。

　これまでのイランの核開発経緯を概観しよう。2002年8月，イランの反体制派組織が，イランの重水製造施設建設（アラク）やウラン濃縮計画（ナタンツ）の存在を公表した。これが，現在の核疑惑の直接の発端となり，03年7月にはナタンツで濃縮ウランが検出されている。同年11月，イラン政府は英仏独との合意でウランの濃縮活動を停止し，12月には抜き打ち査察を認める国際原子力機関（IAEA）の追加議定書に署名した。だが05年6月に保守強硬派のアフマディネジャドが大統領に当選すると，再び核開発に向けた動きが活発化する。8月にはウラン濃縮の前段階であるウラン転換作業を，また06年1月には核燃料研究をそれぞれ再開し，2月にはウラン濃縮活動も再開させた。そのためIAEAは，イラン核問題を国連安保理事会に付託することを決定した。IAEAの付託を受けた国連安保理は3月末，イランに30日以内の核関連活動停止を求める議長声明を採択したが，イランはこれを拒否し，4月には低濃縮ウランの製造成功を発表した（濃度3.5%）。安保理5常任理事国とドイツは6月，包括的見返り案（6か国案）をイランに提示した。イランが濃縮活動を停止すれば，軽水炉の提供や航空機部品の売却，WTO加盟支援等の便宜を与えるという内容である。7月には安保理がウラン濃縮活動の全面停止を求め，8月末までに従わない場合は国連憲章第7章に基づき経済制裁を発動することを警告する決議を採択させた。しかしイランがいずれの働きかけにも応じないため，安保理は，イランの核・ミサイル開発に寄与する物資・技術の禁輸を加盟国に求めるとともに，ウラン濃縮や再処理活動，重水炉建設の停止をイランに求める制裁決議を採択した（06年12月）。だが，イランはこれを直ちに拒否し，核開発継続の意思を表明しており，一方，イランとの対決姿勢を崩さず，さらなる制裁も辞さないとするアメリカと，交渉による問題解決に期待を寄せるEU諸

国の間には対応の違いが見える。米欧のスタンスの相違に加えて、中国やロシアが対米牽制とエネルギー利権からイラン寄りの姿勢を取り続けているため、各国の足並の乱れから効果的な政策が打ち出せないのが現状だ。

　日本にとってイランは、サウジアラビア、アラブ首長国連邦に次いで三番目の原油輸入先で、輸入原油の10～15%はイランが占めている。またアザデガン油田の開発という大きなプロジェクトも控えている[11]。他方日本は世界で唯一の被爆国、平和国家として、核拡散の防止にも力を注いでいる。核開発の阻止を強く掲げるアメリカがイランに対して強硬策に出た場合、日本がこれに足並みを揃えれば、イランとの関係悪化が懸念される。エネルギーの確保・安定供給と対米協調で我が国は難しい舵取りが求められることになろう。イランの核問題は決して他人事ではないのである。

5　中東の地域協力機構

　帝国主義の時代から冷戦、そしてポスト冷戦期の現代に至るまで、中東は欧米をはじめ外部勢力の介入を許してきた。それはこの地域に未だ有力な域内協力の枠組みが育っていないことの裏返しでもある。ここでは現在機能している主な協力機構を挙げておく。

● アラブ連盟 (LAS: League of Arab States)

　1945年に、アラブ諸国の独立と主権確立、政治経済協力等を目的に設立された。本部はカイロ、当初はエジプト、イラク、サウジアラビア等7か国で結成されたが、その後リビア、スーダン等が加わり、現在は22か国と1機構 (PLO) がメンバーとなる。64年にはナセル大統領の提唱で第1回首脳会議が開催されたが加盟国間の紛争対立のため形骸化し、64年からアラブ首脳会議が連盟の意思決定機関となった。しかし01年以降再び首脳会議が毎年開催されるようになり、05年の首脳会議では中東和平案 (ベイルート宣言：02年採択) を再確認するアルジェ宣言が採択され、05年の首脳会議では、欧州議会を模したアラブ議会を設立し、意思決定に多数決制度を導入する案が検討された。そのほか、決議事項の履行を監視する機関やアラブ司法裁判所、アラブ安全保障理事会の設置等の機構改革も提言されているが、各国の足並みは揃わず、具体化は難航が予想される。

第9章 混迷の中東・アフリカ

● 湾岸協力会議（GCC）

1981年設立，ペルシャ湾岸6か国（サウジアラビア，クエート，バーレーン，カタール，アラブ首長国連邦，オマーン）からなる地域協力機構。イラン革命後，宗教革命の波が伝播することに脅威を感じた湾岸各国が連携し，イランの軍事的影響力拡大や宗教革命の浸透を阻止する目的で結成された。湾岸戦争後は，イラクへの対抗色を強めていった。国境紛争等加盟国間の対立事案が多く，合同軍「半島の楯」の創設が84年以来議論されているが，実現に至っていない。

● イスラム諸国会議機構（OIC）

第3次中東戦争（1967年）で東エルサレムがイスラエルに占領されたのを契機に，イスラム諸国の間に連帯の機運が高まった。69年にイスラム諸国首脳の間で開かれた第1回イスラム首脳会議でその設立が決議され，1971年に発足。イスラム諸国に対する抑圧の解放等を目的に掲げ，サウジアラビアのジッダに本部を置く。加盟国は中東に留まらずアフリカやアジアのイスラム国家にも広がり，現在57か国が参加。対外債務の累増に苦しむ貧困諸国とオイルマネーで潤う富裕国家が同居しており，後者による貧困国救済が期待される。

6 アフリカの地域紛争

アフリカは「紛争の巣」と呼ばれており，冷戦後に発生した国際紛争の30％以上がこの地域に集中，しかもその大部分は国家間紛争ではなく内戦である。現在活動中の国連のPKO活動15件のうち，その約半数にあたる7件がアフリカで展開している（06年2月現在）。紛争の原因としては，貧困や経済危機を挙げられる。アフリカは世界の貧困地帯であり，1人当たりGDPが500ドル未満の最貧30か国のうち21か国がアフリカで占められている。特にサハラ砂漠南縁部（サヘル地域：モーリタニア，セネガル，ニジェール，チャド，エチオピア，スーダン等）に貧困国家が集中している。貧困や飢餓，経済停滞による失業者の増大は犯罪の発生や治安の悪化等社会不安を助長するだけでなく，過激な政治活動に身を投じたり，職を求めて民兵組織に参加する青年を生み出したりする。

複雑な民族分布や部族間の権力闘争も原因となる。部族間の対立を利用した統治や，各民族の居住・展開状況を無視した機械的な国境の線引等西欧列強諸

国による植民地支配の過去も，紛争を誘発させる一因だ。1962年にベルギーから独立したルワンダでは，冷戦後，ツチ族とフツ族の大量殺戮が繰り広げられたが，植民地時代にベルギーが多数派のフツ族と少数派のツチ族を分断統治したことが，両民族の敵愾心を一層煽る結果となったのである。ルワンダでは1973年のクーデターでフツ族出身者が大統領となり，フツ族優先の独裁政権を樹立する。フツ族に迫害され難民となったツチ族はウガンダに逃げ込み，そこで武装した後，反撃に出てフツ族の大統領を暗殺する。報復を恐れたフツ族はツチ族を大量虐殺するが，やがてルワンダを制圧したツチ族によって今度はフツ族が虐殺され，難民化するという泥沼の事態に陥った(94年のルワンダ内戦)。外部勢力が移住者を入植させたことが民族対立の原因となった例もある(シエラレオネやリベリア)。ルワンダの事例もそうだが，アフリカでは紛争の越境化現象が起きている。もとは内戦であったものが，劣勢に追い込まれた武装勢力が他国に逃れ，そこを根城に反撃に出ることで隣国にも戦火が拡大したり，あるいは紛争で大量の難民が周辺諸国に流入し民族間のバランスを覆すことが新たな紛争の火種となるケースである。

　さらに，不健全な統治システム(独裁体制や一族による富の独占，汚職腐敗の蔓延等)や急速な民主化の導入に伴う混乱，土地問題(人口増加に伴う耕作地不足等)，それに資源を巡る利権の争奪や武器の氾濫も原因に挙げられる。冷戦下の米ソ代理戦争の時代，大量の武器が流れ込んだが，冷戦後は東欧等旧共産圏諸国が不要となった小型武器等を安価で売却，それを為政者や反政府勢力が石油やダイヤモンドといった高価産品，地下資源の売却や収奪，あるいは開発利権を担保に供して得た多額の資金で買い付け，武力闘争に用いるという構図である(コンゴのカビラ大統領は，コンゴの豊かな地下資源の利権を担保に武器を手に入れモブツ前大統領を追放した。リベリアのテイラー大統領やシエラレオネ叛乱勢力のリーダー，サンコーらも同様)。武器に留まらず，アフリカの紛争では民間軍事会社に雇われた傭兵も暗躍しているといわれる[12]。

　2005年7月，英国で開催されたグレンイーグルズサミットでは，サミットとしては初めてアフリカ問題を主テーマに取り上げ，参加各国が2010年までに途上国全体への援助を総額で500億ドル増やし，その半分にあたる250億ドルをアフリカ支援に振り向けることが決められた。日本も2010年までの増額

分500億ドルのうち100億ドルを負担するとともに，アフリカ向け援助を3年間で倍増する方針を打ち出した。しかし，援助の増額や環境衛生の改善だけではアフリカの病巣を除去することはできない。いくら貧困を撲滅しても富の不公平配分や特権階層の温存を許すならば，市民の不満が蓄積するばかりで社会の安定は得られない。「貧困」と「不平等」の双方を追放して初めて，民生の安定と社会発展が可能になるのであり，不平等社会からの離脱を実現するには，独裁／軍事政権の克服と民主政の定着，腐敗汚職の追放等グッドガバナンスの実現や社会システムの改革が不可欠である。特に紛争多発地域のアフリカが，イスラム過激派の拠点，巣窟となる危険性が潜んでいることも考え併せれば（ソマリア紛争等），経済的な離陸に加えて，この地域の平和の定着と民主化実現のための広域な努力が国際社会全体に求められている。

7 アフリカの地域協力機構

　アフリカでは2002年7月，53か国（モロッコのみ不参加），約8億人を母体とする国家連合であるアフリカ連合（AU: African Union）が発足した。活動目的には，アフリカ諸国・諸国民間の一層の統一・連帯の達成，政治的・経済的・社会的統合の加速化，平和と安全保障の促進，持続可能な経済・社会・文化の開発等を掲げている（本部はエチオピアのアジスアベバ）。アフリカでは脱植民地化，民族自決を掲げて1963年に「アフリカ統一機構（OAU: Organization of African Unity）」が設立されたが，エルトリア，エチオピアの国境紛争解決等に一定の成果を残したものの，各国内政への介入を控えたこともあり，ルワンダ虐殺等頻発するクーデターや内紛を阻止できず，独裁政権に対しても十分な圧力をかけることができなかった。こうした反省に立ち，OAUを衣替えしてEUを範に，より強力な影響力をアフリカ諸国に行使し得る機構として生まれたのがアフリカ連合（AU）だ。

　アフリカは，リベリアやコンゴ（ザイール）の地域紛争やコートジボワールの内戦，さらに最近ではスーダン西部ダルフール地方の内戦と「紛争ドミノ」と呼ばれる現象に苦しんでおり，経済開発や貧困解決の前提として地域紛争の解決が最重要課題となっている。アフリカ諸国の独立が相次いだ60年代以降，これまでに30以上の内戦で700万人以上が犠牲となり，2500億ドルの経済的

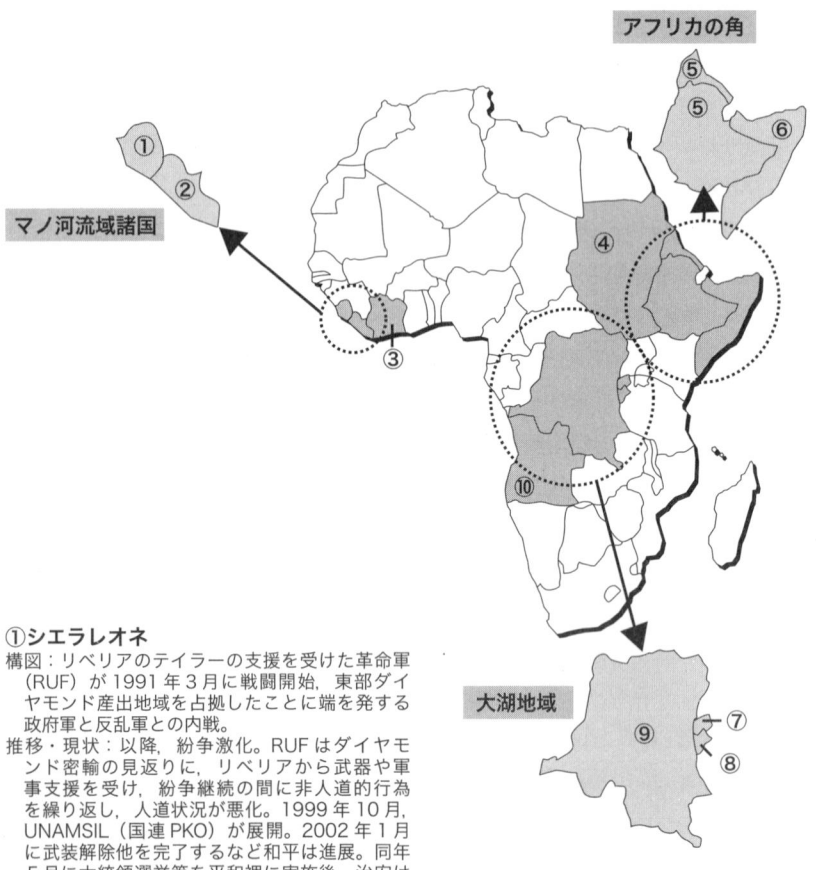

250　第3部　紛争と協力の攻めぎあう世界

アフリカの角

マノ河流域諸国

大湖地域

① シエラレオネ
構図：リベリアのテイラーの支援を受けた革命軍 (RUF) が 1991 年 3 月に戦闘開始，東部ダイヤモンド産出地域を占拠したことに端を発する政府軍と反乱軍との内戦。
推移・現状：以降，紛争激化。RUF はダイヤモンド密輸の見返りに，リベリアから武器や軍事支援を受け，紛争継続の間に非人道的行為を繰り返し，人道状況が悪化。1999 年 10 月，UNAMSIL（国連 PKO）が展開。2002 年 1 月に武装解除他を完了するなど和平は進展。同年 5 月に大統領選挙等を平和裡に実施後，治安は安定。一方，復興プロセスの遅れが懸念される。2005 年末，UNAMSIL 撤退。
課題：経済回復，UNAMSIL 撤退後の同国自身の取組。

② リベリア
構図：1989 年にテイラー率いる反乱軍が武装蜂起したことに端を発した内戦。
推移・現状：1997 年にテイラーが大統領に就任したが，2002 年，反政府勢力による武力活動が活発化。隣国に難民流出。2003 年 8 月，内戦の激化，国際社会の仲介を経て，政府側と反政府勢力等との間で包括和平合意，移行政府発足。同年 10 月，UNMIL（国連 PKO）が展開。2004 年に入り，元兵士の武装解除・動員解除・社会復帰等及び難民帰還が本格化。2005 年 10 月に大統領選挙等が実施。2006 年 1 月，アフリカ初の民選での女性大統領が就任。
課題：新政府の円滑な運営，復興プロセスの着実な実施等。

③ コートジボワール
構図：2002 年 9 月の政府軍と反政府勢力「新勢力」との対立以来，2003 年 1 月に和平合意が成立したが，事実上国を南北に二分する状態が継続。
推移・現状：停戦監視のため，仏軍・UNOCI（国連 PKO）が展開。2004 年 11 月，政府軍の反政

府勢力に対する攻撃を発端に情勢は再び不安定化，経済制裁等を含む安保理決議が採択。2005年12月，上記決議を2006年12月まで延長。
課題：当事者の今後の和平合意実施プロセスへの再着手。

④スーダン
構図：政府（北部のアラブ系イスラム教徒）と反政府勢力（南部のアフリカ系キリスト教徒等）による1983年以来の内戦。西部ダルフールでは，アラブ系遊牧民とアフリカ系住民（いずれもイスラム教徒）との対立が，2003年から激化。
推移・現状：2005年1月，南北包括和平合意が成立し，内戦が終結。2005年3月，UNMIS（国連PKO）が展開。ダルフールでは，2004年4月に，停戦合意，AMIS（AUミッション）が展開。
課題：南北和平プロセスの着実な実施（和平合意の履行，復興，反政府勢力等との和解），ダルフール地域の人道・治安問題の改善，当事者間の和平合意。

⑤エチオピア・エリトリア国境紛争
構図：エチオピア・エリトリアの国境画定を巡る紛争。
推移・現状：2000年6月に停戦合意，同年12月に和平合意が成立。UNMEE（国連PKO）が展開。2005年10月，エリトリアによるUNMEEへの制限措置撤回，エチオピアによる国境委員会決定の完全受入れが進まない中，事態は膠着状態。
課題：国境画定，損害賠償等。

⑥ソマリア
構図：武装勢力が各地に割拠，無政府状態。
推移・現状：2002年10月，停戦合意が成立。2004年10月，ユスフ暫定連邦大統領選出。12月にゲディ暫定連邦首相が任命され，2005年1月に暫定政府（TFG）がナイロビに樹立。首都モガディシュへの移転が進行中。2006年1月，ユスフ暫定連邦大統領とアデン暫定連邦国会議長は，暫定連邦議会関係等をうたった「アデン宣言」に署名。
課題：連邦制国家の樹立。

⑦ルワンダ
構図：独立（1962年）以前からのツチ族とフツ族の対立。
推移・現状：1994年，大虐殺が発生（「ルワンダ大虐殺」）。同年7月，ルワンダ愛国戦線政権成立。2003年5月，新憲法採択，8月に大統領選挙，9月〜10月に議会選挙を民主的に実施。
課題：経済・社会開発，国民和解。

⑧ブルンジ
構図：独立（1962年）後からのツチ族とフツ族の対立。
推移・現状：1993年，内戦が発生。2001年，民族融和的な移行政権成立。2003年4月，AMIB（AUミッション）展開，2004年5月にONUB（国連PKO）に引き継がれる。2005年6月，地方選挙，7月，下院選挙，8月，大統領選挙を民主的に実施。
課題：治安回復，ONUB撤退（2006年12月末を予定）後の同国自身の取組，社会・経済開発。

⑨コンゴ民主共和国
構図：1997年のクーデター以降，共に周辺国の支援を受けた政府軍と反政府勢力が対立。1999年11月，MONUC（国連PKO）設立。2002年12月，暫定政権成立に関する包括合意。2003年7月，暫定政権が発足。
推移・現状：2005年12月，新憲法草案に対する国民投票実施。2006年6月末までに議会・大統領選挙実施予定。
課題：暫定政権の下での平和の定着（特に，東部の治安回復，元兵士の武装解除・動員解除・社会復帰等）議会・大統領選挙の実施。

⑩アンゴラ
構図：1975年の独立以降，政府軍と反政府勢力との間の内戦。
推移・現状：1990年以降，和平交渉と内戦の再発が繰り返されたが，2002年から反政府ゲリラ（UNITA）が大きく弱体化し，和平機運が高まった。2002年4月，停戦合意署名。
課題：インフラの復興，地雷除去，難民・避難民の帰還・再定住，元兵士の社会への再統合，議会・大統領選挙の実施等。

出典：『外交青書2006』（外務省，2006年）126ページ

図9-2　アフリカの主な地域紛争

損失が生じている。そのためAUには，紛争解決のための機関として平和安全保障理事会が設置された。15か国代表からなるこの理事会は紛争の予防介入や調停の権限を持ち，非人道的犯罪や紛争解決のため，必要な場合には平和維持軍を独自に編成・派遣する権能も持っている。またAUは2010年までに常設の平和維持軍「アフリカ緊急展開部隊」の創設を計画している。AUは臨時に編成した南アフリカ軍主体の平和維持軍をブルンジに派遣，またダルフール紛争にも7千人規模の平和維持軍を派遣するが，資金や装備不足から虐殺を阻止できない等平和創出の努力は難航している。加盟国には重債務貧困国が多く，平和維持活動が大きな経済的負担となるためだ。

政治面の活動としては，05年夏，国連安保理の拡大を求める独自の決議案を採択し，アフリカ諸国の連帯とAUの存在感をアピールしたが，AUにはいま一つ，アフリカ経済の自立を目ざす「アフリカ開発のための新パートナーシップ（NEPAD）」推進の母体役が期待されている。アフリカ支援の基盤としてカナナスキス・サミットで打ち出されたNEPADは，外国からの援助，投資を呼び込むのが狙いで，AUは法治主義や基本的人権を擁護する「良き統治」を援助の前提条件にする主要支援国と協調し，円滑な援助の受け入れを果たすべく，加盟国の統治実態を相互評価する監視委員会の設置を予定している。さらに長期構想として，EU同様に国家の枠を越えたアフリカ議会や常設裁判所，共同市場，共通通貨の導入を目指している。

■注　釈

(1) 第3次中東戦争の停戦実現後の1967年11月22日に採択された決議で，イスラエル軍の占領地からの撤退と67年当時の境界線を国境とするイスラエルの生存確認，それに非武装地帯の設置やパレスチナ難民問題の解決をうたっている。
(2) いわゆるオスロチャンネルのきっかけを作り，その推進役となったのはノルウェー応用社会学研究所のテリエ・ラーセン所長であった。彼はノルウェー政府の依頼で西岸，ガザ地区のパレスチナ人社会の実態調査を行ううち，ワシントン以外のサイドチャンネル作りを思い立つ。92年5月，イスラエル労働党の国会議員でシモン・ペレスの側近ヨシ・ベイリンに接触，提案するとベイリンも賛意を示した。その後，同年7月にラビン政権が誕生し，ペレスが外相，ベイリンが外務副大臣に就任したことから，以後パレスチナ側も含めたサイドチャンネルが本格的に始動した。立山良司『中東和平の行方』（岩波書店，1995年）46〜7ページ。

(3) 調印時の模様は，ビル・クリントン『マイライフ：クリントンの回想（下）』楡井浩一訳（朝日新聞社，2004年）117～25ページ。
(4) この合意では，西岸地区はA，B，Cの三地区に分類され，都市部を中心とするA地区は治安維持と民政に関する権限がともにパレスチナ側に認められた。都市部周辺のB地区では，民政の権限はパレスチナ側に移譲されるが，治安維持はイスラエルとパレスチナの共同管理とされた。過疎地だがイスラエルにとって戦略上重要で入植地が存在するC地区では，治安維持も民政も引き続きイスラエルが管理することとなった。イスラエルはこの三地区のうち，A地区に存在する七つの主要な町のうちヘブロンを除く六つと，B地区に存在する450の町村から軍を撤兵することを約束，さらにパレスチナ民族評議会を自治地域に設置するための選挙実施でも合意が成立した。この合意に従い，95年末にイスラエル軍の撤兵は完了し，96年1月にはパレスチナの総選挙が行われた。鏡武『中東紛争』（有斐閣，2001年）186ページ。
(5) ワイリバー合意は，パレスチナ自治の範囲拡大を狙いに，オスロ2合意で定められた三地区のうち，C地区の割合を減らしてA，B地区を広げようとするものであった。ワイリバー合意が実行に移された場合，西岸全体の40%およびガザ地区が自治終了後に誕生するパレスチナ国家の領土となる。これはパレスチナ全域の9.6%に相当し，残りの90.4%がイスラエル領となる。イスラエル国家建設の基礎となった1947年の国連パレスチナ分割決議では，ユダヤ人国家にパレスチナの52%，アラブ人国家に48%が割り当てられた。第3次中東戦争後，イスラエルに占領された西岸，ガザ地区の回復をめざして展開されたパレスチナ解放運動で，アラファトらは樹立すべきパレスチナ国家の領土をパレスチナ全域の22.6%と設定していた。鏡武，前掲書，227～230ページ，森戸幸次『中東百年紛争』（平凡社，2001年）91ページ。
(6) 交渉の経緯，顛末は，ビル・クリントン，前掲書，690～8ページ。
(7) 「イスラエルの主要な政治家としては，1967年に同国がイスラエルの地を占領して以来初めてのことだ。当時，イスラエルのモシェ・ダヤン国防相は，イスラム教の聖地を尊重すると述べ，以後，神殿はイスラム側が管理してきた。アラファトは，バラクにシャロンの神殿の丘行きを止めるよう頼んだはずだと言った。シャロンの行動は明らかに，神殿の丘に対するイスラエルの主権を確認し，また，今やシャロンよりさらにタカ派的な発言をしているネタニヤフに対抗して，リクード党首としての指導力を強めるためのものだ。」ビル・クリントン，前掲書，711ページ。
(8) 「ロードマップ」は，和平計画を3段階に区分し，05年までにパレスチナ紛争を終結させるというもので，
第1段階（～2003年5月まで）：テロと暴力の終結
　パレスチナ側は
　　①イスラエルの生存権を認め，暴力の即時停止を宣言する
　　②憲法草案を作成し，自由で公正な選挙の実施等政治改革に着手
　イスラエル側は
　　①パレスチナを生存可能な主権国家と認め，2国家併存を確認する
　　②2000年9月以降の占領地からの撤退

　　　　③ 01 年 3 月以降にできた入植地の解体と入植活動の凍結
　　第 2 段階 (03 年 6 月～ 12 月)：移行期間
　　　　① 暫定領土と主権国家としての性格を備えたパレスチナ独立国家を樹立する
　　　　② 経済復興と独立プロセスの開始を目指し国際会議を開催する
　　第 3 段階 (04 ～ 05 年)
　　　　エルサレムの帰属等最終的な地位協定を締結し，イスラエルとアラブの関係正常化を実現する

(9) 　シーア派とスンニー派はイスラム教の二大宗派。預言者の後継者を巡り分裂した。656 年，第 3 代カリフのウスマーンが暗殺され，預言者ムハンマドの従兄弟で娘婿のアリーが第 4 代カリフに選ばれた。しかしムスリム全体の一致でカリフを選ぶという慣行に反していたため，ムスリム社会はアリー支持派（のちのシーア派）と反対派（後のスンニー派）に二分される。さらにアリーが 661 年に暗殺されウマイヤ家のムアーウイアがカリフ（ウマイア朝）になると，勢力をそがれたアリー支持はシーア派を結成する。後継者問題について，多数派（スンニー派）はアリーに先立つ 3 人のカリフ（＝ムハンマドを支えた初期の入信者）も正統カリフと認めるが，シーア派はムハンマドとの血縁を重視し，アリーとその子フセインに繋がる子孫のみをイスラム共同体（ウンマ）の正統な指導者とする。教義においては，スンニー派はムハンマドやカリフを普通の人間とみなすが，シーア派は指導者をイマームと呼び，信仰の何が正しいか絶対的な判断を下すと考え，神格化していく。現在，シーア派は多くの派に分かれている。世界全体のイスラム教徒の数ではスンニー派が 6 割と多数を占めるが，イランはシーア派国家で，イラクでも人口の 6 割以上がシーア派（サダム・フセイン及びその支持勢力はスンニー派）。ヒズボラはシーア派，アルカイダやアフガニスタンのタリバンはスンニー派。イラク国内でテロや武装闘争を行っている勢力は，フセイン派残党（ムハンマド軍，フェダインサダム）やイラク聖戦アルカイダ，アンサールスンナ等主にスンニー派であるが，シーア派にも若手急進主義者サドル師が率いる過激派グループが存在する。

(10) 　ジョージ・フリードマン『新・世界戦争論』徳川家広訳（日本経済新聞社，2005 年）参照。

(11) 　アザデガン油田はイラン南西部にある中東最大級の油田。推定埋蔵量は約 260 億バレル。04 年 2 月，日本の国際石油開発がイランとの厳しい交渉の末，同油田の評価・開発に係る契約を締結した。契約によれば，本格生産に移行した場合には日量 26 万バレルを予定しており，これは 2000 年に日本が権益を失ったカフジ油田以来の大規模権益となる。しかし 06 年，核問題の解決を前提とする日本の姿勢にイランが反発し，日本の開発権益が 75％から 10％に削減された。

(12) 　関口正也『アフリカ諸国における紛争要因と紛争再発予防』（日本紛争予防センター，2006 年）4 ～ 16 ページ。

参考文献

(比較的最近の研究に限定，また本文注釈で引用した文献は除く。)

《冷戦後世界・地域主義・統合理論》
浦野起央他編『国際関係における地域主義』(有信堂高文社，1982 年)
山極晃編『冷戦後の国際政治と地域協力』(中央経済社，1999 年)
Andrew J. Bacevich, *American Empire* (Cambridge, Harvard Univ. Press. 2002)
Charles A. Kupchan, *The End of the American Era* (New York, Alfred A. Knopf, 2002)
Walter Russell Mead, *Special Providence* (New York, Alfred A. Knopf, 2001)

《EU》
坂井一成『ヨーロッパ統合の国際関係論』(芦書房，2003 年)
清水貞俊『欧州統合への道』(ミネルヴァ書房，1998 年)
トム・リード『「ヨーロッパ合衆国」の正体』金子宣子訳(新潮社，2005 年)
日本 EU 学会編『欧州統合の理論と歴史』(有斐閣，2002 年)
中村民雄『EU 研究の新地平』(ミネルヴァ書房，2005 年)
羽場久梶子『拡大ヨーロッパの挑戦』(中央公論新社，2004 年)
ハルトムート・ケルブレ『ひとつのヨーロッパへの道』雨宮昭彦他訳(日本経済評論社，1997 年)
平島健司『EU は国家を越えられるか』(岩波書店，2004 年)
町田顕『拡大 EU：東方へ広がるヨーロッパ連合』(東洋経済新報社，1999 年)
森井裕一『国際関係の中の拡大 EU』(信山社，2005 年)
Carl F.Lankowski, ed., *Germany and the European Community* (London, Macmillan, 1994)
Geoffrey Edwards, ed., *The European Union* (Pinter, GBR, 1996)
George A. Kourvetaris and A. Moschonas, eds., *The Impact of European Integration* (Praeger Pud, USA, 1996)
Martion J. Dedman, *The Origins and Development of the European Union 1945-95* (London, Routledge, 1996)
Michael O'Neill, *The Politics of European Integration: A Reader* (London, Routledge, 1995)
Roy Pryce & John Pinder, eds., *Maastricht and Beyond* (London, Routledge, 1994)
William Nicoll, et al., *Understanding the European Communities* (New York, Philip Allan, 1990)

《欧州の安保協力：NATO・OSCE》
佐瀬昌盛『NATO』(文藝春秋社，1999 年)
植田隆子編『現代ヨーロッパ国際政治』(岩波書店，2003 年)
谷口長世『NATO』(岩波書店，2000 年)

百瀬宏他編『欧州安全保障協力会議（CSCE）』（日本国際問題研究所，1992 年）
David S. Yost, *NATO Tranformed* (Washington, D.C., United Sates Institute of Peace Press, 1988)
George W. Grayson, *Starange Bedfellows* (Oxford, Univ. Press of America, 1999)
James M. Goldgeier, *Not Whether But When* (Washington, D.C., Brooking Institution Press, 1999)
Sean Kay, *NATO and the Future of European Security* (Oxford, Rowman & littlefield, 1998)
Stanley R. Sloan, *NATO, the European Union and the Atlantic Community* (Oxford, Rowman & littlefield, 2003)

《ASEAN・ARF・ASEM・APEC・NAFTA・SAARC 等》
青木健他編『検証 APEC』（日本評論社，1995 年）
岡部達味編『ポスト冷戦のアジア太平洋』（日本国際問題研究所，1995 年）
菊池努『APEC』（日本国際問題研究所，1995 年）
黒柳米司『ASEAN 35 年の軌跡』（有信堂，2003 年）
細野昭雄『APEC と NAFTA 』（有斐閣，1995 年）
平野健一郎編『講座現代アジア(4)地域システムと国際関係』（東京大学出版会，1994 年）
山影進『ASEAN』（東京大学出版会，1991 年）
山本正「10 年目のアジア欧州会合」『外交フォーラム』2006 年 5 月号

《東アジア・太平洋の安保協力》
泉昌一他『冷戦後アジア環太平洋の国際関係』（三嶺書房，1999 年）
添谷芳秀「米国のアジア太平洋政策における ASEAN 」『国際政治 116』(1997 年 10 月)
高木誠一郎「中国とアジア・太平洋の多国間安全保障協力」『国際問題』1997 年 1 月号
西原正「アジア・太平洋地域と多国間安全保障協力の枠組み」『国際問題』1994 年 10 月号
G. John Ikenberry, Michael Mastanduno ed., *International Relations Theory and the Asia-Pacific* (New York, Columbia Univ. Press, 2003)

《ロシア・チェチェン・CIS・GUUAM・上海協力機構》
伊東孝之・林忠行編『ポスト冷戦時代のロシア外交』（有信堂，1999 年）
田畑伸一郎他編『CIS: 旧ソ連空間の再構成』（国際書院，2004 年）
永綱憲悟『大統領プーチンと現代ロシア政治』（東洋書店，2002 年）
袴田茂樹『プーチンのロシア：法独裁への道』（NTT 出版，2000 年）
廣瀬陽子『旧ソ連地域と紛争』（慶應義塾大学出版会，2005 年）
北大スラブ研究センター『CIS の安全保障問題』（北海道大学スラブ研究センター，2002 年）
松井弘明編『9.11 以降の国際情勢の新展開とロシア外交』（日本国際問題研究所，2003 年）
Anato Lieven, *Chechnya: Tombstone of Russian Power* (New Haven, Yale Univ. Press, 1998)

《中東・アフリカ》
酒井啓子『イラクとアメリカ』(岩波書店, 2002 年)
ジェイン・コービン『ノルウェー秘密工作』仙名紀訳(新潮社, 1994 年)
高橋和夫『アメリカとパレスチナ問題』(角川書店, 2001 年)
横田勇人『パレスチナ紛争史』(集英社, 2004 年)
イツハク・ラビン『ラビン回想録』竹田純子訳(ミルトス, 1996 年)
横田洋三編『アフリカの国内紛争と予防外交』(国際書院, 2001 年)

その他各年の『外交青書』『防衛白書』『アジアの安全保障』『東アジア戦略概観』

著者紹介

西川　吉光（にしかわ　よしみつ）

東洋大学国際地域学部教授
専　攻　国際政治学，国際安全保障論，政治外交史，政軍関係論
略　歴　1955年　大阪生まれ
　　　　1977年　国家公務員上級職（法律甲種）試験合格
　　　　1978年　大阪大学法学部卒業，防衛庁に入庁
　　　　以後，内閣安全保障会議参事官補，防衛庁長官官房企画官，課長，
　　　　防衛研究所研究室長等を歴任。1998年から現職
学　位　法学博士（大阪大学），社会科学修士及び国際関係論修士（MA，
　　　　英国リーズ大学）
主要著書　『現代安全保障政策論』
　　　　『国際政治と軍事力』
　　　　『ポスト冷戦の国際政治と日本の国家戦略』
　　　　『ヘゲモニーの国際関係史』（国際安全保障学会賞受賞）
　　　　『現代国際関係史1～4』
　　　　『紛争解決と国連・国際法』
　　　　『日本政治外交史論（上・下）』
　　　　『激動するアジア国際政治』
　　　　『国際地域協力論』
　　　　『国際平和協力論』
　　　　『日本の外交政策』
　　　　『ヨーロッパ国際関係史』
　　　　等多数

覇権と地域協力の国際政治学

2007年3月31日　第1版第1刷発行

　　　　　　　　　　　　　　　　　　著　者　西川　吉光

発行者　田中　千津子　　〒153-0064　東京都目黒区下目黒3-6-1
　　　　　　　　　　　　電話　03（3715）1501 代
　　　　　　　　　　　　FAX　03（3715）2012
発行所　株式会社 学文社
　　　　　　　　　　　　http://www.gakubunsha.com

© Yoshimitsu NISHIKAWA 2007　　　印刷所　新灯印刷
　　　　　　　　　　　　　　　　　製本所　小泉企画
乱丁・落丁の場合は本社でお取替えします。
定価は売上カード，カバーに表示。

ISBN978-4-7620-1645-5

岩内亮一・藪野祐三編集代表
国際関係用語辞典
四六判 272頁 定価 2625円

国際政治経済はもとより、国際協力、国際法、国際社会学、国際教育、医療・環境などの国際関係諸学領域の重要語をまとめて一冊に。現代世界を読み解くための知識・情報をちりばめたハンディな用語辞典。
1231-9 C3530

西川吉光著
日本の外交政策
——現状と課題、展望——
A5判 232頁 定価 2730円

外交史、地域・分野別外交、外交戦略の3点を時間・空間軸から総合・体系的に把握、現代日本の外交政策の特色と問題点を導き出すとともに、今後のめざすべき方向や戦略、あるべき姿を提言する。
1351-X C3031

E. ケドゥーリー著
小林正之・栄田卓弘・奥村大作訳
ナショナリズム〔第二版〕
A5判 274頁 定価 2100円

ナショナリズムの知的起源を跡付け、歴史的変遷を追い、組織的思想とそこから引き出される結果との意味を探る。ナショナリズムの政治史を鳥瞰し、「思想と行為との関係」を追及した名著。
1266-1 C3031

中川洋一郎著
暴力なき社会主義？
——フランス第二帝政下のクレディ・モビリエ——
A5判 200頁 定価 2310円

サン＝シモン主義者であったペレール兄弟の創った銀行「クレディ・モビリエ」を、暴力なきマクロレベルでの壮大な社会主義実験として捉え、その最盛と崩壊をたどり、社会主義と暴力との因果性をさぐる。
1334-X C3033

A.P. サールウォール著　清水隆雄訳
経済成長の本質
——各国の経済パフォーマンスを理解するための新しい枠組み——
A5判 104頁 定価 2100円

なぜ資本の成長と技術進歩が各国間でこれほど異なるのか。成長と開発理論の基本原理を簡明に説いた開発経済学書。従来の供給志向に偏りすぎた成長理論を批判し、需要サイドからの成長理論を提唱した。
1267-X C3033

佐藤友之著
「法治国家」幻想
四六判 284頁 定価 1680円

法治性の低い国は「不幸な国」。法と司法／システム／法の周辺／法律家の見方・考え方——章ブロックに分け、ジグソー・パズルを解くていで、法が市民の権利として機能せずにいる日本の具体を考察。
0853-2 C1032

W.J.ベネット著　加藤十八・小倉美津夫訳
グラフでみるアメリカ社会の現実
——犯罪・家庭・子ども・教育・文化の指標——
A5判 142頁 定価 1575円

過去30年にわたる＜統計資料＞と各界の識者の言による＜論評＞を織り交ぜ、冷静客観的にアメリカ社会の現状分析を試みる。現代アメリカ社会の何が問題かを闡明、"アメリカ社会病理白書"といえる書。
0672-6 C3036

中川洋一郎著
ヨーロッパ《普遍》文明の世界制覇
——鉄砲と十字架——
A5判 282頁 定価 3045円

なぜヨーロッパ文明は現代世界を覆いつくすにいたったのか。古代史まで遡り、日本も含め各時代・各文明史を眺め、現代を鑑みるに、ヨーロッパ文明の普遍性と偽善性を解明し警笛を鳴らした熱い文明論。
1244-0 C3033